WLADISLAW JACHTCHENKO

Dunkle Rhetorik

GOLDMANN

Buch

Seien wir mal ehrlich: Wir alle kennen doch die Situation, in der wir uns nichts sehnlicher gewünscht hätten, als unser Schwafelgegenüber sprachlos zu machen, in einem Streit das letzte Wort zu haben oder dem überheblichen Kollegen gegenüber recht zu behalten. Für diese und andere Fälle krampfiger Alltagskommunikation bringt uns der erfolgreiche Rhetoriktrainer und Speaker Wladislaw Jachtchenko in seinem Manipulations-Bootcamp die passenden Tricks bei.

Autor

Wladislaw Jachtchenko hat Politikwissenschaft, Jura, Geschichte sowie Literaturwissenschaft in München und New York studiert und als Jurist in einer Münchner Kanzlei sowie als wissenschaftlicher Mitarbeiter bei den Vereinten Nationen in New York gearbeitet. Im Jahr 2007 folgte er dem Ruf seiner Leidenschaft und arbeitet seitdem als Rhetoriktrainer, Speaker und Businesscoach. Er ist Gründer der Argumentorik-Akademie und bietet maßgeschneiderte Firmenseminare, kurzweilige Impulsvorträge sowie Einzelcoachings zu allen Themen rund um professionelle Kommunikation. Der Autor ist Top-10-Speaker auf internationalen Rhetorik-Turnieren und mehrfach ausgezeichneter Kommunikationsexperte.

Außerdem von Wladislaw Jachtchenko im Programm

Weiße Rhetorik

Manipuliere dich glücklich

auch als E-Book erhältlich

Wladislaw Jachtchenko

Dunkle Rhetorik

Manipuliere, bevor du manipuliert wirst!

GOLDMANN

Dieses Buch ist bereits unter dem Titel
»Schwarze Rhetorik« erschienen.

MIX
Papier | Fördert gute Waldnutzung
FSC® C014496

Penguin Random House Verlagsgruppe FSC® N001967

11. Auflage
Originalausgabe September 2019

Neumarkter Straße 28, 81673 München
produktsicherheit@penguinrandomhouse.de
(Vorstehende Angaben sind zugleich
Pflichtinformationen nach GPSR.)

Lektorat: Ralf Lay
Illustrationen: © Anka Hartenstein
Umschlaggestaltung: UNO Werbeagentur,
München, unter Verwendung eines Fotos © Xenia
Kharmach f m · Herstellung: cb
Satz: Satzwerk Huber, Germering
Druck: GGP Media GmbH, Pößneck
Printed in Germany
ISBN 978-3-442-22310-7

www.goldmann-verlag.de

Für Malüsk

Inhalt

Die drei Trickkisten der dunklen Rhetorik

Zur (Un-)Moralität der Manipulation

Vorwort: Nett sein war gestern

> *Denn ein Mensch, der in allen Dingen nur das Gute tun will, muss unter so vielen, die das Schlechte tun, notwendig zugrunde gehen.*
>
> Machiavelli

Die Guten ziehen häufig den Kürzeren, weil die Bösen sie mit unfairen Manipulationstricks besiegen. Damit ist jetzt Schluss! Es wird Zeit, die Samthandschuhe der guten Erziehung auszuziehen und endlich die eigenen Bedürfnisse und Wünsche durchzusetzen. Weil fast alle Menschen versuchen, uns bewusst oder unbewusst zu manipulieren, lautet das Gebot der Stunde:

Manipuliere, bevor du manipuliert wirst!

Klar ist: Wer in unserer Ellenbogengesellschaft erfolgreich sein will, muss nicht kompetent sein. Er muss nur kompetent *scheinen* und seine Mitmenschen gekonnt beeinflussen.

Dabei brauchen wir gar nicht mit dem Finger auf Donald Trump zu zeigen, den König alternativer Fakten und persönlicher Beleidigungen. Unser eigener Alltag ist durchtränkt von Bosheiten, fadenscheinigen Komplimenten, Machtspielchen, Totschlagargumenten – und nur der Clevere hat Erfolg!

In diesem Buch lernst du, dich in unserer *Welt der Manipulation* gekonnt zu behaupten und mal ganz egoistisch die eigenen Wünsche durchzusetzen – im Beruf wie im Privatleben.

Gleich in der Einleitung erfährst du, warum du der geborene Manipulant bist. Es geht dann weiter mit den *Top-10-Skills der Manipulation für den Alltag*. Diese zehn Fertigkeiten musst du auf jeden Fall draufhaben, wenn du in unserer manipulativen Welt erfolgreich sein willst. Danach öffne ich *Die drei Trickkisten der dunklen Rhetorik*. Hier geht es um die Feinheiten der Manipulation. Die Trickkisten ergänzen die Top-10-Skills und befähigen dich, noch nuancierter bei der Manipulation vorzugehen und in jeder Situation aus einem breiteren Repertoire an Werkzeugen zu schöpfen. Und schließlich gehe ich noch einmal etwas detaillierter auf die Frage ein, ob und inwieweit Manipulation (un-)moralisch ist.

Du musst dieses Buch nicht unbedingt chronologisch lesen. Wenn du möchtest, spring doch gleich zu der Sektion, die dich am meisten interessiert.

Doch nun genug der Vorrede. Los geht's!

Einleitung: Du manipulierst täglich

Wer sich aber zum Wurm macht, kann nachher nicht klagen, dass er mit Füßen getreten wird.

Immanuel Kant

Du manipulierst deine Mitmenschen seit deiner Geburt. Täglich. Und deine Mitmenschen manipulieren dich. Ebenfalls täglich. Die Frage lautet: Wer ist dabei erfolgreicher? Wer setzt sich durch? Und wer wird getreten?

Und weil du mir jetzt wahrscheinlich noch nicht glaubst, dass du als Mensch *der geborene Manipulant* bist und, seitdem du das Licht der Welt erblickt hast, bis es für dich wieder ausgeht, ständig und täglich manipulierst, um deine Interessen durchzusetzen, hier ein paar Beispiele aus unserem täglichen Leben:

- Als *Baby* schreien wir, bis wir genug Essen, Trinken und Aufmerksamkeit von unseren Eltern erhalten. Und wenn sie auf unser Geschrei nicht reagieren, schreien wir eben noch lauter – bis sie aufgeben und tun, was wir von ihnen verlangen.
- Als *Kleinkind* weinen und quengeln wir so lange am Regal vor der Supermarktkasse, bis wir unsere Lieblingsquengel-

ware bekommen – und sind kurz vor Weihnachten immer besonders lieb, um das ersehnte Geschenk unterm Tannenbaum zu finden.

- Als *Schüler* spicken wir bei Klausuren, haben Pseudobauchschmerzen vor einem wichtigen Test und tischen dem Lehrer eine Lüge auf, warum wir die Hausaufgaben ausnahmsweise nicht haben erledigen können.
- Als *Teenager* versuchen wir mit stylischen Klamotten und coolem Auftreten, unseren Schwarm zu beeindrucken.
- Als *junger Bewerber* polieren wir unseren Lebenslauf auf und präsentieren uns im Vorstellungsgespräch als »dauermotiviert«, »teamfähig« und »belastbar« – obwohl wir zum Ende des Arbeitstags häufig auf die Uhr schauen, wann endlich Feierabend ist.
- Als *Kollege* versuchen wir, besonders nett zu sein, wenn wir von einem anderen Kollegen etwas brauchen.
- Als *Vater/Mutter* geben wir das Kind bei der Oma ab, um endlich etwas Ruhe und Zeit für uns zu haben – sagen aber unserem Sprössling, dass die Oma den Enkel ganz doll vermisse und das Kind *deswegen* zur Oma solle.
- Als *Chef* loben wir unseren Mitarbeiter mit den Worten »Sie sind der Einzige, dem ich diese wichtige Aufgabe anvertrauen kann!« – denn wie sollte der Mitarbeiter dazu schon Nein sagen können?
- Als *Oma/Opa* schließlich bestechen wir unsere Enkel mit Geschenken und erzeugen Schuldgefühle, damit sie uns häufiger besuchen.

Diese Manipulationsliste für unsere unterschiedlichen Rollen im Alltag ließe sich natürlich endlos erweitern! Es ist also falsch, bei Manipulation gleich an Politiker, Versicherungsvertreter und Autoverkäufer zu denken. Wir alle sind, wie diese kleine Aufzählung aus einem typischen Leben zeigt, im Alltag mindestens genauso manipulativ. Der eine etwas mehr. Der andere etwas weniger. Manchmal manipulieren wir bewusst, häufig unbewusst. Mal sind wir dabei erfolgreich, mal weniger. Aber jeder von uns tut es. Täglich.

Interessanterweise geht die Manipulationsgefahr vor allem von den Menschen aus, bei denen wir solche Tricks gar nicht erwarten: also von der Familie, von Freunden und Bekannten. Aber natürlich nutzen auch die netten Kollegen, Chefs und Geschäftspartner mitunter fiese Tricks: Alle manipulieren munter mit!

Die Frage ist also nicht, *ob*, sondern *wie gut* wir manipulieren. Und ob wir uns dabei durchsetzen können. Denn eines steht fest: Wer die wichtigsten Manipulationstricks kennt, der hat die Trümpfe in der Hand. Und wer sie nicht kennt, hat leicht das Nachsehen!

Die Gretchenfrage: Ist Manipulation unmoralisch?

Ist es moralisch verwerflich, andere Menschen zu manipulieren? Die meisten Menschen und Buchautoren über Manipulationstechniken begnügen sich mit einer kurzen Antwort: »Ja! Manipulieren ist unmoralisch! Man sollte die Techniken, wenn überhaupt, nur zur Verteidigung nutzen!«

Doch so einfach ist das nicht. Zunächst einmal müssen wir bestimmen, was Manipulation überhaupt bedeutet. Für unsere Zwecke soll die folgende Definition ausreichend sein:

Manipulation ist die verdeckte Beeinflussung zum eigenen Nutzen.

Abzugrenzen ist der Begriff vom Überzeugen (der offenen Beeinflussung durch einleuchtende Gründe) und vom Überreden (der offenen Beeinflussung durch eindringliches Zureden).

Die meisten Menschen halten das Überzeugen für die beste (weil ehrliche und rationale) Art der Beeinflussung. Das Überreden hat für viele einen irrationalen, penetranten und damit negativen Beigeschmack. Überreden heißt ja, dass jemand am Ende etwas tut, was er ursprünglich gar nicht wollte. Aber zumindest ist der Prozess des Überredens relativ transparent: Wir merken ja, wenn jemand immer und immer wieder auf uns einredet.

Die Manipulation genießt von den drei Begriffen den mit Abstand schlechtesten Ruf. Zu Unrecht, wie ich finde und gleich zeigen werde.

Der am häufigsten angeführte Grund dafür, dass Manipulation unmoralisch sei, ist, dass sie meist verdeckt geschehe. Das heißt, man nutze das Unwissen des arg- und wehrlosen »Opfers« aus – und überrumpele jemanden durch einen hinterhältigen Trick.

Doch nur weil etwas verdeckt, also ohne Wissen des anderen geschieht, heißt das nicht notwendigerweise, dass es unmoralisch ist. Wenn ich zum Beispiel einen kleinen Brand im Vorgarten meines Nachbarn lösche, während er außer Haus ist und nichts davon bemerkt, dann ist das doch offensichtlich nicht verwerflich, oder? Na also.

Aber auch wenn jemand etwas zu seinem eigenen Nutzen tut, heißt das nicht zwangsläufig, dass es unmoralisch ist. Denn meine Handlung zu meinem Vorteil könnte für den anderen entweder gar keine Auswirkung haben (Fall 1: Ich profitiere, der andere hat keinen Nutzen oder Schaden) – oder wir beide könnten dadurch etwas gewinnen (Fall 2: Ich profitiere, und der andere profitiert, ohne dass er die Manipulation dahinter bemerkt).

Unmoralisch wird Manipulation erst dann, wenn man zu seinem eigenen Nutzen handelt und damit gleichzeitig vorsätzlich oder fahrlässig beim anderen einen Schaden verursacht. Es kommt also ganz darauf an, welche Art der Manipulation vorliegt – und ob und inwieweit im konkreten Einzelfall eine unmoralische Handlung zu bejahen ist. (Für alle, die diese Frage etwas genauer studieren wollen, gibt es ab S. 286 eine systematische Übersicht mit Erläuterungen zur [Un-]Moralität der Manipulation.)

Wodurch sich die Menschen am ehesten manipulieren lassen

Beim Manipulieren gibt es nicht die *eine* beste Technik. Vielmehr ist es so, dass sich verschiedene Menschen durch unterschiedliche Techniken manipulieren lassen. Bei den einen funktioniert professionell ausgeführte Körpersprache, mit der man sie blenden kann; andere sind anfällig für Argumente, die an ihr Mitleid appellieren; Dritte fallen auf »alternative Fakten« oder Komplimente herein – und dergleichen mehr.

Wer gut manipuliert, wird als Erstes die Achillesferse seines Gegenübers suchen und schnell herausfinden, wo diese Schwachstelle liegt. Und wie man weiß, hat *jeder* eine Schwachstelle. Man muss sie nur finden.

Eines musst du dir bewusst machen: Wenn Interessen im Spiel sind, dann verwandelt sich jede Unterhaltung in kommunikatives Schach, bei dem wir den anderen schachmatt setzen können.

Vielleicht möchtest du hier einwenden: »Ich will aber gar nicht manipulieren! Ich nehme doch lieber gute Argumente.« Dazu zwei Antworten.

Erstens kommt auch jeder argumentativen Auseinandersetzung ein Wettkampfcharakter zu. Nicht umsonst sprach Habermas vom »zwanglosen Zwang des besseren Arguments«. Doch Menschen lassen sich eben ungern bezwingen – und versuchen meist fast automatisch, bei einem Argument von dir sofort eine Gegenposition einzunehmen. Oder um mit Schopenhauer zu sprechen: Die angeborene Eitelkeit, die besonders hinsichtlich des Verstandes reizbar ist, will nicht haben, dass der andere recht hat. Der argumentative Wettkampf endet daher in den allerseltensten Fällen mit einem »Du hast recht!« – und in den häufigsten Fällen mit einem Patt, da keiner nachgeben will. Da ist die Manipulation viel zielführender, weil der andere deine geschickten Schachzüge gar nicht erst bemerkt. Und da er nicht weiß, dass er gerade um den Finger gewickelt wird, wird er sich auch nicht wehren.

Zweitens hat Manipulation im Vergleich zu Argumentation den Vorteil, dass sie einfach ist in der Anwendung. Beim Argumentieren kann man viele Fehler machen: von falschen Prämissen ausgehen, fehlerhaft definieren, unrichtige Schlussfolgerungen ziehen. Und je länger man argumentiert, desto mehr Angriffsfläche bietet man dem anderen. Deswegen begnügen sich Angela Merkel und die meisten anderen Politiker übrigens eher mit kurzen Statements – statt mit langen Argumentationsketten.

Manipulationstricks hingegen wirken unmittelbar, lassen sich schnell trainieren – und wer manipuliert, taktiert ja im Dunkeln (daher dunkle Rhetorik), was ihm zusätzlichen Schutz vor Angriffen bringt. Manipulation schlägt Argumentation daher problemlos mit 2 zu 0.

DIE TOP-10-SKILLS DER MANIPULATION FÜR DEN ALLTAG

Die Rhetorik ist deshalb ehrlicher, weil sie das Täuschen als Ziel anerkennt.

Friedrich Nietzsche

Da wir, ehrlicherweise zugegeben, alle ständig manipulieren und den anderen etwas vorgaukeln, scheint es nur vernünftig, es darin zur Meisterschaft zu bringen! Im Folgenden findest du daher die zehn wichtigsten Fertigkeiten, die man beherrschen muss, um sich im beruflichen wie im privaten Alltag bei anderen durchzusetzen.

Die Top-10-Skills

Und selbst wenn du immer noch der Auffassung sein solltest, dass du deine Mitmenschen nicht manipulierst, so ist die Kenntnis dieser Top-10-Skills auch für dich ein absolutes Muss, um die Tricks eines manipulierenden Gegenübers schnell zu erkennen und nicht darauf hereinzufallen.

1. Sicher auftreten bei völliger Ahnungslosigkeit

Wissen ist Macht. Weißt du nichts?
Macht nichts!

Unbekannt

Wir leben in einer Wissensgesellschaft. Wer etwas weiß, wird belohnt. Wer nichts weiß, wird benachteiligt: in der Schule durch schlechtere Noten, in der Berufswelt durch mangelnde Aufstiegschancen.

Natürlich ist Wissen nicht der einzige Erfolgsfaktor, jedoch ein wesentlicher. Und dein äußerlich netter, doch innerlich missgünstiger Kollege wartet nur auf die Gelegenheit, dass er genüsslich nachhaken kann, obwohl längst offensichtlich ist, dass du bei einem bestimmten Thema nicht den blassesten Schimmer hast.

Die meisten Menschen haben Angst vor solch peinlichen Situationen und der damit verbundenen Entblößung. Der rechthaberische Homo sapiens geht derart heiklen Situationen aus dem Weg, wo er nur kann. Dabei ist »Sicher auftreten bei völliger Ahnungslosigkeit« nichts anderes als eine trainierbare Fähigkeit, eine ganz besondere Kompetenz. Um genauer zu sein:

eine *Inkompetenzkompensationskompetenz*, also die Befähigung, sein Nichtwissen durch die Anwendung bestimmter Techniken kompetent zu überspielen. Oder einfach ausgedrückt: fehlendes Wissen vorzugaukeln.

Es ist wie überall im Leben: Kennt man die Tricks, kann man jede Situation gekonnt meistern. Bevor ich dir meine besten sieben Finessen vorstelle, ein wichtiger Hinweis: Egal, was du zu sagen hast – mit *professioneller Körpersprache und Stimme* wirkt jeder Mensch gleich viel kompetenter. Der Untrainierte lässt den Blickkontakt abbrechen, wenn er in einer Situation etwas nicht weiß, er zögert mit seiner Antwort, spricht dann zu hastig und zeigt mit seinem unsicheren Auftreten allen schon auf nonverbaler Ebene, dass er absolut keine Ahnung hat.

Der routinierte Blender macht es anders: Selbst wenn er nichts über ein bestimmtes Thema weiß, hat er seine Körpersprache absolut unter Kontrolle, insbesondere

- hält er den Blickkontakt zu seinem Gegenüber,
- macht während seiner Antwort aktive Gesten und
- steht dabei aufrecht und seinem Visavis zugewandt.

Doch souveräne Körpersprache ist nicht alles. Er achtet auch sorgsam darauf, dass seine Stimme überzeugend klingt, insbesondere spricht er

- laut und deutlich,
- eher zu langsam als zu schnell,
- mit bewussten Pausen,
- ohne sich je zu verhaspeln.

Professionelle Körpersprache und Stimme sind die absolute Basis für sicheres Auftreten bei völliger Ahnungslosigkeit. Wer die soeben genannten Punkte nicht beherrscht, sollte sie unbedingt trainieren!

Kommen wir nun also zu meinen sieben besten Tricks.

Trick Nr. 1: Abstrahieren

Eine unauffällige und intelligent wirkende Technik ist das Abstrahieren, wenn du auf eine konkrete Frage spontan keine inhaltlich adäquate Antwort weißt.

Stell dir vor, jemand fragt dich aus heiterem Himmel: »Wie bewerten Sie eigentlich die Bologna-Reform?« Und nehmen wir weiter an, du weißt nicht, dass damit die europaweite Harmonisierung von Studiengängen gemeint ist, die 1999 beschlossen wurde (insbesondere die Einführung des Bachelor-Master-Systems mit ECTS-[European-Credit-Transfer-System-]Punkten als Leistungsnachweisen).

Der Trick ist jetzt, dass du auf die konkrete Frage abstrakt antwortest. Du redest also gar nicht über die Bologna-Reform selbst, sondern gehst allgemein auf das Thema »Reformen« ein. Und sagst so etwas wie: »Generell ist es bei der Bewertung von politischen Reformen wichtiger, was die Betroffenen selbst darüber denken. Die Politiker darf man nicht fragen. Die werden ihre damaligen Entscheidungen doch sowieso immer nur rechtfertigen. Und die Betroffenen sind bei dieser Reform ja geteilter Meinung. Ich finde von oben verordnete Politik durch Reformen generell eher fragwürdig.«

Du hast gar nichts über die Bologna-Reform gesagt – und es hörte sich dennoch ziemlich schlau an![1]

Hier ein weiteres Beispiel. Jemand fragt dich: »Wie finden Sie die Zwölftonmusik von Schönberg?« Und nehmen wir mal an, dass du auch von der Zwölftontechnik der Schönberg-Schule keinen blassen Schimmer hast. Was tun? Die Lösung ist, dass man sich wieder nicht konkret auf die Frage bezieht, sondern allgemein über Musik und deren Bewertung redet.

Und so könnte deine Antwort klingen: »Geschmäcker sind ja bekanntlich verschieden. Und bei Musik ist das natürlich absolute Geschmackssache, was man gut findet. Ich persönlich bevorzuge Jazzrock.«

Wieder hast du nichts zu der konkreten Frage gesagt, sondern allgemeingültige Aussagen aufgestellt, die man nicht angreifen kann. Die Methode beim Abstrahieren besteht also darin, einen bekannten Begriff aus der Fragestellung aufzugreifen und mit allgemeinen Ausführungen dazu fortzufahren.

Trick Nr. 2: Abdriften

Eine unauffällige Technik, die auch Politiker immer wieder gern nutzen, ist das langsame Abdriften von der ursprünglichen Frage zu einem Thema, bei dem man sich besser auskennt.

Wir nehmen wieder das obige Beispiel, jemand fragt dich also: »Wie bewerten Sie eigentlich die Bologna-Reform?« Und wir gehen weiter davon aus, dass du immer noch nichts darüber in Erfahrung gebracht hast. Wie kannst du nun geschickt davon ablenken? Ganz einfach: Du parierst mit der Eröffnung »Viel wichtiger ist doch die Frage, ob ...« – und anschließend sprichst du über ein ganz anderes Thema.

Hier eine mögliche Antwort: »Viel wichtiger ist doch die Frage, ob wir uns heute statt über Reformen nicht über etwas Wesentlicheres unterhalten können, zum Beispiel darüber, dass die Politik immer die Reichen begünstigt.« Natürlich kannst du, statt eine Diskussion über die Umverteilung vom Zaun zu brechen, irgendein anderes Thema wählen, das ein wenig seichter ist. Wenn die Situation es zulässt, gern auch ein privates. Es ist erstaunlich, aber die meisten Menschen scheinen dieses Abdriftmanöver gar nicht zu bemerken, doch selbst wenn, gehen sie in der Regel darauf ein.

Sofern du deinen Gesprächspartner kennst, solltest du als neues Thema eins wählen, das auch für ihn relevant ist. Angenommen, ihr habt eine gemeinsame Freundin Steffi, die dein Gegenüber wirklich sehr mag. So könnte deine Reaktion also schlicht lauten: »Viel wichtiger ist doch die Frage, wie es Steffi geht. Ich habe sie schon seit Ewigkeiten nicht gesehen.«

Im englischsprachigen Raum nennt man diese Art von Ablenkungsmanöver vom eigentlichen Thema spätestens seit dem 19. Jahrhundert übrigens *red herring* (»roter Hering«). Flüchtige Kriminelle sollen die streng riechenden geräucherten Fische ausgelegt haben, um Spürhunde abzulenken. Wenn jemand dich auf eine andere Fährte führen will, kannst du also einfach gegenhalten: »Was soll denn der *red herring* hier?« Das bringt deinen Gesprächspartner vermutlich erst einmal aus dem Konzept. Und wenn er dann nachfragt, was das zu bedeuten habe, erklärst du ihm in aller Seelenruhe, er möge doch bitte keine Nebelkerzen werfen ...

Trick Nr. 3: Zurückweisen

Eine ziemlich offensive Variante des Abdriftens ist das energische Zurückweisen. Auf diese Weise abwehren kann man sowohl unbequeme Fragen als auch Aussagen seines Counterparts. Wenn solch ein Zeitgenosse etwa wissen will: »Was meinst du, was die Abteilung besser machen kann?«, und dir fällt rein gar nichts dazu ein, dann konterst du mit dem Satz: »Das ist doch eine komplett falsche Frage! Es geht hier gar nicht darum, was unsere Abteilung besser machen kann, sondern darum, welche Entscheidungen das Management hätte besser treffen können!«

Auch wenn dieser Trick an das Abdriften erinnert, geht es hier nicht um die Ablenkung von einem Thema zu einem anderen, sondern vielmehr um die Verlagerung von der Sach- auf die emotionale Ebene.

Wir haben zwar alle in der Schule und in Rhetorikkursen gelernt, sachlich zu bleiben. Aber wenn wir jemanden so richtig von unseren sachlichen Defiziten ablenken wollen, dann klappt das in der Regel gut mithilfe starker Emotionen. Die Floskel »Das ist doch eine komplett falsche Frage!« wird der überzeugende Bluffer daher lautstark und entrüstet hinausposaunen. Der Gesprächspartner rückt nun in die Defensive – und schon hast du wieder die Oberhand.

Trick Nr. 4: Zustimmen und loben

Mindestens ebenso hinterlistig wie das Zurückweisen ist das Zustimmen und Loben. Denn die Leute sind empfänglich für Schmeicheleien – die Genugtuung darüber vernebelt unseren Gesprächspartner, und er vergisst, dass wir selbst gar nichts zum Thema beigetragen haben.

Sätze wie: »Das haben Sie aber gut analysiert!« oder »Interessante Begründung! Aus diesem Blickwinkel habe ich das ja noch gar nicht gesehen!«, scheinen deinem Gegenüber Flügel zu verleihen. Genau durch solche Bestärkungen wird der andere motiviert, weitere Ausführungen zum Thema zu machen, und die ganze Zeit selbst reden.

Und wenn er uns am Ende doch nach unserer Meinung fragen sollte, können wir ihm guten Mutes zustimmen – und sogleich ein neues Thema anschneiden, bei dem wir etwas versierter sind.

Trick Nr. 5: Aussagen Dritten zuschreiben

Kaum etwas ist einfacher, als eine x-beliebige Behauptung aufzustellen und sie einer anderen Quelle zuzuschreiben, zum Beispiel: »Ich habe vor Kurzem in der *New York Times* gelesen, dass …« Diese Finte hat gleich zwei Vorteile für uns. Erstens suggeriert sie dem Gesprächspartner unsere Belesenheit. Zweitens bringen wir uns selbst damit aus der Schusslinie, weil die Behauptung ja gar nicht unsere eigene ist. Selbst wenn also unser Visavis viel mehr über das Thema weiß und unsere fiktive

Behauptung mit Argumenten entkräftet, hat es ja bloß sein Wissen bewiesen und fühlt sich gut – aber nichts Substanzielles gegen uns selbst vorgebracht.

Trick Nr. 6: Gegen- und Motivfrage

Sicher auftreten kann man auch, indem man den Spieß umdreht. Die simpelste *Gegenfrage* lautet schlicht: »Was denken *Sie* denn zu diesem Thema?« In den seltensten Fällen wird jemand dahinter Unwissenheit vermuten. Es sei denn, du wendest diese Technik wiederholt an.

In der Regel reden die Leute nämlich viel lieber selbst, als jemandem zuzuhören. Wie viele Gespräche hatte ich schon, in denen mein aktiver Wortbeitrag bei gefühlt weniger als 20 Prozent lag und mein Gegenüber am Ende erfreut resümierte: »Tolles Meeting! Macht wirklich Spaß, sich mit Ihnen auszutauschen!«?

Die *Motivfrage* ist in ihrer Wirkung noch etwas offensiver. Hier reagiert man mit folgender Erwiderung: »Warum wollen Sie das wissen?« Beziehungsweise: »Was bezwecken Sie mit Ihrer Frage?«

Du unterstellst deinem Gesprächspartner dabei ein gewisses verstecktes Motiv. Und häufig wird er sich daraufhin rechtfertigen und dabei selbst mehr Informationen zum Thema preisgeben, die du dann für deine Antwort gebrauchen kannst.

Trick Nr. 7: Den Philosophen spielen

In der Regel wirkt es auch intelligent auf andere, sich bei allem skeptisch zu zeigen und, ohne konkret zu werden, darauf zu verweisen, dass es ja unterschiedliche Ansichten gibt – und das Gesagte am besten noch mit einem schlauen Zitat zu würzen, wenn dir ein passendes einfällt.

Angenommen, dich fragt jemand, ob Drogen deiner Meinung nach legalisiert werden sollten, und bittet dich um deine Meinung dazu. Du hast aber gar keine Ahnung von Drogen, möchtest dennoch etwas Kluges dazu äußern. Deine Antwort könnte dann lauten: »Ich bin bei diesem Thema eher skeptisch. Unterschiedliche Studien kommen zu unterschiedlichen Ergebnissen – und am Ende glaube ich keiner Statistik, die ich nicht selbst gefälscht habe.« Danach lächelst du am besten ein wenig selbstgefällig.

Diese Antwort kannst du einfach wörtlich übernehmen – sie passt in 99 Prozent der Fälle. Oder du überlegst dir eine eigene Formulierung. Hauptsache, deine Äußerungen sind so allgemeingültig, dass sie keine Angriffsfläche bieten.

Das waren meine sieben bevorzugten Techniken zum Thema »Sicher auftreten bei völliger Ahnungslosigkeit«. Ab jetzt bist du nie wieder sprachlos – auch wenn du gar keine Ahnung vom Thema hast, um das es geht! Nun weißt auch du, wie man effektiv mit nicht vorhandenen Inhalten blenden kann.

Im nächsten Kapitel geht es darum, wie man denselben Effekt mit einem guten *Erscheinungsbild* erreicht.

2. Mit gutem Erscheinungsbild blenden

Körpersprache zählt 55 Prozent.
Stimme zählt 38 Prozent.
Inhalt zählt nur 7 Prozent.
Der Mehrabian-Mythos

Wie wichtig ist eigentlich ein gutes Erscheinungsbild? Viele Rhetoriktrainer weltweit zitieren an dieser Stelle den amerikanischen Psychologen Albert Mehrabian und seine zwei Studien aus den 1960er-Jahren.[2] Vielleicht hast auch du diese drei Prozentzahlen schon mal irgendwo gehört, nach denen der Inhalt nur 7 Prozent zählen und Stimme und Körpersprache zusammen ganze 93 Prozent ausmachen sollen. Wenn das wahr wäre, dann sollten wir alle sofort Schauspielunterricht nehmen, unsere Gestik, Mimik und Intonation perfektionieren – und könnten Argumentation und Fakten getrost vergessen. Das »postfaktische« Zeitalter des Donald Trump lässt freundlich grüßen.

Zählt Inhalt wirklich nur 7 Prozent?

Wenn Mehrabian auf sein eigenes Experiment angesprochen wird – und das geschieht nicht selten –, dann zuckt er immer zusammen und sagt, jeder Mensch mit nur etwas Verstand müsse doch leicht begreifen, dass der Inhalt unmöglich nur 7 Prozent ausmachen könne. Er selbst bringt dazu ein beredtes Beispiel: »Wenn ich dir sagte, dass der Bleistift, den du suchst, oben im ersten Stock in der Schlafzimmerkommode ist, dritte Schublade von oben, dann kann man das mit Worten sehr präzise beschreiben, während ich das Gleiche allein mit Körpersprache nur schwerlich ausdrücken könnte.«[3] Man darf hinzufügen: »Und schon gar nicht mit der Intonation der Stimme.«

Und noch ein Beispiel: Wenn Inhalt wirklich nur 7 Prozent zählte, dann könnte ich auch einen Japaner oder Chinesen zu 93 Prozent verstehen, ohne auch nur ein Wort seiner Sprache zu kennen.

Was Mehrabian mit den beiden Experimenten in Wirklichkeit herausgefunden hat, ist für den professionellen Manipulanten dennoch von großer Wichtigkeit: Sobald Mimik oder Intonation in Widerspruch zum Inhalt stehen, dann glauben die Menschen nämlich eher der Körpersprache beziehungsweise der Stimme als dem gesprochenen Wort. Die 55-38-7-Regel gilt also nicht per se, sondern nur bei Inkongruenz der verbalen und non- beziehungsweise paraverbalen Ebene.

Intuitiv wissen wir das ja auch längst. Wenn jemand den Kopf hängen lässt und dir dabei mit monotoner Stimme mitteilt, ihm ginge es wirklich blendend, dann wirst du das kaum für glaubwürdig halten. Oder wenn einer gelangweilt sagt, die gestrige Party sei »geil« gewesen, hegst du auch gewisse Zweifel. Wir stoßen uns von Natur aus an Widersprüchen zwischen dem Inhalt einer Botschaft und der Körpersprache sowie der Stimme des Sprechenden und messen beiden Letzteren dann größere Bedeutung zu, wohl weil sie meist unkontrolliert, somit unverfälscht und ehrlich sind.

Merke: Um glaubwürdig zu erscheinen, müssen Körpersprache, Stimme und Inhalt also widerspruchsfrei (konsistent) sein.

Heißt das nun, dass Körpersprache und Stimme nun doch nicht so wichtig sind wie die rein verbale Information? Keineswegs! Denn es gibt da ja auch noch den unglaublich starken »Halo-Effekt«, dank dessen wir mithilfe eines gekonnten Erscheinungsbilds unsere Gesprächspartner für uns einzunehmen vermögen.

Die täuschende Wirkung des Halo-Effekts

Der Halo-Effekt ist eine kognitive Verzerrung, ein sozialpsychologisches Phänomen, bei dem *eine* auffällige positive Eigenschaft – zum Beispiel Attraktivität – alle anderen Eigenschaften der Person überstrahlt und wir sie deswegen wie unter einer Aureole sehen und insgesamt positiv bewerten (vom englischen *halo* [»Heiligenschein«]).[4] So ist ein typisches Beispiel für den Halo-Effekt, dass die fachliche Kompetenz eines nach allgemeinen Kriterien hübschen Schülers vom Lehrer objektiv überbewertet werden kann. Das Gleiche gilt etwa auch für einen großgewachsenen und männlich-gutaussehenden Soldaten, dessen Leistungen von seinen Vorgesetzten aufgrund seiner höheren Attraktivität im Vergleich zu dessen eher durchschnittlich aussehenden Kameraden überbewertet werden.[5] Sogar die Frage, für wie kompetent ein Politiker im Vergleich zu seinem Mitstreiter gehalten wird und ob er sich gegen diesen bei der anstehenden Wahl durchsetzen wird, ist wesentlich von seinem Äußeren bestimmt.[6]

Erstaunlich dabei ist, dass dieser »Heiligenschein« gar nicht echt sein muss. Ausreichend ist schon die »manipulierte Reputation«. In einer in Fachkreisen berühmten Studie, dem Rosenthal-Experiment,[7] hat man Lehrern erzählt, dass einige Schüler besonders begabt seien. In Wirklichkeit waren diese »Hochbegabten« zufällig von den Forschern ausgewählt worden. In der Folgezeit wurden die vermeintlichen Überflieger vom Lehrer unbewusst besser gefördert als andere Schüler (sie wurden häufiger gelobt, bekamen mehr Zeit zum Antworten und erhielten mehr persönliche Zuwendung). Interessanterweise ist der gemessene IQ dieser pseudohochbegabten Schüler im Vergleich zu »normalen« Schülern mit der Zeit tatsächlich überproportional angestiegen. Und auch der Charakter der attraktiven Schüler wurde besonders positiv bewertet.

Unser vorauseilender Ruf und unsere Attraktivität bestimmen in hohem Maße, wie unsere Intelligenz und Überzeugungskraft eingeschätzt werden. Man mag das ungerecht finden. Wer gewieft manipulieren will, hat sich diese Information jedenfalls längst zunutze gemacht und die Konsequenz gezogen, überall möglichst gut auszusehen und sich verstärkt um seine Reputation zu kümmern.

Souveräne Körpersprache und selbstbewusste Stimme

Doch geht es nicht nur um Renommee und attraktive Optik. Menschen werden auch als glaubwürdiger wahrgenommen, wenn sie konstant Blickkontakt halten und mit selbstbewusster Stimme sprechen – egal, was sie sagen. Bei einem Experiment in einem Gerichtssaal fanden Forscher heraus, dass Zeugen, die dem Fragesteller direkt in die Augen schauten und beim Sprechen nicht wegsahen, als glaubwürdiger wahrgenommen wurden.[8]

In einem anderen Experiment ging es um die Wirkung der Stimme auf die Glaubwürdigkeit des Sprechers: Hier haben Versuchspersonen zwei Zeugen zugehört. Der eine sprach selbstbewusst und zügig – der andere zögerlich und stotternd. Du kannst es dir schon denken: Derjenige mit der selbstbewussten Stimme wurde von den Versuchspersonen als signifikant ehrlicher und kompetenter eingestuft.[9]

Eines der berühmtesten Beispiele für die riesige Bedeutung von Körpersprache und Stimme ist das erste TV-Duell der Geschichte im Jahr 1960 zwischen den US-Präsidentschaftskandidaten John F. Kennedy und Richard Nixon. Kennedy sah besser aus, schaute mehr in die Kamera, sein Anzug saß besser, seine Körperhaltung war entspannter – mit dem Ergebnis, dass er mehr Stimmen der Zuschauer auf sich vereinen konnte als sein Kontrahent.

Doch nun kommt eine interessante Wendung: Diejenigen, die das TV-Duell nicht im Fernsehen, sondern im Radio verfolgt haben, fanden, dass Nixon deutlich gewonnen hätte. Wie kann das sein?

Nun, die Radiohörer konnten Kennedys coole Körpersprache ja nicht wahrnehmen. Und stimmlich hatte Nixon klare Vorteile. Seine Tonlage war tiefer, er sprach langsamer und strahlte so mehr Autorität aus. Dagegen war Kennedys Stimme höher, er sprach im Durchschnitt schneller und wurde so von den Hörern als unsicherer wahrgenommen.

Idealerweise solltest du deshalb sowohl an deiner Körpersprache als auch an deiner Stimme arbeiten.

Schon erstaunlich: Der Kandidat mit der besseren Körpersprache gewinnt im Fernsehen – der Kandidat mit der besseren Stimme im Radio! Auch wenn die 55-38-7-Regel von Mehrabian nicht allgemeingültig ist, so zeigt das TV-Duell sehr klar, dass ein gutes Erscheinungsbild den entscheidenden Ausschlag geben kann.

Die suggestive Wirkung von Kleidung und Statussymbolen

Wenn jemand gut gekleidet ist, dann wirkt er auf andere kompetenter und kann seine Interessen besser durchsetzen. So hatten in einem Experiment Teilnehmer in Anzügen in einer Verhandlungssituation viel bessere Deals gemacht als solche in gewöhnlichem Alltagsoutfit.[10]

In einem anderen Experiment ging es darum, wie viele Menschen wohl einem Mann folgen würden, der bei einer roten Ampel die Straße überkreuzt. Im ersten Versuchsdurchlauf trug er einen Anzug – im zweiten ganz gewöhnliche Kleidung. Verblüffendes Ergebnis: Im Businessdress folgten ihm dreieinhalb Mal mehr Unbekannte.[11]

Und schließlich kurz noch etwas zu Statussymbolen. Bleiben wir doch im Straßenverkehr. In einem Experiment stand einmal ein luxuriöses Auto vor einer Ampel und fuhr bei Grün nicht los. Ein anderes Mal war es ein typischer Mittelklassewagen. Dreimal darfst du raten, in welchem Fall mehr gehupt wurde. Natürlich bei Letzterem! Fast alle Fahrer hinter ihm haben getutet – und das gleich mehrmals. Drei der verärgerten Huper haben sogar leicht seine Stoßstange touchiert, um den Fahrer zum Starten zu animieren. Bei dem Luxusschlitten hupten nur 50 Prozent – und natürlich ist niemand aufgefahren.[12]

Intuitiv haben wir all das schon längst gewusst. Seit Jahrzehnten wird dieses Wissen von der Sozialpsychologie aber auch wissenschaftlich in immer neuen Experimenten nachgewiesen.

Wer andere nicht für sich einzunehmen weiß, indem er im Rahmen seiner Möglichkeiten auf gute Kleidung und gewisse Statussymbole setzt, verzichtet also auf ein todsicheres Instrument der wirkungsvollen Einflussnahme.

Sich selbst manipulieren?

Ziemlich verblüffend, aber schon länger bekannt ist die Tatsache, dass wir den eigenen Hormonhaushalt mit unserer Körpersprache und Kleidung selbst manipulieren können. So führen sogenannte *high power poses* (aufrechte Haltung, offene Körpersprache, weite Gesten) zu einem höheren Testosterongehalt und stärkeren Aktivitäts- und Dominanzgefühl bei gleichzeitiger Senkung des Stresshormons Cortisol in unserem Körper.[13]

Merke: Wir können nicht nur andere manipulieren, sondern auch uns selbst, Letzteres natürlich ebenfalls nur zu unserem eigenen Vorteil. Das Ergebnis aus all diesen Experimenten ist aber klar: Sichere Körpersprache und gute Kleidung machen uns durchsetzungsstärker.

Umgekehrt führen *low power poses* (gesenkter Kopf, verschränkte Arme und Beine) zu weniger Testosteron und mehr Cortisol. In einem Experiment hatten Bewerber, die vor ihrer Präsentation *high power poses* eingenommen hatten, bessere Ergebnisse erzielt als solche, die sich in *low power poses* präsentierten.[14] Ja, sogar das Tragen von Anzügen statt sogenannter Freizeitkleidung führt dazu, dass unser Testosteronspiegel steigt – und wir durchsetzungsstärker auftreten.[15]

3. Schnell Sympathie aufbauen

Gleich und Gleich gesellt sich gern.
Volksweisheit

Sympathie und Vertrauen entwickeln sich zwischen Unbekannten – wenn überhaupt – nur langsam, zumindest, wenn man nicht etwas nachhilft. *Mirroring* (»Spiegeln«) ist hier einer der besten manipulativen Tricks, mit denen du schnell und effektiv ein gerüttelt Maß an Zuneigung erzeugen kannst.

Was ist Mirroring?

Hier zunächst ein Beispiel aus dem Alltag, wie ein Mirroring-Gespräch verlaufen könnte – wobei mit »Du« natürlich immer der versierte Manipulierende gemeint ist:

> ***Du:*** *»Was treibst du denn für einen Sport?«*
> ***Gesprächspartner:*** *»Tennis.«*
> ***Du:*** *»Tennis? Ah. Ich habe früher sehr viel Tennis geschaut. Faszinierende Sportart!«*
> ***Gesprächspartner:*** *»Wer war denn dein Lieblingsspieler?«*

Du: »*Pete Sampras.*«
Gesprächspartner: »*Den fand ich damals auch toll. Aber ich war natürlich immer für Boris Becker, wenn die gegeneinander gespielt haben.*«
Du: »*Ja, das waren immer tolle und knappe Matches!*«
Gesprächspartner: »*Stimmt! Schön, dass Tennis dir auch so gut gefällt.*«

Definition: Das Spiegeln oder Mirroring ist ein bewusstes oder unbewusstes Nachahmen der Sprache (auch der Körpersprache und der Stimme) sowie der Gesprächsinhalte eines Gegenübers, um Nähe und Sympathie zu erzeugen.

Als geschickter Lenker spiegelst du dein Gegenüber dabei nie zu 100 Prozent. Das würde schnell auffallen. Stattdessen stimmst du im Großen und Ganzen zu und weichst ein wenig von der Meinung deines Gegenübers ab. Der andere freut sich über die vermeintliche Gemeinsamkeit und denkt sich: »He, der ist ja so ein bisschen wie ich!« – und schon steigen deine Sympathiewerte!

Hier ein Beispiel aus dem wirklichen Leben: Eines Tages drehte sich bei einer Abendveranstaltung mein Sitznachbar zu mir und fragte mich: »Herr Jachtchenko, was ist eigentlich der Nukleus Ihrer Tätigkeit?«

Hatte er das gerade wirklich gefragt?, dachte ich. Musste er dieses lateinische Wort unbedingt benutzen? Hätte er nicht einfach fragen können: »Was ist der Kern Ihrer Tätigkeit?« Oder noch einfacher: »Was machen Sie eigentlich beruflich?«

Er wollte mit dieser besonderen Wortwahl wohl signalisieren, dass er ein kluges Kerlchen ist. Um ihn zu spiegeln, kam mir als erste Assoziation die schlichte Übersetzung des Wortes in den Sinn. Und die zweite war ein *Faust*-Zitat. Ich antwortete also: »Sie wollen des Pudels Kern? Ich bin Rhetoriktrainer und Speaker.« Er lächelte anerkennend, und wir haben uns anschließend noch sehr angenehm unterhalten.

Warum das Mirroring funktioniert

Wieso aber führt das Vorgaukeln von Ähnlichkeiten überhaupt zu mehr Nähe und Sympathie? Die populärwissenschaftliche Antwort darauf liefern die *Spiegelneuronen*. Das sind besondere Nervenzellen, die beim Beobachten eines Prozesses die gleiche Aktivität zeigen wie bei eigenem Ausführen dieses Prozesses.

Einfach ausgedrückt: Wenn wir sehen, dass jemand gähnt, dann neigen wir dazu, selbst zu gähnen. Wenn uns jemand freundlich anlächelt, tendieren wir dazu, freundlich zurückzulächeln. Oder wenn jemand nett zu uns ist, dann sind wir eher dazu bereit, auch freundlich zu ihm sein. Und finden ihn dann auch wirklich sympathisch.

Dieses Resonanzsystem im Gehirn – so die Theorie – bringt uns dazu, wahrgenommene Verhaltensweisen des Gesprächspartners unbewusst zu kopieren. So gesehen spiegeln wir unsere Mitmenschen »automatisch«, meist ohne es überhaupt wahrzunehmen.

Das unbewusste Mirroring mithilfe der Spiegelneuronen – das übrigens bereits bei Kleinkindern funktioniert, wenn sie versuchen, die Bewegungen und Laute ihrer Eltern nachzuahmen – ist dieser Sichtweise zufolge also etwas ganz Natürliches, und einige Forscher sehen in den Spiegelneuronen und den daraus entstehenden Reflexionen des Verhaltens sogar eine der Ursachen für Mitgefühl und Sympathie für andere Menschen.

Doch Vorsicht! Die Spiegelneuronen wurden erst in den 1990er-Jahren von der Wissenschaft »entdeckt«. Viele Forscher sind der Ansicht, dass der allgegenwärtige Hype um sie unbegründet ist – und geben offen zu, dass die Neurowissenschaft noch gar nicht genau weiß, wofür Spiegelneuronen eigentlich da sind.

Verlassen wir daher wieder schnell die noch junge Neurowissenschaft, und besinnen wir uns auf einen anderen, ziemlich einfachen und vernünftigen Grund, warum das Mirroring und die dadurch wachsende Sympathie als Mechanismus so gut funktionieren.

Überleg mal: Welche Menschen sind dir sympathisch? Diejenigen, die dir ähnlich sind? Oder diejenigen, die sich sehr von dir unterscheiden? Ich behaupte: Diejenigen, die dir ähnlich sind, gefallen dir mehr. Intelligente Menschen mögen sich mit intellektuell Ebenbürtigen unterhalten. Sportfans haben häufig Freunde, die sich auch für Sport begeistern. Und Leute, die gern »feiern«, tun das in der Regel nicht allein, sondern sind dabei lieber mit jemandem zusammen, der ebenfalls kein Kind von Traurigkeit ist. Gleich und Gleich gesellt sich eben gern.

Es gibt zwar noch dieses andere Sprichwort, das da lautet: »Gegensätze ziehen sich an.« Doch gilt das eher in der Physik und weniger in der Sozialpsychologie. Denn wenn wir mit Personen gegensätzlichen Charakters befreundet wären, hätten wir ständig mit Widersprüchen und kontroversen Einstellungen und Gewohnheiten zu kämpfen und könnten nur schwer gemeinsame Pläne und Ziele mit ihnen ausmachen. Und so ist es am Ende des Tages einfach nur praktisch, sich mit Leuten zu umgeben, die uns ähnlich sind und die vergleichbare Interessen haben. Das birgt weniger Streitpotenzial und verspricht mehr Harmonie.

Beobachte dazu mal die Passanten auf der Straße, die offensichtlich Freunde beziehungsweise Freundinnen oder in einer Beziehung sind. Sie haben sich mit den Jahren so einander angepasst, dass sie ähnliche Kleidung tragen, ähnliche Frisuren haben und häufig sogar im Gleichschritt gehen.

Natürlich gibt es Ausnahmen. So wie bei jedem Prinzip. Aber grundsätzlich mögen Menschen diejenigen ihrer Artgenossen lieber, die ihnen ähnlich sind. Sie sind – nebenbei bemerkt – auch eher bereit, eine Bitte allein deshalb mit höherer Wahrscheinlichkeit zu erfüllen, wenn der Bittende den gleichen Vornamen oder am gleichen Tag Geburtstag hat wie sie.[16]

Und genau dieses Wissen kannst du als charmanter Einflüsterer nutzen. Versuche, gezielt Kongruenzen zwischen dir und deinem Gegenüber zu thematisieren und auf diese Weise schnell Nähe und Vertrautheit zu erzeugen, was normalerweise – durch natürliches Mirroring – erst nach längerer Zeit entstünde. Wenn du deinen Job gut machst und die Sprache gekonnt spiegelst sowie den Inhalt nicht zu 100 Prozent wiederholst, sondern kleine Nuancen einbaust und ab und zu auch eine etwas andere Meinung äußerst – dann wird es schwer sein, dich zu enttarnen.

Unsere Gesprächspartner glauben, die Ähnlichkeit der Sprache, Gestik und Mimik spiegele auch eine Nähe in Werten und Einstellungen wider. Wir denken, wer uns ähnlich ist, sei ein potenzieller Freund. Und genau das nutzt du für deine Zwecke aus. Und gibst dir alle Mühe, dem anderen so ähnlich wie möglich zu erscheinen.

Was tun, um sich selbst gegen das Spiegeln zu schützen?

Du solltest immer eine gesunde Portion Skepsis an den Tag legen gegenüber Leuten, die du nicht gut kennst und die dennoch schon nach 15 Minuten Unterhaltung bereits zwölf Gemeinsamkeiten mit dir ausfindig gemacht haben und diese im Gespräch immer wieder herausstellen. Wenn man die Ähnlichkeiten zu schnell und/oder zu häufig wiederholt, ist das nämlich ein ziemlich eindeutiges Zeichen für Manipulationsversuche. Natürlich kann es hier keine hundertprozentige Sicherheit geben. Es mag ja wirklich mal sein, dass zwei einander unbekannte Menschen nach kurzer Zeit in wesentlichen Punkten gleicher Ansicht sind und die gleiche Sprache sprechen. Es ist halt nur sehr unwahrscheinlich.

Die beste Methode aber, einen manipulierenden Gesprächspartner zu enttarnen, sind konkrete Nachfragen. Im Beispiel zu Beginn des Kapitels, wenn nicht du, sondern jemand anders der Manipulierende ist und sagt, dass sein Lieblingstennisspieler Pete Sampras sei, wäre eine Konkretisierungsfrage ein guter Test. Du könntest ihn fragen: »Warum Pete Sampras? Was hat ihn ausgezeichnet? Welches Spiel ist dir denn am eindrücklichsten in Erinnerung geblieben?«

Ein echter Sampras-Fan kann diese drei Fragen im Schlaf beantworten (und auch du solltest dich entsprechend präpariert haben, wenn du dieses Beispiel der Methode anwendest ...). Jemand, der ohne entsprechende Kenntnisse bloß mechanisch spiegelt, wird das in der Regel nicht auf die Reihe kriegen.

Auch die Konkretisierungsfragen geben uns keine hundertprozentige Enttarnungssicherheit. Denn es kann sein, dass der andere sich ebenfalls vorbereitet hat oder sich hier zufällig auskennt und schnell eine passende Antwort parat hat. Aber viele Blender lassen sich durch Konkretisierungsfragen eben doch aus der Reserve locken. Durch smartes Nachhaken lässt sich auch ein ansonsten cleverer Manipulant enttarnen, wenn er nicht entsprechend vorbereitet ist: »Ach, Sie interessieren sich auch für Schach! Toll! Wie reagieren Sie denn auf die Sizilianische Eröffnung ...?«

Wenn wir im Voraus wissen, dass wir es mit einer bestimmten Person zu tun haben werden, macht uns schließlich das Internet das Leben ziemlich leicht. Denn mit einer kleinen Recherche über das »Opfer« lassen sich über Xing, LinkedIn, Facebook, Twitter, Google und Co im Vorhinein viele Vorlieben, Hobbys und Aktivitäten schnell herausfinden. Achte dennoch darauf, dass du dich thematisch nicht zu weit aus dem Fenster lehnst. Aber keine Sorge: Zur Not hast du ja immer noch die sieben Tricks aus dem Kapitel »Sicher auftreten bei völliger Ahnungslosigkeit« in petto!

4. Geschickt lügen

Wahre Worte sind nicht schön.
Schöne Worte sind nicht wahr.
Laotse

Wie häufig lügen Menschen am Tag? Zweimal? Zweihundertmal? Dazu gibt es keine eindeutige Antwort außer der, dass wir alle flunkern. Mehr oder minder. Klar ist, dass diejenigen, die andere Menschen beeindrucken wollen, häufiger nicht die (ganze) Wahrheit auftischen. Und diejenigen, die den Freunden, Kollegen und sich selbst eigentlich nichts mehr beweisen müssen, das Lügen weniger nötig haben. Doch wer kann das schon von sich behaupten?

Wenn du also sowieso lügst, warum das Ganze nicht zur Perfektion bringen? Im Folgenden zeige ich dir Tricks zu den beiden Hauptarten der Unwahrheit: *Lüge* und *Halbwahrheit*.

Geschickt lügen, Teil 1: Die Unwahrheit als Lüge

Einige Lügen fliegen auf, einige bleiben ein Leben lang unentdeckt. Hauptfaktor dafür ist natürlich, wie gut der Lügner ist. Vor allem auf die folgenden zwei Faktoren ist achtzugeben:

Lügenfaktor Nr. 1: Kontrollierte Körpersprache und Stimme

Inkongruenzen zwischen Körpersprache, Stimme und Inhalt sind ein Hinweis darauf, dass jemand kohlt. Wir können unsere Worte meist besser kontrollieren als unsere Emotionen, die sich in unserer Körpersprache und Stimme ungewollt manifestieren. Ebendeswegen trauen wir der Körpersprache und der Stimme ja auch mehr als den rein verbalen Informationen.

Wer beim Lügen plötzlich unkontrollierte Bewegungen macht, wessen Stimme auf einmal zittert, wer beim Sprechen häufig wegschaut, obwohl er das normalerweise nicht tut – mit anderen Worten: wer seine Körpersprache und Stimme im Moment des Lügens nicht unter Kontrolle hat und seine gewöhnliche Art zu sprechen verlässt –, macht sich in der Regel verdächtig.

Bevor sie einem Beschuldigten pikante Fragen stellen, bestimmen Verhörspezialisten zunächst die sogenannte Baseline (das Basisverhalten oder Standardmuster der Körpersprache) eines Delinquenten. Denn häufiges Blinzeln oder extremer Blickkontakt können ja auch normale Angewohnheiten sein. Also Verhaltensweisen, die die Person auch dann an den Tag legt, wenn sie die Wahrheit sagt. Man fragt den Beschuldigten nach seinem Namen, seiner Adresse, dem Beruf, Familienstand et cetera.

Wenn der Verhörspezialist dann herausgefunden hat, was die Standardkörpersprache des Beschuldigten ist, stellt er die konkret relevanten Fragen: Wo war er in der betreffenden Nacht? Gibt es ein Alibi? Und er achtet dann genau darauf, ob bei deren Beantwortung die Körpersprache des Beschuldigten von seiner Baseline abweicht – dies ist dann ein starkes Indiz für eine Lüge (zum Beispiel Stresssignale wie schnellere Atmung, Rötung der Haut, leichter Biss auf die Lippen, Berührungen im Gesicht, Reiben von Oberschenkeln oder Händen, nervöse Fußbewegungen, kurzfristige Regungslosigkeit, starrer Blickkontakt, höhere Stimme, hastiges Sprechen). Und je mehr Indizien der Beschuldigte durch die veränderte Körpersprache gibt, desto wahrscheinlicher lügt er gerade.

Für den perfekten Schwindler gilt es daher, sich komplett seines eigenen Basisverhaltens bewusst zu sein – und in dem Moment, da er die Unwahrheit spricht, keine Abweichungen davon zuzulassen.

Leider gibt es da noch eine Kleinigkeit, die auch den besten Lügner in die Bredouille bringen kann: Es sind die sogenannten Mikroexpressionen – meist nicht kontrollierbare, unwillkürliche, flüchtige mimische Reaktionen, die den Bruchteil einer Sekunde dauern und für gewöhnlich nicht unterdrückt werden können. Insbesondere mithilfe der Zeitlupe können Körperspracheexperten Lügner in einer Videoaufnahme mit ziemlich großer Wahrscheinlichkeit entlarven.

Doch du kannst durchatmen: Die meisten Menschen bemerken Mikroexpressionen gar nicht, viele wissen nicht einmal von deren Existenz, sodass eine normale Körpersprache, die nicht von deiner persönlichen Baseline abweicht, von anderen normalerweise nicht aufgedeckt werden wird: Zwei weltweit führende Körperspracheexperten, Paul Ekman und Maureen O'Sullivan, haben vor einigen Jahren das »Wizards-Projekt« ins Leben gerufen, bei dem sie prüfen, wie gut Menschen Lügner entlarven können. Von aktuell 20 000 getesteten Personen waren nur 50 in der Lage (also nur 0,25 Prozent), anhand von Mikroexpressionen und anderen Hinweisen Lügen aufzudecken.[17]

Lügenfaktor Nr. 2: Perfekte inhaltliche Vorbereitung

Wenn du der perfekte Lügner und selbst für die versiertesten und erfahrensten menschlichen Lügendetektoren eine nicht zu knackende Nuss werden willst, solltest du alle der zehn folgenden Lügnertipps befolgen:

1. Zunächst darfst du bei den Antworten nicht zögern, denn das lässt andere Verdacht schöpfen.
2. Außerdem sollst du von dir aus nicht zu viele Details erzählen. Lügner tendieren dazu, zu viel von sich aus preiszugeben, um Nachfragen zu vermeiden. Also: Details äußerst du nur, wenn du darum gebeten wirst.
3. Des Weiteren darfst du nicht zu emotional reagieren. Eine ehrliche Person kann völlig entspannt bleiben. Negative Emotionen sind ein Anzeichen von Stress, und Stress macht uns verdächtig.
4. Präpariere dich so, dass du deine Geschichte theoretisch rückwärts erzählen könntest: Das garantiert, dass du sie wirklich draufhast.
5. Verwende als Personalpronomen solche der ersten Person wie »ich«, »mir«, »mein« und so weiter, denn Lügner verschanzen sich häufig hinter dem unverbindlichen »man« und versuchen sich so unterbewusst von der eigenen Aussage zu distanzieren.

6. Beantworte die eigentliche Frage – häufig beziehen sich Lügner nicht direkt auf die gestellte Frage, sondern weichen auf Nebenaspekte aus.
7. Vermeide Formulierungen wie »um ehrlich zu sein« oder »offen gesagt« und dergleichen. Denn nur Lügner haben es nötig, den Gesprächspartner mit diesen ein- oder besser aufdringlichen Stereotypen von ihrer Glaubwürdigkeit zu überzeugen.
8. Memoriere exakt, was du einer bestimmten Person erzählst. Es könnte ja sein, dass sie dich drei Wochen später noch mal fragt. Und wenn du mehreren Leuten diverse leicht voneinander abweichende Versionen deiner Story auftischst, merk dir genau, wem du welche Nuance untergejubelt hast. Schreib es dir auf, falls dein Gedächtnis nicht das beste ist.
9. Sprich in überschaubaren Sätzen. Komplexe Satzstrukturen könnten ein Indiz dafür sein, dass du die Geschichte vorbereitet und auswendig gelernt hast.
10. Und last, but not least: Üb deine Lüge laut ein – und achte darauf, dass du sie mit deiner Standardsprache und -stimme erzählst (Stichwort: »Baseline«). Hier schließt sich also der Kreis: Kontrollier bei der Übung deine Körpersprache und Stimme.

Geschickt lügen, Teil 2: Halbwahrheiten

Halbwahrheiten sind ziemlich trickreich. Es gibt sie in drei Varianten: Entweder das Gesagte ist halb wahr und halb gelogen

(Variante 1). Oder aber das Gesagte ist absolut wahr, jedoch wird eine für das »Opfer« relevante Information unterschlagen. Durch die unterschlagene Information ergibt sich ein verzerrtes Bild, mit dem man den anderen manipulieren kann (Variante 2). Oder aber man nutzt mehrdeutige Begriffe, die so oder anders ausgelegt werden können – und führt dadurch den anderen aufs Glatteis (Variante 3). Zu allen drei Varianten folgt nun je ein Beispiel.

Halbwahrheit-Variante 1: »Halb wahr – halb gelogen«

Nehmen wir doch ein geläufiges Beispiel aus der Realität. Stellen wir uns vor, Elke betrügt hin und wieder ihren Ehemann. Normalerweise kommt sie gegen 19.00 Uhr von der Arbeit nach Hause. An diesem ganz besonders stressigen Donnerstag (Elke musste ein Projekt beenden und hat den ganzen Tag daran gearbeitet) kehrt sie aber erst um 22.00 Uhr zurück. Sie hat jedoch bereits um 17.30 Uhr ihren Arbeitsplatz verlassen und ist anschließend noch zu ihrem Geliebten Wolfgang gefahren – und danach erst nach Hause.

Ihr treuer Ehemann Roland fragt sie, warum sie so spät zurück ist. Sie antwortet: »In der Firma gab es heute voll viel zu tun. Ich musste ein Projekt beenden und bin gerade erst mit allem fertig geworden. Schneller ging es heute nicht, Schatz!«

Dass Elke ein Projekt beenden musste, stimmt ja. Dass es bis 22.00 Uhr gedauert hat, ist schlicht gelogen. Hier werden also Wahrheit und Lüge miteinander verknüpft. Für den gutgläubigen Roland durchaus plausibel, wenn Elke wegen unterschiedlich hohen Arbeitsaufkommens unregelmäßig Feierabend hat und nicht jedes Mal extra deswegen anruft.

Halbwahrheit-Variante 2: »Halb wahr – halb unterschlagen«

Die zweite Variante ist noch etwas trickreicher. Hier wird nur die Wahrheit – und nichts als die Wahrheit – gesagt. Überhaupt nicht gelogen. Zumindest nicht explizit. Es wird aber eine relevante Information unterschlagen. In dieser Variante antwortet Elke auf die Frage ihres Mannes, warum sie erst so spät zurück ist: »In der Firma gab es heute viel zu tun: Wir mussten ein Projekt abschließen – und das hat echt den ganzen Tag gedauert.«

Der Trick besteht ja darin, dass sie tatsächlich im Endstress war. Es stimmt auch, dass sie den »ganzen Tag« daran gearbeitet hat (eben den ganzen Arbeitstag bis 17.30 Uhr). Jede Silbe ist wahr! Nur dass sie die andere, relevante Hälfte unterschlagen hat.

Halbwahrheit-Variante 3: »Halb wahr – in der Mehrdeutigkeit versteckt«

Für die dritte Variante der Halbwahrheit schrieb die Geschichte eins der besten Beispiele. Bill Clinton, der eine Affäre mit der Praktikantin Monica Lewinsky hatte, gab 1998 bei einer Presseerklärung bekannt (damals war noch nichts bewiesen):

> *»Ich hatte keine sexuellen Beziehungen mit dieser Frau [›I did not have sexual relations with that woman‹], Miss Lewinsky. Ich*

habe niemandem gesagt, dass er lügen soll. Nicht ein einziges Mal. Niemals. Diese Anschuldigungen sind falsch.«[18]

Die Aussage »keine sexuellen Beziehungen« ist natürlich mehrdeutig. Und genau das hat sich der clevere Bill zunutze machen wollen. Es gab nämlich zwischen den beiden – was sich später im Strafprozess herausstellte – keinen Sex im klassischen Sinn, sondern »nur« Oralsex. Interessant dabei ist, dass Teile der US-Bevölkerung dies tatsächlich nicht als »Sex« sehen, sodass die Aussage Clintons aus dieser Perspektive keine Lüge war. Er beherrschte diese Variante der halben Wahrheit makellos! (Übrigens sagte Bill Clinton circa ein halbes Jahr später, dass seine damaligen Ausführungen [bezüglich »sexuellen Beziehungen«] – wie er es so schön formuliert hat – »juristisch korrekt« seien, jedoch seine Beziehung zu Lewinsky »unangemessen« sei.)

Kommen wir aber noch mal zurück zu unserer Elke. Was könnte sie in diesem Sinne sagen, damit ihre Affäre nicht auffliegt? Vielleicht ganz einfach: »In der Firma gab es heute voll viel zu tun: Wir mussten ein Projekt abschließen – und ich bin so schnell zurückgekommen, wie ich konnte.«

Der Ehemann wird verstehen, sie sei so schnell *von der Arbeit* zurückgekommen, wie sie konnte, nicht von ihrem Lover. So glaubt sie wohl, noch in den Spiegel schauen zu können, denn sie hat ja die Wahrheit gesagt! Einige Leute verurteilen es zu lügen. Aber sich hinter Zweideutigkeiten zu verstecken scheint für sie voll in Ordnung zu sein …

Merke: Mit der richtigen sprachlichen Formulierung können wir das Zustimmungsergebnis maßgeblich beeinflussen.

Du willst die Zustimmung nicht bloß manipulieren, sondern kaltblütig erzwingen? Dann lies gleich den nächsten Abschnitt!

5. Zustimmung erzwingen

Und bist du nicht willig,
so brauch ich Gewalt.
Johann Wolfgang Goethe, »Erlkönig«

Gewaltanwendung ist in unserer freiheitlich-demokratischen Gesellschaftsordnung nur ausnahmsweise rechtlich zulässig. Aber wer braucht schon physische Gewalt? Es gibt doch nette psychologische Tricks, um die Zustimmung des anderen zu forcieren. Fünf davon möchte ich dir jetzt vorstellen.

Zustimmungstrick Nr. 1: Vor vollendete Tatsachen stellen

Der erste nette psychologische Trick, um Zustimmung zu erzwingen, heißt »Fait accompli«. Übersetzt aus dem Französischen bedeutet das »vollendeter Tatbestand«. Es werden also Fakten geschaffen. Die meisten Menschen hinterfragen »Tatsachen« nicht – und lassen sich von vermeintlich vollendeten Fakten zur Zustimmung zwingen.

In der Woche, in der ich diese Zeilen schreibe, ist mir jene Technik gleich zweimal begegnet. Am Dienstag teilte mir ein

Coachingkunde, nennen wir ihn »Matthias«, mit strahlenden Augen mit, dass seine fünfzehnjährige Tochter am Wochenende zu mir ins Coaching kommen werde, um die Kunst der Argumentation zu erlernen. Ich wurde sofort stutzig: Eine Fünfzehnjährige möchte das Argumentieren erlernen?

Also, nichts gegen Teenager! Aber ich habe trotzdem mal vorsichtig nachgefragt, woher denn das Interesse des Mädchens stamme. Und Matthias entgegnete mir: »Ich habe ihr fünf Coachingstunden zum Geburtstag geschenkt. Sie muss die jetzt machen!«

Natürlich betrachtet sich Matthias als ehrlich, edel und frei von hinterlistiger Manipulation. So wie viele andere auch. Als ich ihn auf seinen (unbewusst) angewendeten Manipulationstrick ansprach, rechtfertigte er sich natürlich mit seiner hehren Absicht. Klar! Er will ja nur etwas Gutes für seine Tochter tun.

Ein paar Tage später kam diese dann ins Seminar. Kein Lächeln im Gesicht. Null Bock aufs Coaching. Das Mädchen war vom Vater geschickt überrumpelt worden.

Und auch meine Eltern hatten es diese Woche mit einem Fait accompli bei mir versucht. Sie wollten mich übers Wochenende in München besuchen. Von zwei bis drei Tagen war die Rede. Bald sei Manuskriptabgabe, hatte ich ihnen erklärt, ein Besuch von sieben Tagen käme für mich gerade äußerst ungelegen! Doch am Abend rief mich mein Vater an und sprach: »Gute Nachrichten! Ich habe von Osnabrück nach München Züge für nur 29 Euro gefunden! Wir kommen also am Montag und bleiben dann bis zum nächsten Montag! Die Tickets für mich und deine Mutter habe ich bereits gekauft!«

Netter Versuch! Vor vollendete Tatsachen stellen mit gekauften Tickets – das hätte vor fünfzehn Jahren sicher noch gut funktioniert. Heutzutage falle ich auf so etwas natürlich nicht mehr herein.

Wenn man selbst Opfer dieses Tricks ist, kann man zweierlei tun: erstens grundsätzlich erst einmal anzweifeln, dass die »Tatsachen« wirklich *vollendet* sind. Häufig sind die Fakten nicht einmal *geschaffen*. Oder aber sie sind revidierbar. Zweitens trotzdem ablehnen! Niemand kann uns physisch zwingen. Die Fünfzehnjährige kann sich ja beim Vater bedanken und sagen, sie sei am Coaching überhaupt nicht interessiert. Und einfach nicht hingehen!

Mit den eigenen Eltern ist der Fall natürlich immer delikat: Denn da spielt ja das Mitgefühl noch eine große Rolle: Wie traurig sie doch werden, wenn man nicht ihren Wünschen entspricht! Doch auch hier ist das Gegenmittel, den Eltern zu bedeuten, dass sie selbst es waren, die diese missliche Situation geschaffen haben. So bin ich auch bei meinen Eltern vorgegangen: Ich habe klar herausgestellt, dass zwei bis drei Tage abgemacht waren – nicht acht.

Zustimmungstrick Nr. 2: Die »Fuß-in-der-Tür-Technik«

Von diesem Kniff hast du sicher schon einmal gehört: Wenn man erst einmal den Fuß in der Tür hat, kann man leichter hereinkommen. Oder auf unser Manipulationsthema umgemünzt: Man wird erst um einen ganz kleinen Gefallen bitten, dann einige Zeit verstreichen lassen – und anschließend mit der großen Bitte kommen und Zustimmung ernten.

Dieser Trick funktioniert deswegen so gut, weil Menschen in ihrem Verhalten *konsistent* sein wollen, also beständig und widerspruchsfrei. »Wem ich schon mal einen Gefallen getan habe, den werde ich doch beim zweiten Mal nicht einfach wegschicken können!«

Dazu das klassische Experiment:[19] Wissenschaftler fragten Grundstücksbesitzer in Kalifornien, ob sie in deren Vorgarten ein großes Schild mit der Aufschrift »Fahren Sie vorsichtig!« aufstellen dürften. Nur 17 Prozent sagten Ja. Bei einer anderen Gruppe von Grundstücksbesitzern in derselben Region war die Zustimmung zu diesem Warnschild jedoch viel größer: Ganze 76 Prozent der Befragten ließen es bei sich aufstellen!

Was war bei der zweiten Gruppe anders? Ganz einfach: Einige Wochen zuvor hatten die Wissenschaftler gefragt, ob sie einen kleinen und fast unsichtbaren Sticker ans Fenster kleben durften, auf dem stand: »Sei ein vorsichtiger Fahrer.« Und als die Wissenschaftler nach einiger Zeit wiederkamen und wegen des großen Schildes fragten, war die Zustimmung überragend.

Die zweite Gruppe wollte also konsistent mit ihrer ersten Entscheidung bleiben. Man nennt das auch das »Konsistenzprinzip« oder auch den »Benjamin-Franklin-Effekt«, weil Franklin bereits im 18. Jahrhundert feststellte, dass jemand, der dir einmal eine Freundlichkeit erwiesen hat, eher bereit sein wird, dir eine weitere zu erweisen, als jemand, dem du selbst einmal gefällig warst.

Jetzt ein Tipp aus dem Alltag: Wenn du also möchtest, dass dir einer deiner Bekannten beim Umzug hilft, dann frag nicht sofort, ob er am Sonntag zwei Stunden Zeit für dich hat. Sondern deute einige Tage vorher an, dass du bald umziehst – und du gern seinen Rat hättest, wo man gut und günstig Möbel kaufen kann. Diesen kleinen Gefallen wird er dir nicht abschlagen. So steht er mit dem Thema »Umzug« schon mal geistig in Verbindung und fühlt sich sogar etwas verantwortlich – schließlich hat er selbst Einrichtungstipps gegeben. Und einige Tage danach bittest du ihn, beim Tragen zu helfen. Er wird dich jetzt ziemlich sicher tatkräftig unterstützen.

Merke: Mit dem Bitten um einen kleinen Gefallen löst du den Konsistenzeffekt beim anderen aus und machst ihn dir einige Zeit später zunutze!

Zustimmungstrick Nr. 3: Die »Mit-der-Tür-ins-Haus-fallen-Technik«

Diese Vorgehensweise – ebenso »Door-in-the-Face-Technik« genannt – funktioniert genau andersherum. Auch dazu gibt es ein überzeugendes psychologisches Experiment:[20] Man hatte eine Gruppe von Studenten gefragt, ob sie einen Tagestrip mit jugendlichen Straftätern machen und sie währenddessen beaufsichtigen würden, unbezahlt. Eine große Mehrheit sagte Nein (83 Prozent).

Aus einer anderen Gruppe stimmten die Studenten dreimal häufiger zu, diesen Tagestrip mitzumachen! Was ist da passiert? Dort hatte man nämlich die Studenten vorher gefragt, ob sie zwei Stunden pro Woche über einen Zeitraum von zwei Jahren als Mentor die jungen Straftäter begleiten würden. Alle lehnten ab. Doch jetzt kam die entscheidende zweite Frage: »Würden Sie denn einmalig mit den Delinquenten in den Zoo gehen?« Und plötzlich stimmte die Hälfte zu!

Zurück zu unserem Alltagsbeispiel mit dem Umzug: Bitte deinen Freund also nicht sofort, dir zwei Stunden beim Umzug zu helfen, sondern frag ihn zunächst nur, ob er den ganzen Samstag Zeit dazu hat. Er wird wohl verneinen. Und jetzt fragst du ihn, ob er dir »nur ein Stündchen helfen« könnte (wir wissen ja alle aus Erfahrung, dass aus einer Stunde schnell zwei werden können) – und er wird mit großer Wahrscheinlichkeit zustimmen.

Das psychologische Prinzip hinter dem »Door-in-the-Face-Trick« ist übrigens der *Kontrasteffekt*: Verglichen mit einem ganzen Tag scheint ein Stündchen ganz wenig zu sein. Und verglichen mit einer zweijährigen regelmäßigen Betreuung junger Krimineller erscheint wiederum ein Tag ziemlich kurz.

Zustimmungstrick Nr. 4: Der »Autoritätstrick«

Autoritätsargumente sind bereits seit der Antike bekannt. Man nennt sie »Argumenta ad verecundiam« (wörtlich »Argumente zur Ehrfurcht«). Der Irrglaube: Weil eine große Autorität etwas behauptet hat, sei es wahr. Diesen Irrglauben können wir uns zum Beispiel einfach dadurch zunutze machen, indem wir für die uns opportune Ansicht einen Wissenschaftler oder eine Studie bemühen, die genau das bestätigen, was wir sagen wollen. Völlig beiseitelassen können wir dabei,

- ob der Wissenschaftler oder die Studie vertrauenswürdig ist – es muss nur wichtig klingen –,
- ob der Wissenschaftler sich auf dem Gebiet seiner Forschung geäußert hat oder zu einem Thema, bei dem er über gar kein Spezialwissen verfügt – Hauptsache, er hat einen Professorentitel und forscht an einer renommiert wirkenden Universität –,
- ob er eine Minderheitenmeinung vertritt – vielleicht stehen 99 Prozent der anderen Forscher gegen ihn und kritisieren seine Methoden –, worauf man ja nicht hinweisen muss,
- ob man ihn wirklich sauber zitiert – wer schaut sich schon die Originalquellen an? – und
- ob die zitierte Studie repräsentativ ist sowie die Methoden wissenschaftlich korrekt angewendet wurden – wer kann das schon sachgemäß beurteilen?

Und wenn du glaubst, auf Autoritätsargumente fallen nur dumme Menschen herein, hier mein Lieblingsbeispiel, nach dem selbst führende Forscher sich von einer Autorität haben 30 Jahre lang blenden lassen:

In den 1920er-Jahren glaubte der damals berühmte und unter Kollegen anerkannte Zoologe Theophilus Painter herausgefunden zu haben, dass Menschen 24 Chromosomenpaare besitzen, also insgesamt 48 Chromosomen. Erst im Jahr 1955 bewiesen zwei andere Forscher, dass es in Wirklichkeit nur 23 Chromosomenpaare gibt.

Das Besondere: In den dazwischenliegenden 30 Jahren haben weitere Forscher, zum Beispiel der chinesische Zellenforscher Hsu, auch die richtige Zahl an Chromosomenpaaren (23) entdeckt, aber unter dem Eindruck des großen Zoologen Painter dennoch ihre Ergebnisse so interpretiert, dass die »richtige« Zahl von 24 Chromosomenpaaren herauskam. So berichtete Hsu später ironisch: »In vielen Zellen hatte ich Schwierigkeiten, auf 48 zu kommen.« Aber er hat es dennoch geschafft, trotz der Blendkraft von Painters Autorität, die »richtige« Anzahl von Chromosomenpaaren zu finden.[21]

Wenn also selbst führende Wissenschaftler sich – entgegen offensichtlichen Beweisen – jahrzehntelang einer Autorität blind beugen, wie sehr muss sich dann Otto Normalverbraucher von Autoritäten beeindrucken lassen!

Und gerade in der Ära des Internets ist es ein Leichtes, zu jeder noch so unsinnigen Behauptung eine (schlechte oder falsch zitierte) Studie zu finden. Noch nie war es so leicht wie im 21. Jahrhundert, mit hervorgezauberten Autoritätsargumenten zu blenden.

Zustimmungstrick Nr. 5: Der »Mehrheitstrick«

Verwandt mit dem Autoritäts- ist das Mehrheitsargument. Man nennt es auch »Argumentum ad populum« (wörtlich: »Argument zum Volk«). Weil die meisten Leute etwas Bestimmtes glauben, sei es wahr. Der Fehler: Auch eine Mehrheit kann natürlich irren.

Obwohl ich den Trick schon seit Jahren kenne, bin ich vor Kurzem fast selbst darauf hereingefallen! Als ich in einem Hotel in Spanien eingecheckt hatte, sagte mir eine freundliche Dame, dass alle Gäste des Hotels eine Bootstour bei ihr gebucht hätten.

Der Trip auf dem Wasser sei natürlich gut und günstig – und ich solle doch am einfachsten auch gleich reservieren.

Ich dachte schon: »Alle haben gebucht? Dann muss es ja ziemlich gut sein. Das will ich mir nicht entgehen lassen!« Und ich hätte fast gebucht. Zum Glück hatte ich noch kurz vor der Bezahlung gefragt, was denn da geboten würde – und bekam als Antwort: »Viele Leute, viel Alkohol, viel Technomusik.« Das waren dann drei sehr gute Gründe für mich, um diesen Ausflug doch wieder zu stornieren.

Ich erzähle diese kleine Begebenheit deswegen, um zu demonstrieren, dass auch die langjährige Kenntnis eines Manipulationstricks uns nicht immer davor schützt, auf ihn hereinzufallen. Häufig scheinen wir aus Faulheit oder Müdigkeit unser Gehirn auszuschalten – und genau dann sind diese Scheinargumente so gefährlich und machen uns zu leichten Opfern!

6. Mit Fragen lenken

Wer fragt, führt.
Verkäuferweisheit

Mit gezielten Fragen kann man sowohl Inhalte als auch Emotionen lenken. Inhaltlich leitet eine Frage den Gesprächspartner dadurch, dass sein Nachdenkprozess darauf fokussiert wird, die Frage zu beantworten. Mit Fragen kann man aber natürlich von Inhalten ablenken, Fakten schaffen, Argumente erforschen (um sie anschließend zu widerlegen) oder auch Gespräche abbrechen.

Doch auch auf der emotionalen Ebene lenkt eine Frage. Sie kann beleidigen, demotivieren, provozieren, loben – und weckt damit, völlig losgelöst von der inhaltlichen Ebene, ganz bestimmte Emotionen.

Jeder kennt rhetorische, offene und geschlossene Fragen. Doch schauen wir auf zehn Fragetypen, die sehr gut zur Manipulation eingesetzt werden können.

Fragetyp Nr. 1: Die verdeckte Frage

Stellen wir uns ein Bewerbungsgespräch vor. Wie wir alle (hoffentlich) wissen, sind rein private Fragen an die Bewerber arbeitsrechtlich unzulässig. Aber warum nicht die junge Bewerberin verdeckt fragen, ob sie verheiratet und ob damit die Kinderwahrscheinlichkeit erhöht ist? Was tun? Der schlaue Personaler wird hier fragen: »Ist Ihr Mann mit dem Umzug nach München einverstanden?«

Und die Bewerberin wird entweder antworten: »Ich habe gar keinen Mann.« Oder sie wird antworten: »Ja, er ist einverstanden.«

Dank der verdeckten Frage hätte der Arbeitgeber jetzt in beiden Fällen eine private Information, die er eigentlich nicht hätte erfragen dürfen. Und was der schlaue Arbeitgeber kann, das kannst du natürlich auch!

Fragetyp Nr. 2: Die Alternativfrage

Stellen wir uns ein Verkaufsgespräch vor. Jemand ruft dich an und will dir etwas andrehen. Du hörst dir das Ganze in Ruhe an und bist nicht ganz sicher. Brauchst du das überhaupt? Ist das nicht etwas zu teuer? Und stimmt das alles, was der Typ dir da am Telefon erzählt?

Doch während du noch unsicher bist, ob du Ja sagen sollst, stellt der schlaue Vertriebler dir diese hübsche Alternativfrage: »Soll ich am Mittwochvormittag oder lieber am Freitagnachmittag kurz vorbeikommen?«

Es handelt sich natürlich um einen Trick. Bei einer solchen sogenannten »falschen Dichotomie« beziehungsweise einem »falschen Dilemma« wird suggeriert, man hätte in einer bestimmten Situation nur zwei Optionen. Dabei gibt es deren immer mehrere. Eine dritte wäre ja zum Beispiel zu sagen: »Ich will Ihr Produkt doch gar nicht!« Und eine vierte: »Ich muss mir das überlegen und melde mich gegebenenfalls bei Ihnen.«

Doch sehr viele Menschen fallen auf diesen billigen Trick herein. Sie sehen sich durch die Frage quasi »gezwungen«, A oder B zu sagen. Vom Vertriebler lernen heißt also siegen lernen!

Fragetyp Nr. 3: Die Schmeichelfrage

Mit einer Frage kann man einem Menschen übrigens auch schmeicheln. Das Tückische an einem Kompliment ist ja, dass man es selbst dann toll findet und sich davon einlullen lässt, wenn man weiß, dass es gar nicht ehrlich gemeint war. Um das zu demonstrieren, sagte mein Lieblingspolitikprofessor, damals etwa 65 Jahre alt, einmal in einer Vorlesung: »Meine Frau weiß, dass sie nicht mehr die Hübscheste ist – aber sie will es trotzdem hören!« Ein bemerkenswerter Satz, der nachdenklich macht.

Merke: Ein Kompliment ist eine wirkungsvolle Waffe, selbst wenn der andere sie enttarnt.

Wie kann man nun ein Kompliment mit einer Frage verbinden? Ganz einfach, man fragt etwa so: »Wie ist es Ihnen eigentlich so gut gelungen, XYZ zu machen?« Und schon freut sich unser Gesprächspartner. Er fühlt sich geschmeichelt und erzählt dir womöglich in größter Ausführlichkeit, warum er so ein toller Hecht ist und wie er es zu alldem gebracht hat. Auch wenn er anders reagiert und sich eher bescheiden gibt – du hast schnell Sympathie aufgebaut!

Fragetyp Nr. 4: Die Angriffsfrage

Man kann mit einer Frage aber auch jemanden angreifen: »Was soll diese blöde Bemerkung?« Oder etwas abgeschwächter: »Wie kommen Sie auf solch einen unausgegorenen Vorschlag?« In diesen Formulierungen sind Pfeilspitzen, die kein Gesprächspartner überhören wird.

Der Vorteil für dich bei diesen in Fragen gehüllten verbalen Angriffen liegt darin, dass die meisten Menschen überhaupt nicht schlagfertig sind. Sie kennen in der Regel keine einzige Technik, um solche Attacken zu parieren! Daher hast du hier nicht viel zu fürchten. Im Gegenteil: Meist wirst du nach einer Angriffsfrage eine Rechtfertigung hören, bei der sich der Angegriffene vehement verteidigt und entschuldigt. Und die Franzosen haben hier ein passendes Bonmot: »Qui s'excuse, s'accuse« (»Wer sich entschuldigt, gesteht seine Schuld ein« [wörtlich: »Wer sich entschuldigt, klagt sich an«] – und vergräbt sich noch mehr in die missliche Defensive).

Fragetyp Nr. 5: Die Gegenfrage

Die Gegenfrage haben wir ja bereits im Kapitel »Sicher auftreten bei völliger Ahnungslosigkeit« behandelt. Deswegen an dieser Stelle nur so viel: Die meisten Menschen werden die Technik der Gegenfrage gar nicht als Trick erkennen und automatisch antworten. Zu unseren Gunsten arbeitet die gängige Konditionierung »Auf eine Frage soll man antworten«: Neun von zehn fallen darauf herein.

Die chassidischen Juden waren Meister in dieser Fragetechnik. Ein christlicher Herrscher fragte einst seinen jüdischen Diener: »Warum antwortet ein Jude auf eine Frage immer mit einer Gegenfrage?« Darauf der gewitzte Diener: »Warum sollte ein Jude auf eine Frage nicht mit einer Gegenfrage antworten?«

Fragetyp Nr. 6: Die Suggestivfrage

Bei der Suggestivfrage geht es darum, durch die Formulierung der Frage die Antwort des anderen zu beeinflussen. Klassisches Beispiel für eine *geschlossene* Suggestivfrage ist etwa: »Sie sind ja sicherlich auch der Ansicht, dass … Oder?« Ein Beispiel für eine offene Suggestivfrage ist: »Unser Chef hat das Projekt X gestern absolut auseinandergenommen und fertiggemacht. Und was denkst du über das Projekt X?«

Bei der offenen Suggestivfrage wird damit gespielt, dass die Menschen ungern den in sie gesetzten Erwartungen nicht entsprechen. Bei der geschlossenen Suggestivfrage wird ausgenutzt, dass sie sich nicht gern gegen Autoritäten stellen und auch hier eine Antwort mit vorbestimmtem Inhalt geben.

Fragetyp Nr. 7: Die Unterstellungsfrage

Die Unterstellungsfrage ist eine sehr radikale Form der Suggestivfrage. Bei der Suggestion wird dem anderen etwas »nahegelegt«, während bei der Unterstellung jemandem etwas »untergeschoben« wird. Das klassische Beispiel hier ist: »Schlagen Sie immer noch Ihre Frau?« So wird dreist insinuiert, dass das in der Vergangenheit der Fall war. Durch eine überraschende Unterstellung wird der eine oder andere jedoch dazu verleitet, ungewollt die Wahrheit zu sagen.

Hier ein etwas alltagstauglicheres Beispiel: »Seit wann macht Ihnen Ihre Arbeit eigentlich keinen Spaß mehr?«

Diese Frage habe ich selbst Dutzende Male ausprobiert. Die meisten Menschen behaupten, die Arbeit mache ihnen Spaß – und das ist ja auch verständlich: Glaubten sie es nicht, würden sie in ständiger kognitiver Dissonanz leben. Zum Konzept der kognitiven Dissonanz kommen wir noch an einer anderen Stelle (siehe S. 133 ff.). Hier nur so viel: Die wenigsten würden es auf Dauer aushalten, täglich zur Arbeit zu gehen und sie zu verabscheuen, also zwei Kognitionen (hier Wahrnehmungen und Wünsche) zu haben, die nicht miteinander vereinbar sind. Daher redet man sich die Arbeit schön – mit der Folge, dass man es irgendwann selbst glaubt.

Wenn ich die obige Frage »Seit wann …?« stelle, dann kommen meist ganz andere Wahrheiten zutage als das übliche »Ich mag meinen Job«. Probier's doch bei nächster Gelegenheit mal bei deinen Bekannten aus. Du wirst sehen, einige lockst du damit aus der Reserve!

Fragetyp Nr. 8: Die Kettenfrage

Ziel der Kettenfrage ist es, den anderen inhaltlich zu überfordern und ihn dadurch schwach und inkompetent aussehen zu lassen. Hier ein Beispiel: »Welches Problem wollen Sie damit lösen, wann wird das geschehen, und wie und weshalb haben Sie keine Alternativlösung vorgeschlagen?«

Das sind gleich vier Fragen auf einmal, verkettet in einem einzigen Satz. Falls du jemanden völlig durcheinanderbringen willst, packst du in eine Frage gleich mehrere Elemente. Und selbst wenn er auf zwei oder drei Fragen eingehen wird, kannst du noch nachhaken: »Sie haben ja meinen wichtigsten Frageteil übergangen, nämlich ...«

Gemein? Sicher, ja. Funktioniert aber, und zwar bei den meisten!

Fragetyp Nr. 9: Die Echofrage

Eine typische Echofrage wiederholt eigentlich nur das Gehörte und klingt etwa so: »Sie sind also der Auffassung, dass ...« An sich ist dieser Fragetyp sogar lobenswert, wenn man den Inhalt des Gehörten zu verstehen versucht. Man repetiert oder besser paraphrasiert das, was der andere gesagt hat. Verwandt ist diese interpersonale Kommunikationstechnik mit dem »aktiven Zuhören«: Ich nehme ernst, was der andere gesagt hat, und durch die Echofrage kontrolliere ich, ob ich das auch richtig verstanden habe.

Das hat einen schönen Nebeneffekt für uns: Bewusst oder unbewusst merkt und honoriert mich mein Gesprächspartner dafür, dass ich ihn verstehen will. Denn vielen von uns hört man im Alltag eben nur selten hinreichend zu; die meisten wollen nämlich ihre eigene Agenda durchbringen – die Meinung der anderen interessiert sie da eher wenig.

Und wenn wir nun doch endlich jemanden treffen, der sich Mühe gibt, uns zu verstehen, der nachfragt und dadurch Interesse zeigt, dann finden wir diesen Gesprächspartner sehr sympathisch! Doch genau hier liegt der Trick: Das Interesse für den anderen kann man natürlich auch vortäuschen. Woher soll dieser denn wissen, ob wir echtes Interesse haben oder nur so tun? Keine Chance! Er kann es nicht wissen.

Natürlich wird man nicht zu viele Echofragen stellen, schon gar keine rein mechanischen – und idealerweise auch nur bei den Themenschwerpunkten, die seinem Gegenüber besonders wichtig zu sein scheinen.

Fragetyp Nr. 10: Die Provokationsfrage

Natürlich kann ich eine Frage auch so formulieren, dass sie den anderen provoziert – ja sogar beleidigt. Hier ein Beispiel: »Wie lange haben Sie für Ihre schlechte Präsentation eigentlich gebraucht?«

Diese Frage macht natürlich wütend. Der Sinn? Nun: Wenn der Mensch wütend ist, dann macht er Fehler. Und genau diese Fehler können wir uns zunutze machen. Es gibt ein schönes Zitat dazu, das unterschiedlichen Urhebern zugeschrieben wird (wahrscheinlich stammt es von Groucho Marx): »If you speak, when angry, you'll make the best speech you'll ever regret.« Frei übersetzt: »Sprich, wenn du wütend bist – diese Rede wirst du am meisten bereuen!«

Wenn wir mit unserer Provokation den anderen also zur Weißglut treiben, dann wird er überreagieren – und genau dann sagt er etwas, das wir ihm wiederum anschließend vorhalten können. Natürlich ist auch das gemein. Es funktioniert vor allem bei emotionalen Gemütern. Und genau darum geht es jetzt ausführlich im nächsten Abschnitt: Wie kann man andere mit Emotionen lenken?

7. Mit Emotionen überwältigen

Den stärksten Anlass zum Handeln bekommt der Mensch immer durch Gefühle.

Carl von Clausewitz

Es gibt fast kein Seminar in Deutschland ohne das Eisbergmodell: Es wird in unterschiedlichsten Formen erzählt und interpretiert. Und das ist eine der häufigsten: Das, was in der Kommunikation sicht- und hörbar ist, macht nur 20 Prozent (gern auch mal 10 Prozent, 7 Prozent oder »nur einen Bruchteil«) aus. Den größten Teil würden die Emotionen ausmachen (oder die »Beziehungsebene« respektive das »Unbewusste«).

Mathematisch exakt lässt sich natürlich nicht messen, welchen Anteil das Unbewusste beziehungsweise Emotionale in unserem Leben hat. Darüber hinaus ist es bei jedem Menschen unterschiedlich: Die sachorientierten Genossen werden sich eher auf der Argumentationsebene bewegen, während die empathischen Gemüter wohl dem Unbewussten unbewusst eine noch größere Bedeutung zumessen werden.

Emotionen haben in unserer Gesellschaft eine sehr interessante Rolle. Einerseits sind sie kaum erforscht. Andererseits nehmen sie 99 Prozent als gegeben hin. Wenn der Mensch etwas fühlt, dann ist das eben so. Gedanken werden infrage gestellt. Emotionen nicht.

Das ist gerade im 21. Jahrhundert deswegen interessant, weil man heutzutage alles vermessen und kontrollieren möchte. Geld wird gezählt, Klicks auf YouTube, »Likes« auf Facebook, »Follower« auf Twitter. Schritte werden gezählt. Kalorien. Nur die Emotionen haben diese unquantifizierbare und unkontrollierbare Aura.

Schon in der Antike sah man die Emotionen als wahrhaftig an: Man solle lieber seinen Emotionen als seinem Verstand trauen. Deine Emotionen belügen dich nie! Das findet auch Ausdruck in der latinisierten Bezeichnung »Sentimens superior« (vom französischen *sentiment* [»Gefühl«]).

Was hat das nun mit Manipulation zu tun? Ganz einfach: Weil die Emotionen so eine sakrosankte Rolle in unserer Gesellschaft spielen, werden sie für wahr und wahrhaftig gehalten und nie kritisch hinterfragt. Und wenn etwas nicht kritisch hinterfragt wird, ist es für jemanden, der manipulieren möchte, umso interessanter. Es stellt sich also die Frage, wie man den anderen mit Emotionen steuern kann. Es folgen nun die fünf besten emotionalen Tricks.

Emotionstrick Nr. 1: Der emotionale Ausbruch

Hier geht es, wie der Name schon sagt, um eine plötzliche Gefühlsexplosion – meistens ist es eine negative. Stell dir vor, zwei Menschen sind in einer Verhandlung. Alles verläuft halbwegs gesittet. Und plötzlich fängt einer wie aus dem Nichts heraus an zu schreien: »Wie können Sie das vorschlagen? Haben Sie denn kein schlechtes Gewissen dabei? Das ist ja so was von unfair! Von Ihnen hätte ich das nicht gedacht!«

Wie würdest du dich fühlen, wenn dir jemand lautstark solche Vorwürfe machte? Natürlich schlecht! Und du würdest wahrscheinlich vermuten, ob dieser ansonsten ruhige und besonnene Gesprächspartner nicht einen guten Grund hat, dich so anzufahren.

Und dann ist da ja noch die Sache, dass Emotionen grundsätzlich authentisch sein sollen. Doch was der gute »Verhandler« natürlich im Repertoire hat, ist, diesen emotionalen Ausbruch zu schauspielern. Schreien, mit Händen rumfuchteln, Augen aufreißen, entsetzt sein – dieses ganze Gebaren muss ja nicht echt sein. Es reicht, es glaubwürdig darzustellen – und schon haben wir dem Gesprächspartner ein schlechtes Gewissen gemacht.

Und wenn du jetzt denkst: »Wir sind doch nicht im Urwald; laut schreien würde bei mir nicht funktionieren«, dann bist du die absolute Ausnahme. Auf die meisten Menschen macht der gut gespielte emotionale Ausbruch einen großen Eindruck.

Erst vor Kurzem war ich als Coach bei einer Gerichtsverhandlung – und sollte meinen Klienten, der Anwalt ist, im Prozess beobachten und seine Rhetorik analysieren. Alles verlief ganz ruhig. Die Prozessparteien waren sich nicht einig. So weit, so gut. Doch plötzlich fing der gegnerische Anwalt an herumzuschreien. Wie aus dem Nichts!

Und was ist passiert? Sichtlich eingeschüchtert haben ihm die anderen Beteiligten zugehört – und ihm in großen Teilen recht gegeben. Das ist beileibe kein Einzelfall. Achte mal in der

Familie und während der Arbeit darauf, was nach einem emotionalen Ausbruch solcher Art meist passiert: In aller Regel knicken die anderen ein!

Emotionstrick Nr. 2: Der Appell an die Freundschaft

Schon in der Antike kannte man diesen Trick, und Insider nennen ihn »Argumentum ad amicitiam« (wörtlich »Argument für die Freundschaft« im Sinne von »Appell an die Freundschaft [beziehungsweise Liebe]«). Wer ihn anwendet, sagt etwa: »Wenn du ein guter Freund sein willst, dann machst du das!« Oder: »Wenn du mich wirklich liebst, dann wirst du mir in diesem Punkt vertrauen!«

Dieser erpresserische Trick ist natürlich hinterlistig und will bei uns Schuldgefühle wecken: Entweder wir tun das, was der andere von uns verlangt, oder aber wir sind kein echter Freund/Liebespartner. Da tendiert man meist dazu, einfach das zu machen, was der andere verlangt – denn am wenigsten will man seinen Status beim Freund oder Liebespartner verlieren.

Eine relativ moderne Version dieser Manipulationstechnik stammt von Marilyn Monroe. Folgendes Zitat von ihr findet man extrem häufig in Online-Dating-Portalen: »If you can't handle me at my worst, then you shure as hell don't deserve me at my best.« Das bedeutet sinngemäß so viel wie: »Wenn du mich als Freund(in) haben willst, dann musst du verdammt noch mal auch all meine miesen Launen ertragen!« Nun gut. Wir haben alle nicht nur Schokoladenseiten. Und eine Marilyn konnte sich das vielleicht leisten. Aber eins bleibt dieses Argumentationsmuster dennoch: eine lupenreine emotionale Erpressung!

Emotionstrick Nr. 3: Das Mitleidargument

Was auch immer gut zieht, ist der Appell an das Mitleid: das Argumentum ad misericordiam. Auch das funktionierte schon vor über 2000 Jahren vorzüglich. Jemand stellt sich zum Beispiel als hilfsbedürftiger Unglücksrabe hin, dem unbedingt geholfen werden muss – und aus Empathie macht man, was er will, auch wenn man das eigentlich gar nicht möchte.

Ein sehr guter Freund von mir wollte seinen 30. Geburtstag in München feiern. Zusammen mit seinen Kumpels. Doch seine Mutter hatte da einen anderen Plan. Der Sohn sollte an seinem Geburtstag mit ihr feiern. Und sie säuselte ein todsicheres Argumentum ad misericordiam ins Telefon: »Ich bin doch schon so alt! Und niemand weiß, wie lange ich noch zu leben habe. Und dein dreißigster Geburtstag ist sicher dein letzter runder, den ich noch miterleben kann! Komm doch bitte nach Osnabrück und feiere mit mir!« Mein Freund wollte seinen Geburtstag auf gar keinen Fall in Osnabrück feiern. Und ist dennoch hingefahren!

Warum funktioniert das Mitleidargument so gut? Ganz einfach: Wir werden von unseren Eltern und Autoritätsinstitutionen normalerweise von klein auf dazu erzogen, nicht »egoistisch« zu sein. Wir sollen bloß ja nicht nur an uns selbst denken, sondern unsere eigenen Interessen hintanstellen. Wir beugen uns dem Konformitätsdruck der Gesellschaft und haben diese Einstellung in der Regel internalisiert. Wenn du also diesen

Knopf bei jemandem drücken willst, von dem du ein bestimmtes Verhalten erwartest, wirst du ziemlich sicher Erfolg haben. Achte dann darauf, deine Situation so darzustellen, dass

- sie möglichst aussichtslos ist,
- du dir nicht aus eigener Kraft helfen kannst und
- deine Zielperson wohl als einziger (oder zumindest bester) Retter für deine »desolate« Lage infrage kommt.

Emotionstrick Nr. 4: Das Angstargument

Natürlich kann man das Verhalten von Menschen auch mit Ängsten steuern. Das seit Menschengedenken funktionierende Argumentum ad metum sorgt zum Beispiel dafür, dass dein Versicherungsvertreter ein gutes Leben hat: »Es kann immer etwas passieren! Daher ist es besser, rechtzeitig vorzusorgen!« Damit die Plausibilität deines Anliegens aber wirklich sicher wirkt, solltest du bei deiner Argumentation vor allem auf folgende Kriterien achten:

- Die zu erwartenden Konsequenzen müssen schlimm genug für deine Zielperson sein.
- Diese desaströsen Folgen müssen mit einer gewissen Wahrscheinlichkeit eintreten können (zumindest aus Sicht deines Gegenübers). Es gibt ja keine Statistik, die man nicht »günstig« uminterpretieren könnte!
- Du musst einen konkreten Lösungsweg vorgeben, wie dein »Opfer« diese Konsequenzen sicher vermeiden kann.

- Und schließlich muss dein Lösungsvorschlag machbar sein und darf den anderen nicht zu sehr überfordern.

Emotionstrick Nr. 5: Der Appell an die Eitelkeit

Die Menschen fühlen sich anderen meist überlegen, worauf wir noch im Zusammenhang mit den kognitiven Verzerrungen zu sprechen kommen. Genau diese Überdurchschnittlichkeitsillusion wird mit dem Argumentum ad superbiam angezapft (das lateinische *superbia* heißt »Hochmut«).

Vor Kurzem hatte ich solch einen Fall: Ein alter Kollege rief mich an und fragte, welche Lerntechnik ich einem mit Lernstoff überforderten Menschen empfehlen würde. Meine Anfangsmotivation, auf diese Frage ausführlich einzugehen, war eher gering. Das hat mein Gesprächspartner wohl auch gemerkt. Um mich zu einer ausführlichen Antwort zu motivieren, fügte er deshalb beiläufig hinzu: »Ich frage dich, weil du ja ein Doppelstudium gemacht hast – und ich kenne keinen anderen, der effizienter war im Umgang mit viel Lernstoff. Als Topexperte auf diesem Gebiet kannst du mir sicherlich helfen!«

Ich musste schmunzeln. Weil ich die Methode sofort erkannte, hat sein Trick leider nicht funktioniert. Aber er hätte Erfolg haben können. Er machte einfach nur den Fehler, dass er zu dick aufgetragen hat. Daher mein Rat: Die Schmeichelei muss gut überlegt und gerade noch vertretbar sein. Aber hätte er den letzten Satz weggelassen – wer weiß, vielleicht wäre auch ich drauf reingefallen!

8. Inhaltlich angreifen – und geistig entwaffnen

Schlechte Argumente bekämpft man am besten, indem man ihre Darlegung nicht stört.

Sir Alec Guinness

Es gibt da draußen eine ganz besondere Welt. Die Debattierclub-Welt. Das Debattieren als Sportart ist den meisten Menschen in Deutschland kein Begriff, erfreut sich aber in England, den USA und vielen anderen Ländern großer Popularität.

Das Debattieren ist Fechten mit Worten. Es geht unter anderem darum, den Gegner inhaltlich anzugreifen und seine Argumente zu zerstören. Die inhaltliche Widerlegung macht Spaß – und im Idealfall bleibt von der Argumentation des Gegners danach nichts Nennenswertes mehr übrig.

In meiner Zeit als aktiver Debattierer bekam ich es mit den schlausten Köpfen aus Harvard, Yale, Cambridge, Oxford und vielen anderen Eliteuniversitäten der Welt zu tun. In meinen ersten internationalen Turnieren blieb mir gar keine Chance gegen sie! Sie hatten so viele Widerlegungstricks drauf – davon konnte ich nur träumen. Und es dauerte zwei bis drei Jahre, bis ich es mit ihnen aufnehmen und Teams aus Harvard und Oxford auf Europa- und Weltmeisterschaften besiegen konnte.

Was mir anfangs fehlte, waren ebendiese inhaltlichen Angriffstricks. In unserer Welt sind wir ja relativ nett zueinander. Und nur die wenigsten haben etwas von der Kunst der Widerlegung gehört, geschweige denn sich systematisch damit beschäftigt. Zu Unrecht: Denn erstens machen inhaltliche Angriffe großen Spaß! Und zweitens helfen sie uns dabei, wenn wir uns gegen andere durchsetzen müssen.

Hier nun die sieben feinsten Tricks der tückischen inhaltlichen Widerlegung.

Widerlegungstrick Nr. 1: Die Angriffsfläche erweitern

Es klingt etwas überheblich, ist aber dennoch wahr: Die meisten Menschen können nicht gut argumentieren. »Argumentieren« lässt sich wie folgt definieren: ausführliche, plausible Gründe geben für die eigene Behauptung, die widerspruchsfrei, klar und relevant in einer logischen Kette formuliert sind und die Ausgangsbehauptung ausreichend stützen. Wenn man das als manipulierender Mensch weiß, dann kann man sich die schwache Argumentationsfähigkeit seines Kontrahenten schnell zunutze machen.

Wie es im Eingangszitat dieses Abschnitts von Sir Alec Guinness so treffend formuliert ist, soll man eine schlechte Darlegung der Argumente nicht stören. Das heißt: Lass den anderen reden. Denn je länger er spricht, desto mehr Angriffsfläche bietet er.

Das wissen zum Beispiel natürlich auch die Politiker. Sie begründen möglichst wenig. Denn in jeder Begründung kann ja ein Fehler stecken. Und je mehr Begründungen jemand anführt, desto mehr Fehler werden ihm potenziell unterlaufen.

Übrigens machen auch erstinstanzliche Richter es so, dass das strafrechtliche Urteil nicht selten nur eine oder zwei Seiten lang ist. Damit steigt die Chance, dass es von der oberen Instanz nicht aufgehoben wird. Denn auch Richter wissen: Je mehr man schreibt, desto mehr Angriffsfläche bietet man.

Und natürlich begründen die Wirtschaftsbosse äußerst wenig. Sie verkünden ihre Entscheidung, sagen, dass sie ihnen bei etwas für die Benachteiligten Unangenehmem nicht leichtgefallen ist – bringen aber die echten Gründe nicht zur Sprache. Die Presse erfährt nur das, was nach außen dringen soll.

Unser Ziel ist es also bei dieser Technik, die Darlegung des anderen nicht zu stören, um ihm die Möglichkeit zu bieten, möglichst viele Begründungsfehler zu machen. Und wenn seine Argumentation kurz ausfallen sollte, dann fragen wir einfach nach: »Wieso denken Sie das?«, »Welche Gründe hatten Sie dafür?« oder »Könnten Sie das bitte etwas genauer erläutern?« … Du fragst möglichst so lange nach den Gründen und Motiven, bis du genug Material hast, seinen Stoff auseinanderzunehmen.

Widerlegungstrick Nr. 2: Der Strohmann

Das Strohmannargument ist eine hinterhältige Widerlegungstechnik, von der es zwei Varianten gibt. Es geht darum, nicht alle wirklichen Argumente der gegnerischen Seite abzuwägen, sondern sie verzerrt umzuformulieren oder lediglich die *schwächs-*

ten Argumente als »Strohmann« hinzustellen, nur diese zu widerlegen und dabei den Eindruck zu erwecken, man hätte die gegnerische Position komplett zerstört.

Strohmannvariante 1: Den Inhalt des Gegners verzerrt oder falsch darstellen

Bei dieser Variante nehme ich also bewusst nicht das wirklich Gesagte, sondern übertreibe und verzerre es, bis es lächerlich und falsch klingt. Das macht die Widerlegung besonders einfach. Man muss hier natürlich darauf achten, dass man es mit der eigenen Verzerrung nicht übertreibt. Aber vor allem dann, wenn der Gegner nicht anwesend ist und man ihn lediglich »zitiert«, haben wir besonders leichtes Spiel.

Doch auch wenn er präsent ist, kann man ihm die Wörter ja im Mund umdrehen. Dabei solltest du darauf achten, dass du möglichst das Vokabular deines Widersachers benutzt – und in einem ganz bestimmten Punkt dann die eigene »Nuance« einbaust. So fällt deine Manipulation wahrscheinlich nicht auf.

Strohmann-Variante 2: Nur schwache Punkte des Gegners angehen

Bei dieser Variante geht es nicht darum, dem gegnerischen Argument etwas hinzuzudichten. Hier nehmen wir tatsächlich das Gesagte. Die Finte dabei jedoch ist, dass wir ausgerechnet den am schlechtesten begründeten Aspekt in seiner Rede herausgreifen – und nur diesen widerlegen. Wir tun also so, als gäbe es die starken Argumente gar nicht.

Das ist in der täglichen Praxis besonders einfach, weil Menschen die Tendenz haben, nicht eine, sondern mehrere Gründe für ihre These anzugeben.

Widerlegungstrick Nr. 3: Der infinite Regress

Der nächste inhaltliche Angriffstrick hat mit einem philosophischen Problem zu tun, mit dem schon Aristoteles und seit ihm alle anderen Philosophen zu kämpfen hatten. Das Problem mit den meisten Argumenten besteht darin, dass man unendlich »Warum?« fragen kann. Dieses Problem heißt bei Schlaumeiern »infiniter Regress« oder für noch größere Angeber »regressus ad infinitum«.

Hier ein Beispiel: »Wir sollten eine Obergrenze für Flüchtlinge einführen, weil wir nicht unendlich viele Menschen bei uns integrieren können.« – »Warum?« – »Weil uns nur beschränkte Ressourcen zur Verfügung stehen und wir auch an unsere deutsche Bevölkerung denken müssen.« – »Warum?« – »Weil die Flüchtlinge mit Steuergeldern unterstützt werden und es unfair wäre, einen erheblichen Teil davon an Flüchtlinge abzugeben.« – »Warum?« – »Weil den Deutschen auch nichts geschenkt wird und sie die Notlage in anderen Ländern wie Syrien ja gar nicht zu verantworten haben.« – »Warum?« – »Weil es selbst gemachte Probleme jener Länder sind, zum Beispiel autoritäre Regime oder religiöser Fundamentalismus, und die Deutschen keine moralische Verantwortung für diese Probleme tragen.« – »Warum?« – »Weil moralische Verantwortung voraussetzt, dass wir eine Situation zumindest zum Teil verantwortet haben, um eine moralische Pflicht zum Handeln daraus abzuleiten.« – »Warum?« … Und so könnte das endlos weitergehen. Irgendwann weiß der Gegner dann auch keine Begründung mehr – und wir haben »gewonnen«.

Das philosophische Problem, das dahintersteckt, wird das »Münchhausen-Trilemma«[22] genannt. Münchhausen soll sich ja selbst an den Haaren aus einem Sumpf gezogen haben: Den »letzten Grund« kann es gemäß diesem Theorem nicht geben. Bei endloser Nachfrage kommt man entweder zum infiniten Regress (wie oben im Beispiel dargestellt), oder man kommt zu Zirkelschlüssen (in denen man in der These schon die Begründung voraussetzt). Oder man bricht den Prozess einfach ab …

Die einzige Möglichkeit, eine »letzte Begründung« zu schaffen, ist, eine Aussage als nicht zu hinterfragendes Dogma aufzustellen. So geschehen durch Aristoteles mit seinem Bild des »unbewegten Bewegers«. Eine ruhende Quelle (in der christlichen Religion: Gott) als »letzter Grund«, die alles geschaffen hat und die man nicht in Zweifel ziehen darf.

Merke: Wir können unseren Gegner endlos mit »Warum«-Fragen bombardieren – irgendwann wird und muss er aufgeben.

Widerlegungstrick Nr. 4: Irrelevanz vorwerfen

Häufig argumentieren Menschen völlig an der Behauptung beziehungsweise am Thema vorbei. Sie machen Ausführungen, die zwar richtig sind, aber nicht wichtig für das zur Debatte stehende Thema. Es gibt nun zwei Möglichkeiten, jemandem Irrelevanz vorzuwerfen.

Möglichkeit 1: Begründet Irrelevanz vorwerfen

Wenn jemand tatsächlich nichts Wesentliches zum Thema beiträgt, dann kann man nicht schlicht sagen: »Das ist irrelevant!«, sondern man muss auch begründen, warum es für das zu besprechende Thema nicht von Belang ist.

Um den Vorwurf begründet vorbringen zu können, müssen wir natürlich die Streitfrage selbst immer im Kopf haben, sollten uns im Thema auskennen, dürfen gedanklich nicht abdriften und uns auch nicht von gegnerischen *red herrings* (bewussten Ablenkungen vom Thema) irritieren lassen.

Möglichkeit 2: Unbegründet Irrelevanz vorwerfen

Doch auch wenn jemand wirklich Relevantes vorträgt, kann man trotzdem so tun, als sei das alles nebensächlich. Erstens bringt man den anderen damit komplett durcheinander. Und zweitens ist es aus dem Stand für unseren Gegner schwierig zu begründen, warum die eigene Auffassung nicht nur wahr, sondern auch wichtig ist.

Was viele nicht wissen: Beim richtigen Argumentieren reicht es eben nicht, nur zu begründen – und vielleicht noch zur Veranschaulichung ein Beispiel zu geben. Man muss auch die Relevanz des Gesagten erläutern.

Ansonsten wird der Zuhörer einwenden können: »Vielleicht ist es ja wahr – na und?«

Diese Relevanzbegründung vergessen 99 Prozent aller Menschen in ihrer Argumentation. Und da nur die wenigsten spontan argumentieren können, ist auch der unbegründete Vorwurf der Irrelevanz sehr effektiv.

Widerlegungstrick Nr. 5: In Widersprüche verstricken

In der Logik ist ein Widerspruch der intellektuelle Super-GAU. Wer sich selbst widerspricht, verletzt die Grundregeln der Logik und zeigt, dass seine Position nicht durchdacht war.

Eine solche Kontradiktion in der Diskussion selbst zu finden wäre natürlich am besten. Doch man kann sich anders behelfen. Widersprüche finden mag man auch in Aussagen, die der Kontrahent in einer anderen Diskussion vor Monaten gemacht hat.

Wenn du kein so gutes Gedächtnis hast, ist es ratsam, über möglichst viele Dinge zu sprechen. Denn häufig sind Menschen in ein und demselben Thema zwar widerspruchsfrei, themenübergreifend jedoch nicht.

Ein einfaches Beispiel für einen tatsächlichen Widerspruch aus meinem Freundeskreis: Jemand achtet auf gesunde Ernährung – und raucht.

Ein weiteres, ebenfalls aus meinem Freundeskreis: Eines Tages argumentiert ein sehr guter Freund, dass man für Hilfsbedürftige spenden sollte. Er erklärt, dass nach dem Konzept des effektiven Altruismus wir uns genau überlegen sollten, was unsere Spende bewirkt – und jene Spende wählen, die den Hilfsbedürftigen am meisten hilft. Und auf die Frage hin, ob er selbst schon einmal etwas gespendet hat, sagte er Nein.

Widerlegungstrick Nr. 6: Die Abwägung

Bei der Abwägung geht es darum, dass man dem anderen zustimmt, aber selbst zeigen kann, dass es etwas viel Wichtigeres gibt, was der andere übersehen hat. Und wir begründen das. Dies ist ein indirekter inhaltlicher Angriff: Wir sagen nicht, dass das Behauptete falsch war – und auch nicht, dass es irrelevant war.

Das Gemeine am Abwägungstrick in Alltagsdiskussionen ist, dass ja niemand beweisen kann, was objektiv schwerer wiegen sollte. Zumindest bei beruflichen Diskussionen auf Augenhöhe oder im Privatleben kannst du schlicht postulieren: »Der Punkt XY ist mir aber wichtiger! Das ist nun mal so!« Dagegen kann man einfach nichts sagen!

Widerlegungstrick Nr. 7: Das Gerade-weil

Zum Schluss dieses Abschnitts will ich noch eine inhaltliche Attacke nennen, die immer sehr unerwartet kommt: den Gerade-weil-Trick. Jemand kritisiert etwas – und wir können zeigen, dass der vermeintlich als negativ bezeichnete Punkt eigentlich etwas Gutes ist und für unsere Auffassung spricht.

Hier ein Beispiel: Stellen wir uns vor, Sven verkauft hochpreisige Produkte und Dienstleistungen. Und sein Kunde sagt: »Das ist aber teuer!«

Wenn Sven schlau ist, dann wird er aus einem vermeintlichen Nachteil einen Vorteil machen. Er wird etwa antworten: »Gerade weil dies so ist, können Sie hochwertige Produkte und besten Service erwarten! Qualität hat ihren Preis.«

9. Persönlich angreifen – und sprachlos machen!

Beleidigungen sind die Argumente derer, die unrecht haben.

Jean-Jacques Rousseau[23]

Schon in der Antike unterschied man zwischen Angriffen *ad rem*, inhaltlichen Angriffen, und solchen *ad hominem*, also persönlichen Attacken.[24] Und obwohl wir gelernt haben, man solle andere nicht beleidigen, nicht unterbrechen, nicht laut werden und so weiter, wissen wir doch alle ganz genau, dass gerade persönliche Attacken wirkungsvoll sind, den Angegriffenen in Rage bringen können und die meisten Menschen einfach nur sprachlos machen.

Ein König der Beleidigungen unserer Zeit ist ohne Zweifel Donald Trump. Und? Hat er es zu etwas gebracht mit seiner groben, arroganten, kränkenden Art? Na ja, das könnte man wohl so sagen – immerhin macht er als Präsident der Vereinigten Staaten nicht den unwichtigsten Job der Welt.

Eine komplette Liste all seiner Beleidigungen würde ein ganzes Buch füllen. So hat die *New York Times* einen interessanten Artikel veröffentlicht über die 329 Menschen, Orte und Dinge, die Donald Trump allein über Twitter gekränkt hat.[25]

Spannend ist natürlich die Frage, warum Trumps Verbalinjurien so gut funktionierten. Und die Antwort darauf ist: Seine Kontrahenten, zum Beispiel bei den TV-Duellen, haben mit solch harten persönlichen Attacken gar nicht gerechnet – und wurden komplett überrumpelt.

Die eigentliche Wirkung eines solchen Affronts bestand nicht in der Beleidigung selbst, sondern in der hilflosen Reaktion seiner Mitstreiter. Für den Zuschauer war Donald der starke Mann, die anderen Politiker wirkten schwach und sprachlos.

Jeb Bush, der am Anfang des Wahlkampfs aussichtsreichste Kandidat der Republikaner, hat in mehreren TV-Debatten den Satz gesagt: »Donald, du wirst nicht in der Lage sein, deinen Weg zur Präsidentschaft mit Beleidigungen zu pflastern.« So kann man sich irren. Schauen wir uns einmal an, warum Trumps Beleidigungen funktionierten:

- Zu Rand Paul sagte Trump: »Ich habe nie das Aussehen von ihm kritisiert – obwohl, glauben Sie mir, da gäbe es genug zu sagen!« Und wie reagierte Paul? Er lächelte, sagte nichts – und sah schwach aus!
- Den armen Jeb Bush hat Trump ständig unterbrochen, sein berühmtes »Wrong!« dazwischengerufen. Und wie reagierte Bush? Er sagte: »Unterbrechen Sie mich nicht, Sir.« Als Trump ihn noch weiter unterbrach, schaute Bush wie eine beleidigte Leberwurst drein – und sah schwach aus!
- Zu Ted Cruz sagte er während einer Debatte: »Du bist der allergrößte Lügner.« Cruz' Reaktion? Er lächelte verlegen und schaute nach unten – und sah schwach aus!

- Zu Marco Rubio sagte er während einer Debatte, dass dieser »nicht mal ein Leichtgewicht« sei. Rubio zog darauf seine Schultern hoch und schaute hilflos auf die Moderatoren – und sah schwach aus!
- Und schließlich Hillary Clinton: In einem der TV-Duelle unterbrach er sie in den ersten 26 Minuten ganze 25 Mal. Und als Hillary sagte, es sei gut, dass Trump nicht die Gesetze des Landes machen könnte, sagte Trump: »Sonst wärst du im Gefängnis!« Eine krasse Drohung mitten im wichtigsten Fernsehduell des Jahres. Und darauf sagte sie nichts, legte das Mikrofon zur Seite – und sah schwach aus!

Auch auf der non- und paraverbalen Ebene dominierte Trump alle anderen politischen Konkurrenten: Er hatte die raumgreifendste Gestik, sprach am lautesten und ließ sich nie unterbrechen – weder von Konkurrenten noch von Moderatoren.

Schopenhauer sprach in *Die Kunst, Recht zu behalten* davon, dass man auf Beleidigungen am besten mit sachlichen Argumenten reagieren solle: »Denn dadurch, dass man einem ganz gelassen zeigt, dass er Unrecht hat und also falsch urteilt und denkt …, erbittert man ihn mehr als durch einen groben, beleidigenden Ausdruck.«[26] Da irrte er sich ausnahmsweise! Denn um dem anderen »gelassen« etwas zeigen zu können, muss man die Möglichkeit haben auszureden. Diese Option hat Trump aber niemandem eingeräumt – und alle Gegner nach kurzer Zeit unterbrochen. Es mag beim formalen Disputieren unter Gelehrten die wirkungsvollste Art sein, den anderen gelassen zu entkräften. In dieser Trump-Welt verliert aber die Vernunft regelmäßig gegen das Pöbeln.

Warum funktionieren Beleidigungen überhaupt?

Es stellt sich die Frage, warum Beleidigungen überhaupt funktionieren. Sie sind Kränkungen des Egos. Und wenn unser Ego gekränkt ist, übermannen uns negative Emotionen. Diese sind meist so stark, dass sie unseren Verstand lähmen und uns einen kurzen Blackout bescheren. Wenn uns der gekränkte Stolz dann einige Minuten später losgelassen hat, ist es schon längst zu spät für eine schlagfertige Replik – und man steht da wie ein Loser. Ganz so wie in den obigen Beispielen.

In meinen Schlagfertigkeitstrainings sehe ich dieses Phänomen jedes Mal, wenn ich während des Seminars – zur Übung – plötzlich einem konkreten Teilnehmer eine verbale Attacke an den Kopf werfe und dieser wie gelähmt dasitzt und absolut sprachlos ist. Wir wurden eben nie trainiert, angemessen und routiniert auf Beleidigungen und unfaire Gesprächstaktiken (unterbrechen, dazwischenrufen, falsch zitieren et cetera) zu reagieren. Weil man in der Schule wohl von einer heilen Welt ausgeht, haben wir zwar Aufsätze geschrieben und Gedichte auswendig gelernt und interpretiert. Doch wenn uns der Kollege mal provoziert mit dem Satz: »Deine Präsentation war echt blöd!«, dann schauen wir nur hilflos drein und haben keine schlagfertige Antwort drauf.

Eitelkeit, ein geringes Selbstwertgefühl und ein Mangel an trainierter Schlagfertigkeit machen es üblen Zeitgenossen leicht, die verbale Wehrlosigkeit ihres Opfers auszunutzen.

Soll man andere nun wirklich beleidigen?

Kommen wir noch mal auf unser Schopenhauer-Zitat zurück. Es sagt ja, dass Beleidigungen »Argumente« derer seien, die unrecht hätten. Und das mag auch so sein. Wo der Philosoph aber absolut auch recht hatte, ist die Beobachtung, dass recht *haben* und recht *bekommen* unter Umständen zwei völlig verschiedene Paar Schuhe sind. Er schrieb: »Man kann nämlich in der Sache selbst objektiv recht haben und doch in den Augen der Beisteher, ja bisweilen in seinen eigenen, unrecht behalten.«[27]

Wem es also um den Sieg geht – und darum, sich um jeden Preis gegen den anderen durchzusetzen –, der kommt selbstverständlich auch mit Beleidigungen weiter. Wer in Sachen Manipulation ein gutes Händchen haben will, macht sich schon im Vorfeld schlau darüber, ob und in welchem Bereich sein Kontrahent Defizite aufweist und provozierbar sein wird: Ist es das Aussehen? Der bisherige berufliche oder private Misserfolg? Die fehlende Anerkennung? Falsche Entscheidungen in der Vergangenheit? Ein schlechter Ruf? Jeder Mensch hat eine Schwachstelle. Und genau die gilt es zu finden, um die persönliche Attacke noch treffender zu platzieren. (Natürlich darf man bei persönlichen Attacken den Bogen nicht überspannen, vor allem nicht den Tatbestand der Beleidigung nach Paragraf 185 StGB erfüllen.)

10. Unliebsamen Diskussionen schnell ein Ende bereiten

Es ist sehr gefährlich zuzuhören. Hört man zu, kann man überzeugt werden, und wer sich durch ein Argument überzeugen lässt, ist ein von Grund auf unvernünftiger Mensch.

Oscar Wilde

Manchmal wollen wir Diskussionen schnell beenden, zum Beispiel wenn wir die schlechteren Argumente haben und einen Disput zu verlieren drohen, wenn wir schlicht keine Lust beziehungsweise keine Zeit haben, weil wir unsere Meinung gar nicht ausbreiten wollen oder weil wir keine Meinung haben, es aber nicht zugeben wollen – oder, oder, oder …

In diesem letzten Abschnitt des Kapitels über die Top-10-Skills der Manipulation für den Alltag geht es um fünf effektive Tricks, wie man unliebsamen Diskussionen schnell aus dem Weg gehen kann. Als Profi wirst du bei all diesen Techniken gute Nerven brauchen. Denn selbst wenn wir inhaltlich in der Defensive sind, brauchen wir ein Pokerface. Selbstverständlich darf unser Gesprächspartner nicht merken, dass wir uns aus der

Diskussion herauswinden wollen. Daher lautet hier das Motto: Wir müssen – bevor wir überhaupt einen dieser Tricks anwenden – mit gutem Auftreten blenden, also vor allem mit professioneller Körpersprache und Stimme (siehe den Abschnitt »2. Mit gutem Erscheinungsbild blenden«).

Abbruchtrick Nr. 1: Das Totschlagargument

Mit dem Totschlagargument kann man jede Diskussion im Keim ersticken und den anderen schnell mundtot machen. Diese Art der Begründungen werden wohl deshalb auch »Killerphrasen« genannt. Kommen wir doch gleich zu den drei bekanntesten, nämlich zu den »Drei goldenen Regeln des Beamtentums«, die da lauten:

1. »Das haben wir schon immer so gemacht!«
2. »Das haben wir noch nie so gemacht!«
3. »Da könnte ja jeder kommen!«

Gelegentlich wird diese »Shortlist« noch von folgenden Phrasen-Evergreens umrankt, die uns ebenfalls nützlich sein können (denn was den Beamten recht ist, soll uns längst billig sein):

4. »Wo kämen wir denn da hin?«
5. »Dafür sind wir nicht zuständig!«
6. »Das ist nicht bezahlbar!«

Doch das ist längst nicht alles! Du könntest auch diese verbalen Abrissbirnen einsetzen:

7. »Auf diese Diskussion habe ich keine Lust!«
8. »Ich habe keine Zeit jetzt!«
9. »Das ist nicht der rechte Moment, um das zu diskutieren!«
10. »Ich will das sicher nicht mit dir diskutieren!«
11. »Das ist doch Blödsinn!«
12. »Das besprechen wir lieber ein anderes Mal!«
13. »Das würde jetzt unseren Rahmen sprengen!«
14. »Da gibt es leider keine Alternative!«
15. »Das ist nun mal so vorgegeben!«
16. »Theoretisch vielleicht. Aber praktisch klappt das nicht!«
17. »Das habe ich schon versucht!«
18. »Das interessiert mich nicht!«
19. »Ich werde das mal intern diskutieren!«
20. »Nein, ich habe einfach ein schlechtes Gefühl dabei!«

Es ließen sich noch viele weitere finden. Die spannende Frage ist aber, warum diese Totschlagargumente überhaupt funktionieren. Die Antwort: Die meisten Menschen sind nicht hartnäckig genug. Wir alle wurden zu Höflichkeit erzogen – und dazu, nicht aufdringlich zu sein. Folglich braucht man den meisten einfach eine dieser Floskeln zu sagen – und der gut erzogene Mensch uns gegenüber wird nicht penetrant sein wollen und nicht weiter nachhaken. Und jede weitere Diskussion ist im Keim erstickt. Wenn auf der anderen Seite du mit solch einem Argument zum Schweigen gebracht werden sollst, kannst du dem effektiv begegnen mit »Name it and tame it« – mit »Benenne es, und bändige es«. Also sag einfach: »Mit solchen Totschlagargumenten kommst du, mein Lieber, bei mir nicht weiter!« Das gilt auch für alle anderen Manipulationstricks in diesem Buch: Sie benennen zu können heißt auch, sie beherrschen zu können.

Abbruchtrick Nr. 2: Bis zum Erbrechen

Der zweite Trick ist anzuwenden, wenn unser Antagonist wider Erwarten doch etwas hartnäckiger sein sollte. »Ad nauseam« (»bis zur Seekrankheit«) nennt man Diskussionen, die bis zu einem Punkt geführt werden, dass jeder Beteiligte genug davon hat. Man kann so zum Beispiel auch seinen Standpunkt bis zum Gehtnichtmehr wiederholen, zum Beispiel:

Du: »Ich habe jetzt keine Lust, darüber zu diskutieren!«
Er: »Das ist aber wichtig. Wir sollten darüber reden.«
Du: »Jetzt nicht. Ich habe keine Lust dazu gerade!«
Er: »Wann willst du denn dann darüber sprechen?«
Du: »Jedenfalls nicht jetzt. Keine Lust jetzt!« …

Das Fatale für unseren Gegner: Er kommt an der Wiederholung einfach nicht vorbei. Und wenn dein Gesprächspartner ein Schlaumeier ist, der dich darauf hinweist, dass du dich ständig wiederholst, dann gibt es wiederum einen Trick, der ebenfalls schon bei den Römern bekannt war, nämlich das Tu quoque (»Du auch«), auf das wir später noch näher eingehen. Wenn also der andere uns vorwirft: »Du wiederholst dich!«, dann sagen wir ganz genervt: »Du dich auch!« Und damit ist die Diskussion beendet.

Abbruchtrick Nr. 3: »Invincible Ignorance«

Diesen Trick des »unbesiegbaren Unwissens« wenden wir an, wenn uns jemand gute, überzeugende Argumente präsentiert, die absolut plausibel sind und die auf Fakten beruhen, wir aber daraufhin so etwas entgegnen wie »Ich glaube das immer noch nicht«, »Egal was du sagst: Ich bin immer noch nicht überzeugt« oder »Das alles beweist doch gar nichts«.

Zwar wissen wir innerlich sehr wohl, dass seine Argumente gut und stichhaltig sind – nur geben wir es einfach nicht zu. Und was kann der andere da schon machen? Er kann die Zustimmung ja nicht aus uns herausklopfen. Und er kann ja auch nicht wissen, dass wir eigentlich überzeugt sind. Gemein? Ja! Effektiv? Absolut!

Abbruchtrick Nr. 4: Relativismus

Einstein hat ja bewiesen, dass in der Physik alles relativ ist. Und diese Einsicht können wir in einer unliebsamen Diskussion auch gut nutzen, um sie schnell zu beenden. Folgende Sätze hast du sicherlich schon häufiger in deinem Leben gehört: »Das ist deine Meinung. Das ist meine Meinung. Da brauchen wir nicht weiter zu diskutieren.«

Hinter dieser scheinbar simplen Aussage versteckt sich eine tiefere philosophische Ansicht, dass man Meinungen und Werte nicht absolut miteinander vergleichen kann – und dass jede Werteinstellung ihre Berechtigung hat. Man spricht auch vom »Werterelativismus«. (Der Werte- beziehungsweise moralische Relativismus hat, philosophisch gesehen, seine eigenen Schwächen. Zum einen, weil er sich selbst als absolut betrachtet und sich so die Ideologie selbst widerspricht. Zum anderen vernachlässigt der moralische Relativismus, dass einige moralische Standpunkte einfach schwächer sind als andere.[28]) Diese Relativismusaussage funktioniert deswegen besonders gut, weil 99,9 Prozent der Menschen nicht mal eben aus dem Stand ein absolutes Wertesystem verteidigen können. Und vor dem Werterelativismus schnell in die Knie gehen. Gut für uns! Merken wir uns das also!

Abbruchtrick Nr. 5: Mein persönlicher Favorit

Zum Schluss des Kapitels kommt jetzt noch mein absoluter Lieblingstrick, um kritische Nachfragen und weitere Diskussionen zu blocken. Der Trick gehört streng genommen zu den Totschlagargumenten – ist aber so besonders und gleichzeitig einfach, dass ich ihm diesen eigenen kleinen Abschnitt widmen möchte.

Was also ist mein Lieblingstrick? Ich sage nur: vier Buchstaben:

»Isso!«

Oder deutlicher: »Ist so!« Beziehungsweise standardsprachlich: »Das ist nun mal so!«

Die absolute Minderheit hakt dann noch weiter nach. Habe ich »Isso!« gesagt, ist in 99,9 Prozent der Fälle Schluss mit der Debatte.

Rein argumentationstheoretisch ist das »Isso!« eine »Petitio Principii« (»Inanspruchnahme des Beweisgrundes«), also ein klassischer Zirkelschluss. Ich setze das, was bewiesen werden soll, bereits als gegeben voraus, füge dabei keine neue Information hinzu, sondern bekräftige (wiederhole) einfach das Gesagte. Ich drehe mich argumentativ also im Kreis.

Fragt sich nur noch, warum diese extrem einfache Technik extrem gut funktioniert. Die Antwort findest du schon bei den Totschlagargumenten.

DIE DREI TRICKKISTEN DER DUNKLEN RHETORIK

Alle Tricks der dunklen Rhetorik lassen sich in drei Kategorien einteilen. Und das ergibt sich ganz aus der Natur der Sache. Denn bei jedem Sprechakt spielen drei Elemente eine entscheidende Rolle, nämlich erstens das *Gehirn*, das die Informationen verarbeitet, zweitens die sprachliche *Formulierung* der Information und drittens ihr eigentlicher *Inhalt*. Diese drei Parameter – also Gehirn, Formulierung, Inhalt – bestimmen, wie wir eine Information verstehen. Und das Gute für den Manipulator: Jeder dieser drei Parameter kann manipuliert werden.

Die drei Kategorien der dunklen Rhetorik

1. Kognitive Verzerrungen (manipulierte Wahrnehmung) (S. 111)
2. Sprachliche Tricks (manipulierte Formulierungen) (S. 192)
3. Scheinargumentation (manipulierte Gründe) (S. 237)

Das Gehirn lässt sich manipulieren mithilfe von *kognitiven Verzerrungen*. Diese Irrtümer sind verursacht durch das fehlerhafte Wahrnehmen, Denken und Urteilen. Einen davon – den Halo-Effekt (S. 38 f.) – hatte ich bereits bei den Top-10-Skills behandelt. Doch natürlich gibt es deren Dutzende, und die relevantesten und spannendsten für den Alltag werden sogleich im ersten Abschnitt dieses Kapitels erläutert.

Auch die *geschickte sprachliche Formulierung* der Botschaft kann dabei helfen, den anderen zu manipulieren. Bei den Top-

10-Skills hatte ich zum Beispiel über *Wiederholungen* (S. 102 f.) geschrieben. Neben diesen gibt es natürlich viele weitere Sprachtricks – die effektivsten von ihnen findest du in der zweiten Trickkiste.

Schließlich können wir auch den *Inhalt der Botschaft* manipulieren durch fadenscheinige Begründungen, also *Scheinargumente.* Einige davon hatte ich ebenfalls bereits bei den Top-10-Skills behandelt, so etwa den Autoritäts- (S. 65 ff.) oder den Mehrheitstrick (S. 67 f.). Die wirkungsvollsten Scheinargumente für den Alltag findest du in der dritten Trickkiste.

1. Die erste Trickkiste: Kognitive Verzerrungen

Gehirn: Ein Organ, mit dem wir denken, dass wir denken.

Ambrose Bierce

Der Begriff »kognitiv« (vom lateinischen *cognoscere* für »kennenlernen, erkennen«) bezeichnet alles, was mit dem Verstand erfasst wird. Kognitive Verzerrungen sind systemische Abweichungen vom korrekten Wahrnehmen, Erinnern und Denken, der menschlichen Informations- und Erkenntnisverarbeitung. Oder einfacher ausgedrückt: Es sind Softwarefehler unseres Gehirns – und diese kann man »hacken« wie Schwachstellen eines Computerprogramms!

Das Gehirn ist wohl unser größter Stolz. Denn wohl deshalb haben wir unsere Gattung – bescheiden, wie wir sind – selbst als »Homo sapiens« (»weiser, verständiger, kluger Mensch«) bezeichnet. Unser Intellekt ist einzigartig. Aber ist er fehlerlos? Sicherlich nicht!

Auch wenn du den Begriff »kognitive Verzerrungen« noch nie gehört hast, kennst du aus dem Alltag sicher viele Wahrnehmungs- und Denkfehler. Typische und leicht erklärbare sind beispielsweise, dass wir in mehr oder weniger leicht alkoholisiertem Zustand andere als witziger und attraktiver wahrnehmen, als wenn wir nüchtern sind. Bekannt sind Wahrnehmungsfehler auch etwa, wenn Magier ihre Tricks vorführen und die Aufmerksamkeit der Zuschauer auf etwas anderes lenken.

Doch gibt es auch eine Unzahl von wesentlich subtileren kognitiven Verzerrungen, die uns täglich im Leben unterlaufen und gar nicht bewusst von uns gemerkt werden – und mit denen uns ein geschickter Tunichtgut manipulierend anzapfen kann, um uns in eine gewünschte Richtung zu beeinflussen.

Die Manipulation mithilfe dieses Instruments ist also deswegen besonders wirkungsvoll, weil die Mehrheit der Menschen keine Ahnung von dem Phänomen hat. Und selbst die wenigen, denen einige kognitive Verzerrungen bekannt sind, glauben, dass zwar andere Menschen dadurch beeinflusst werden können, ihr eigenes Denken und Wahrnehmen jedoch frei sei von solchen Fehlwahrnehmungen. Folglich sind alle Menschen mithilfe kognitiver Verzerrungen manipulierbar. Wir brauchen beim Gegenüber nur den richtigen Auslöser zu finden, und das Opfer handelt ganz in unserem Sinne! Legen wir also los, und drücken wir die richtigen Knöpfe!

Verzerrung Nr. 1:
Die Überdurchschnittlichkeitsillusion

Alle Herzensfreude und alle Heiterkeit sind darauf zurückzuführen, dass man Menschen habe, im Vergleich zu denen man hoch von sich selbst denken kann.
Thomas Hobbes

Der Above-Average-Effekt, auch als »Überdurchschnittlichkeitsillusion« oder »Dunning-Kruger-Effekt«[29] bezeichnet, beschreibt die Tatsache, dass viele Menschen annehmen, besser zu sein als die Mehrheit ihrer Artgenossen (von den englischen Wörtern *above* [»über, oberhalb«] und *average* [»durchschnittlich«]). Und diese Annahme ist weiter verbreitet, als man denkt.

Beispiele aus sozialen Umfragen haben ergeben, dass die meisten Befragten sich als überdurchschnittlich gute Autofahrer bezeichnen. Die meisten Männer beschreiben sich als überdurchschnittlich gute Liebhaber. Die meisten Anwälte schätzen ihre Erfolge überdurchschnittlich hoch ein. Die meisten Devisenhändler finden sich überdurchschnittlich erfolgreich. Die meisten Lehrer finden sich überdurchschnittlich gut – und so geht es endlos weiter.

Ich konnte das zunächst gar nicht glauben. Die meisten Menschen wirken doch eigentlich ziemlich bescheiden – und häufig auch ziemlich durchschnittlich. Also habe ich in mehreren meiner Seminare die Teilnehmer um eine ehrliche Selbsteinschätzung gebeten. Sie sollten sich einmal auf einer Skala von 1 bis 10 im Bereich Empathie bewerten. 5, so sagte ich, bedeutet durchschnittliche Empathie. 1 bedeutet gar keine Empathie, und mit 10 wäre man der mitfühlendste Mensch auf der Welt.

Keiner hat sich die 10 gegeben. Das hatte ich erwartet. Doch keiner hatte einen Wert unter 6 gewählt. Der Schnitt lag bei 8! Ich konnte es kaum fassen. Lauter hochempathische Menschen um mich herum. Ich wiederholte das Experiment in neun weiteren Seminaren. Immer wieder kam es zu einem ähnlichen Ergebnis.

Das machte mich neugierig. Vergleichbare Umfragen führte ich dann in jedem meiner Kurse durch: Die Menschen, die zu mir kommen, sind – nach eigenen Angaben – alle überdurchschnittlich in den Bereichen Kommunikation, Rhetorik, Schlagfertigkeit, Verhandeln, Argumentation und so weiter!

Doch bevor ich zu sehr mit dem Finger auf andere zeige, wäre es fair, dass ich auch über meine eigene Überdurchschnittlichkeitsillusion erzähle. Es ereignete sich, als ich 2008 meinen ersten (und sicher auch letzten!) Marathon gelaufen bin. Ich hatte mein ganzes Leben Badminton gespielt, viele Turniere gewonnen, regelmäßig trainiert – und fühlte mich sportlich sehr fit. Als meine damalige Freundin vorschlug, gemeinsam einen Marathon zu laufen, stimmte ich sofort zu. Ich habe vier Wochen vorher angefangen zu trainieren – denn mein Ziel war einfach nur, über die Ziellinie zu laufen. Die Zeit war mir egal. Und das würde ich doch sicher hinkriegen – so sportlich, wie ich bin. Dachte ich zumindest.

Und es kam natürlich ganz anders. Bei Kilometer 30 musste ich mich für 15 Minuten hinsetzen, ab Kilometer 37 bin ich nur noch im Schneckentempo vorwärtsgekommen. Völlig entkräftet kam ich dann nach über fünf Stunden ins Ziel – überholt von 23 597 anderen Läufern. Das hat wehgetan. Nicht nur körperlich.

Die Wahrheit ist, dass die meisten Menschen in Inkompetenz schwimmen. Wir können meistens eine oder zwei Sachen überdurchschnittlich gut, weil wir dafür lange gelernt und trainiert haben. Und identifizieren uns darüber. Das, was wir nicht können, übersehen wir. Ähnlich wie in meinem Beispiel.

Am dramatischsten wirkt der Above-Average-Effekt im Bereich der Intelligenz. Die meisten Menschen schätzen sich klüger ein als den Durchschnitt. Und das ist keine moderne Erscheinung. Bereits großen Philosophen aller Zeiten ist diese Selbstüberschätzung aufgefallen. So schrieb zum Beispiel René Descartes nicht ohne Süffisanz: »Nichts auf der Welt ist so gerecht verteilt wie der Verstand. Denn jedermann ist überzeugt, dass er genug davon habe.«[30] Ähnlich auch la Rochefoucauld: »Jedermann klagt über sein Gedächtnis, niemand über seinen Verstand.«[31]

Auch meine konstante Beobachtung ist, dass es gar keinen Unterschied macht, welchen formalen Bildungsabschluss oder welches Alter der Mensch hat, und dass die Leute gerade bei der Beurteilung ihres eigenen Intellekts äußerst großzügig sich selbst gegenüber sind.

Die selbstwerterhaltende Beurteilung

Es gibt auch eine kognitive Verzerrung, die mit dem Above-Average-Effekt verwandt ist, nämlich die selbstwerterhaltende Beurteilung *(self-serving bias)*. Der Begriff beschreibt den Mechanismus, dass Menschen Erfolge sich selbst zuschreiben – während sie Misserfolge auf die äußeren Gegebenheiten zurückführen. Klassisches Beispiel aus meinem alten Berufsleben:

Wenn der Anwalt einen Fall gewonnen hat, dann lag es an seinen Fähigkeiten und seiner Strategie vor Gericht. Wenn derselbe Anwalt unterlegen war, dann lag es am Richter, am Mandanten, der nicht mitgespielt hat, wie er sollte, an Zeugen, die ungünstig ausgesagt haben – aber sicher nicht an ihm!

Diese kognitive Verzerrung ist sehr weit verbreitet. Und auch ich war nicht immer immun dagegen: Wenn ich als Best Speaker bei einem Debattierclub-Turnier ausgezeichnet wurde, dann natürlich aufgrund meiner herausragenden rhetorischen Leistung! Und wenn ich das Finale verlor, dann war es wegen der Jury, die mich falsch verstanden hat. Erst mit der Zeit lernte ich, die Ursache nicht bei der Jury zu suchen.

Führungskräfte machen etwas ganz Ähnliches: Wenn die Firma erfolgreich ist, dann liegt es an ihren exzellenten strategischen Entscheidungen – und wenn sie rote Zahlen schreibt, dann liegt es an den unmotivierten Mitarbeitern, die diese Entscheidungen nicht richtig umgesetzt haben. Und auch Bewerber leiden am gleichen Effekt: Werden sie eingestellt, liegt es an ihrem tollen Lebenslauf; werden sie nicht eingestellt, so liegt es an den »blöden Fragen« im Vorstellungsgespräch.

Ich bin sicher, wenn du ehrlich zu dir bist, findest du auch genügend Beispiele aus deinem Leben, in denen du Opfer der selbstwerterhaltenden Beurteilung geworden bist.

Warum aber werden wir von unserem Gehirn so manipuliert? Machen der Above-Average-Effekt und die selbstwerterhaltende Beurteilung evolutionär vielleicht einen Sinn?

Und tatsächlich, man könnte argumentieren, dass diese Mechanismen uns nach einem Scheitern nicht verzweifeln lassen und in unserer Entwicklung hemmen, sondern ein gutes Selbstwertgefühl geben und uns zu zufriedeneren Menschen machen, die motiviert bleiben und weiter voranschreiten. Zufriedenere Menschen haben eine gesündere Psyche und leben in der Regel länger.

Wie kann man den Above-Average-Effekt zur Manipulation nutzen?

Natürlich wollen wir diese Erkenntnisse nutzen, um andere in unserem Sinne zu beeinflussen. Da gibt es wiederum zwei Aspekte:

1. *Die größere Anfälligkeit für Komplimente:* Wenn der Mensch glaubt, er sei überdurchschnittlich gut und einfach etwas ganz Besonderes, dann ist er noch anfälliger für Komplimente. Denn seine Besonderheit scheint durch jede Schmeichelei bestätigt und auf eine noch höhere Stufe gehoben zu werden. Stellen wir uns einen Kollegen vor, der sich für besonders eloquent hält. Der gute Manipulant wird die vermeintliche Redegewandtheit bewundern, damit er seine Präsentation beim nächsten Meeting auf den sprachgewaltigen Kollegen abwälzen kann, zum Beispiel mit den Worten: »So gut wie du kann ich die Präsentation nie halten – mach du das doch bitte!«
   Umgekehrt: Wenn Menschen nicht an ihre eigene Überdurchschnittlichkeit glauben, wirkt jedes Kompliment auf sie etwas befremdlich. Mit einem realistischen Selbstbild erkennt man sofort, dass da jemand versucht, sich einzuschleimen. Das Kompliment wird zwar – wie schon an anderer Stelle gesagt – ebenfalls als angenehm empfunden, aber vor

dem Hintergrund eines bodenständigeren Ichs relativiert. Gut für den Manipulierenden, dass es von den »gewöhnlichen« Menschen so wenige gibt und die Mehrheit sich für etwas wirklich ganz Besonderes hält!

2. *Größere Anfälligkeit für Fehler:* Wenn Menschen sich überlegen fühlen, dann unterschätzen sie die Situation, werden übermütig und machen Fehler. Das ist wie beim Sport: Falls der Favorit seinen Gegner unterschätzt und nicht alles gibt beim Kampf, wird er öfter besiegt. Lass ihm also das Gefühl, der Bessere zu sein. Und im Alltag ist es genauso. Auch am Arbeitsplatz: Wer zum Beispiel sicher davon ausgeht, dass er das ganze Jahr besser »performt« hat als seine Kollegen und deshalb eine Gehaltserhöhung bekommt, seine Leistungen aber dummerweise nicht akribisch notiert hat, um es dir als Chef im jährlichen Mitarbeitergespräch zu präsentieren, der trifft häufig auf einen Vorgesetzten, der sich an gar keine überdurchschnittlichen Leistungen erinnern kann …

Von dem renommierten Physiker und Nobelpreisträger Richard Feynman stammt das Zitat: »Du kannst dich selbst am leichtesten betrügen.«[32] Die Manipulationen kommen also nicht nur von außen. Und meistens belügen wir uns, um uns besser zu fühlen. Bis zu einem gewissen Grad ist das unbedenklich und sinnvoll, beispielsweise um uns nicht durch Fehler in der Vergangenheit ausbremsen zu lassen, an denen wir ohnehin nichts mehr ändern können. Wer aber aus dem Selbstbetrug der schieren Realitätsverzerrung herausmöchte – und das ist ja die Voraussetzung für persönliche und berufliche Weiterentwicklung –, der muss etwas gegen den Above-Average-Effekt bei sich selbst tun.

Dabei sollte man objektive Beurteilungskriterien heranziehen. Wenn du beispielsweise behauptest, dass du »gut schreiben kannst«, dann wäre zunächst einmal die Frage, ob das jemand außer deiner Mutter und deinen engen Freunden auch schon mal gesagt hat. Ob dich jemand gelobt hat, der selbst Ahnung vom Schreiben hat. Ob eine (Tages-)Zeitung schon mal einen Text von dir gedruckt hat. Ob er in einem fachkundigen Forum von Unbekannten viel Zuspruch erhalten hat und so weiter.

Merke: Natürlich ist es angenehmer, in der Selbstillusion zu leben, man sei der Glühwurm unter den Würmern. Doch wiegt uns die eklatante Selbstüberschätzung in falscher Sicherheit – und hindert uns an der so notwendigen Weiterentwicklung.

Verzerrung Nr. 2:
Der Bestätigungsfehler

Es ist schwieriger, eine vorgefasste Meinung zu zertrümmern als ein Atom.
Albert Einstein

Der Bestätigungsfehler *(confirmation bias)* ist die Tendenz, dass wir Informationen so auswählen und interpretieren, dass unsere eigenen Erwartungen bestätigt werden. Was also nicht sein darf, wird ignoriert. Und was man ohnehin schon glaubt, das sucht man in allen möglichen Publikationen und Medien und findet dort die Bestätigung für seine Meinung.

Das offensichtliche Beispiel ist, wie wir unsere politischen Informationen suchen und bewerten. Jemand, der überzeugter CDU-Wähler ist, wird sich ausführlich über seine Partei informieren, CDU-nahe Artikel und Argumentationshilfen lesen, im Fernsehen seinen Kandidaten eher glauben – und er wird zum Beispiel selten linke Zeitungen lesen und sich weit weniger ausführlich mit anderen Parteien beschäftigen. Das gilt natürlich umgekehrt auch für Mitglieder anderer politischer Richtungen.

In Zeiten des kalten und heißen Kriegs verstärkt sich dieser Effekt zu Propagandazwecken. Ein aktuelles Beispiel aus meinem Geburtsland: Wer zum Thema »Ukraine-Konflikt« russisches Fernsehen schaut, bekommt ständig zu hören, wie unmenschlich die *ukrainische* Armee gegen die Zivilbevölkerung vorgeht – und dass sie sich nicht an das Friedensabkommen hält. Wer ukrainisches Fernsehen schaut, bekommt ständig zu hören, wie unmenschlich die *russische* Armee gegen die Zivilbevölkerung vorgeht – und dass sie sich nicht an das Friedensabkommen hält.

Wenn man bereits vor dem Konflikt auf einer Seite war, dann wird man den Kanal einschalten und die Zeitung lesen, die die eigene Meinung stützt. Und genau darin liegt der Bestätigungsfehler: Man schaut nicht nach objektiven Fakten beziehungsweise Gegenansichten, sondern sucht (meist unbewusst) nach Informationen, die einem recht geben.

Dabei wäre das umgekehrte Vorgehen sinnvoll, um eine möglichst realistische Einschätzung der wirklichen Situation zu erhalten respektive Toleranz gegenüber Andersdenkenden zu entwickeln. Doch wenn ich Teilnehmer in einem Seminar bitte, eine These zu vertreten, die nicht der eigenen Meinung entspricht, sagen die meisten: »Das kann ich nicht! Das ist ja gar nicht meine Auffassung!«

Die Bereitschaft, sich auf Gegenargumente einzulassen, ist also bei der überwiegenden Mehrheit äußerst gering. Lieber bleibt man in der intellektuellen Komfortzone – und wiederholt das, was man sowieso schon seit Jahren denkt.

Ich habe da natürlich leicht reden. Über zehn Jahre lang debattierte ich auf Turnieren. Dort bekommt man eine Position zugelost und muss dann eine ganz bestimmte Seite verteidigen, egal, ob man selbst ihrer Auffassung ist oder nicht. Ich habe mich also daran gewöhnt, auch konträre Ansichten zu vertreten – und konnte dabei feststellen: Die Gegenargumente machen manchmal sogar mehr Sinn als die eigenen!

Doch die meisten Menschen haben diese Erfahrung nie gemacht. Denn die Mehrheit lebt in sogenannten Echoräumen: Man sucht sich Freunde und Bekannte, die die eigene Meinung widerhallen lassen – und die Ansichten von »Dissidenten« beziehungsweise alternative Auffassungen bekommt man einfach nie mit. Wenn dann doch mal jemand vorbeikommt, der den eigenen Echoraum stört, wird er meist ganz schnell aus der Gruppe eliminiert.

So geschehen vor Kurzem, als sich ein paar meiner Bekannten über Menschen lustig machten, die nicht richtig schreiben konnten. Sichtlich von Rechtschreibfehlern anderer zu großem Amüsement animiert, übertrafen sie sich in Kommentaren über die Dummheit der sogenannten Unterschicht. Als ich – zum ersten Mal in diese Gruppe eingeladen – einwandte, dass einige Leute in unserer Gesellschaft systematisch unterprivilegiert seien und ihre Orthografieschwäche vor allem Folge ihres bildungsfernen Milieus sei, wurde ich schief angeguckt. Und sah förmlich in den Gesichtern geschrieben: »Der redet Bullshit! Der passt nicht zu uns!« Seitdem wurde ich nie wieder von diesem Grüppchen eingeladen.

Wie kann man den Bestätigungsfehler zur Manipulation nutzen?

Wer die Effekte des *confirmation bias* gut kennt, kann drei Strategien verfolgen, um sein »Opfer« zu manipulieren:

1. *Inhaltliches Mirroring:* Erstens wird er dem Gesprächspartner niemals widersprechen. Selbst wenn der Manipulant die gegenteilige Ansicht vertritt, wird er die Meinung des Gesprächspartners komplett spiegeln – und so die Sympathie künstlich und schnell aufbauen (zum Mirroring-Effekt vergleiche die Ausführungen auf S. 44 ff.). Denn Leute, die uns bestätigen, finden wir glaubwürdiger und sympathischer.
2. *Einen bestehenden Irrtum festigen:* Zweitens präsentiert der geschickte Manipulant die Informationen so, dass er einen bestehenden Irrtum bewusst aufrechterhält und weiter festigt. Er gibt uns also recht, obwohl er weiß, dass wir irren, um daraus einen Vorteil zu ziehen. Beispiel: Ein Mandant kommt zu einem Anwalt mit einem aussichtslosen Fall. Statt dem Mandanten zu sagen, dass er den Gerichtsprozess verlieren wird, entgegnet der Anwalt selbstbewusst: »Da klagen wir uns durch! Wenn nötig, bis zum Bundesgerichtshof!« Und der Anwalt hat gut reden! Egal, ob er den Prozess gewinnt oder verliert – er bekommt auf jeden Fall ein Honorar in Form der Geschäftsgebühr, der Verfahrensgebühr und so

weiter. (Anwälte könnten hier übrigens einwenden, die Mandanten seien derart von ihrer Meinung überzeugt, dass sie keine Gegenansichten zuließen, sodass dem Anwalt nichts übrig bleibe, als den Mandanten zu bestätigen. Doch müssen sie das tatsächlich? In Wirklichkeit wollen sie oft das Mandat nicht verlieren – und schmieren, zwar ungern, doch in der Regel zielstrebig dem Mandanten Honig um den Mund.) Und natürlich sind Anwälte hier nur ein Beispiel: In jedem Berufsstand kann man den Irrtum eines anderen für sich ausnutzen und ihn in seinen Falschannahmen bestärken. Das Fatale: Es ist unglaublich schwer, später nachzuweisen, dass man den Irrtum des anderen tatsächlich ausgenutzt hat. Denn man kann schließlich für alles Rechtfertigungsgründe finden, die sich halbwegs plausibel anhören.

3. *Mit gutem erstem Eindruck blenden:* Drittens wird er sich zur Manipulation einer anderen kognitiven Verzerrung bedienen, die mit dem *confirmation bias* verwandt ist und dieses verstärkt. Die Verzerrung heißt »Primäreffekt« *(primacy effect)* und beschreibt die Tendenz unseres Gehirns, dass die als Erstes wahrgenommenen Informationen die nachfolgenden Eindrücke prägen.

   Dazu gibt es ein klassisches Experiment aus dem Jahr 1946 von dem berühmten Psychologen Solomon Asch. Angenommen, du musst eine Person einschätzen. Diese Person wird mit folgenden Eigenschaften beschrieben: *intelligent, fleißig, impulsiv, kritisch, dickköpfig, neidisch.* Die Probanden, denen diese Charaktereigenschaften vorgelegt wurden, beschrieben die Person mehrheitlich als klug. In einem Parallelversuch wurden Probanden gebeten, eine Person mit diesen Charaktereigenschaften zu beschreiben: *neidisch, dickköpfig, kritisch, impulsiv, fleißig, intelligent*. Die zweite Gruppe beschrieb die Person eher als schwierig. Dir ist sicherlich aufgefallen, dass das sechs absolut identische Adjektive waren – bloß in umgekehrter Reihenfolge. Was Asch also als Erster herausfand – und was seitdem in Dutzenden Experimenten wiederholt bewiesen wurde –, ist, dass wir uns vor allem vom ersten Wort beziehungsweise Eindruck prägen lassen und anschließend alles Weitere ganz im Sinne dieses ersten Eindrucks interpretieren. Hier kommt also wieder der Bestätigungsfehler zum Tragen.

Diese Erfahrung habe ich als Redner bei Rhetorikwettbewerben immer wieder gemacht. Wenn ein Speaker einen tollen Redeeinstieg hatte, dann beeindruckte er das Publikum; und auch wenn seine Redeleistung anschließend durchschnittlich war, wurde er überdurchschnittlich gut bewertet.

Intuitiv wissen wir, dass der erste Eindruck unglaublich wichtig ist. Vielleicht kennst du ja auch den Satz: »Für den ersten Eindruck gibt es keine zweite Chance!« Doch es ist ein großer Unterschied, ob man ein Prinzip kennt – oder ob man es auch bewusst zu seinem Vorteil anwendet!

Raus aus der Bestätigungsfalle!

Wir alle wissen, dass Feedback eine tolle Sache ist, wenn es konstruktiv war. Richtig? Nicht so ganz. Denn »dank« des Bestätigungsfehlers akzeptieren wir lieber nur solche Rückmeldungen, die auch unserem Selbstbild entsprechen. Eine Bekräftigung also, die wir ohnedies schon erwarten und die uns bestätigt, schätzen wir nicht nur glaubwürdiger ein, sondern wir können uns daran auch viel länger erinnern. Falls das Feedback nicht zum Selbstbild passt, wird es schnell als unglaubwürdig abgetan.[33]

Wir müssen also raus aus den Echoräumen der Peergroups, in denen Freunde und Bekannte die gleiche Meinung vertreten wie wir! Mit neuen Leuten sprechen und andere Zeitungen lesen ist dabei nicht die einzige Lösung. Du könntest, wie schon angedeutet, auch aktiv nach Gegenansichten zu deiner eigenen Meinung suchen – also selbst den Advocatus Diaboli spielen, den »Anwalt des Teufels«. Und wenn dir gute Gegenargumente einfallen, dann dazu eine Recherche starten und Beweise für die Gegenseite ernst nehmen. Idealerweise hast du aber auch Freunde, die dir ab und zu mal freundlich widersprechen ...

Beim Bestätigungsfehler schaut man nicht nach objektiven Fakten beziehungsweise Gegenansichten, sondern sucht nach Informationen, die einem recht geben. Dabei wäre das umgekehrte Vorgehen sinnvoll.

Verzerrung Nr. 3:
Der Aufmerksamkeitsfehler

Man sieht oft etwas hundert Mal, tausend Mal,
ehe man es zum allerersten Mal wirklich sieht.
Christian Morgenstern

Der Aufmerksamkeitsfehler *(attentional bias)* beschreibt die Tendenz, dass Menschen eher wahrnehmen, was sie wahrnehmen wollen beziehungsweise auf was ihre Aufmerksamkeit gelenkt wird – unabhängig davon, ob es relevant ist oder nicht.

Schau dir am besten gleich bei YouTube das kurze Video »the monkey business illusion« – Spaß ist garantiert.[34]

Im Grunde wissen wir ja, dass wir die Realität nicht vollständig wahrnehmen, sondern nur Bruchteile davon. Was die meisten Menschen aber unterschätzen, ist, wie klein der Bruchteil der wahrgenommenen Wirklichkeit ist – und wie manipulierbar der Mensch, wenn ihm nur bestimmte Teile der ganzen Wahrheit präsentiert werden.

Nehmen wir ein paar Beispiele aus den Medien: So wird zum Beispiel immer dramatisch und ausführlich über Haiattacken auf Menschen berichtet – und wir haben den Eindruck, dass die Gefahr, von einem Hai angegriffen zu werden, real und ziemlich groß ist. Im Schnitt sterben weltweit etwa zehn Menschen durch unprovozierte Haiattacken im Jahr, obwohl es auch schon mal hundert sein können. Dabei kommt im selben Zeitraum ein Vielfaches an Menschen durch Bienen, Hunde oder Pferde ums Leben. Darüber zu berichten ist für die Medien aber nicht so spektakulär, sprich profitabel, wie über tödliche Angriffe von Haien, die spätestens seit den Filmen über den Weißen Hai zu einer neuen Urangst des Menschen geworden sind.

Ebenfalls eine relativ neue Urangst, auf die die Medien ständig die Aufmerksamkeit lenken, ist der Tod durch terroristische Attacken, bei denen es weltweit im Schnitt circa 80 Tote täglich gibt und von denen global berichtet wird. Jeder davon ist einer zu viel. Doch was ist mit den Toten durch Verhungern? Es sterben im Schnitt über 20 000 Menschen am Tag durch Unterernährung, die theoretisch vermeidbar wäre. Und weil man darüber kaum etwas erfährt, kümmert das die meisten in der Regel nicht.

Diese spezifische Unterart des Aufmerksamkeitsfehlers heißt »Verfügbarkeitsfehler« *(availability bias)*: Die Daten, die uns bereitgestellt werden (insbesondere aus den Medien), finden wir besonders relevant, und sie prägen unsere Entscheidungen. Der Fehlschluss: Nur weil wir bestimmte Informationen haben, heißt es ja nicht, dass diese die wesentlichsten Auskünfte zu einem bestimmten Sachverhalt sind und der Sachverhalt selbst von überragender Bedeutung ist.

Doch es geht beim Aufmerksamkeitsfehler nicht nur um die Medien. Es sind auch unsere eigenen Erwartungen, die entscheiden, was wir wahrnehmen – und was an uns komplett vorbeigeht.

Eines der schönsten Experimente zu dieser selektiven Wahrnehmung ist ja die bereits erwähnte Monkey-Business-Illusion. (Du hast jetzt die letzte Chance, das Video unvoreingenommen auf der YouTube zu schauen – gleich kommt die Auflösung und Interpretation!) Der Sprecher im Video hat unsere komplette Aufmerksamkeit auf die Pässe der Mädchen gelenkt – und ich zum Beispiel habe den Gorilla mitten im Bild übersehen! Dabei bin ich in bester Gesellschaft: Etwa die Hälfte übersehen den Affen, wenn sie vorher nicht Bescheid wussten. Eigentlich unglaublich! Der Gorilla taucht mitten im Bild auf und schlägt sich auch noch auf die Brust.

Und selbst wenn man von dem Affen weiß, fällt man auf die Nachfolgeversion des Experiments herein, in der eine schwarze Spielerin verschwindet – und der Vorhang im Hintergrund seine Farbe wechselt. Denn wie Daniel Simons (der Erfinder des Experiments) so treffend feststellt: »Wenn du den Gorilla suchst, verpasst du andere wichtige Ereignisse.«

Wichtige Ereignisse verpassen? Das geschieht uns immer wieder. Dazu gibt es auch ein aufschlussreiches Experiment – und zwar mit einem berühmten Geiger –, das man 2007 in Washington durchgeführt hat. Man nehme einen absoluten Starviolinisten, der alle möglichen Auszeichnungen gewonnen hat und mit den besten Orchestern der Welt vor ausverkauften Sälen spielt, und stelle ihn – ohne Ankündigung – morgens mit einer Baseballmütze und schlecht gekleidet in eine Metrostation in Washington, D. C. Was passiert?

Was glaubst du? Werden die Leute anhalten? Werden viele Joshua Bell erkennen? Der Direktor des National Symphony Orchestra Leonard Slatkin meinte dazu: »Vielleicht werden bis zu hundert [von tausend Menschen] stehen bleiben und eine Weile zuhören.«

Bell nahm seine Stradivari im Wert von mehreren Millionen Euro, ging in die Metrostation und fing an zu spielen. Erst vor drei Tagen war er vor einem ausverkauften Saal in Boston aufgetreten. Und nun fing er an, den Pendlern eins der schwierigsten Stücke vorzuspielen, die je geschrieben wurden. Und wie haben die Menschen reagiert?

Nun, von über tausend Personen, die an ihm vorbeigingen, sind nur sieben stehen geblieben. Und nur eine Person hat ihn erkannt. Er hat in 43 Minuten ganze 32,17 Dollar verdient. Weitere 20 Dollar bekam er von einer Frau, die ihn erkannt hat – wobei drei Tage zuvor Menschen für eine Karte über hundert Dollar zahlten, um ihm zuzuhören. Übrigens sind fast alle, die ihm etwas Kleingeld zugeworfen haben, keinen Augenblick stehen geblieben, sondern einfach weitergegangen. Es ging ihnen also gar nicht um die Musik, sondern sie hatten Mitleid.

Weil unsere Erwartungen derart gestrickt sind, dass wir keinen Stargeiger in der Metrostation erwarten, schenken wir ihm keine Sekunde Aufmerksamkeit, obwohl er direkt neben uns steht. Wir leben also ständig mit einem Tunnelblick. Unsere Aufmerksamkeit ist immer nur auf das Erwartete gerichtet. Und alles, was nicht in diesem schmalen Teil des Spektrums Platz findet, wird einfach aussortiert, nicht beachtet, für irrelevant gehalten. Das Interessante ist, dass jeder seine Perspektive für die »wirklichste« hält. Und sich gleichzeitig in der Regel auch nicht bewusst ist, dass seine Realität nur einen Ausschnitt des Ganzen darstellt.

Den Aufmerksamkeitsfehler zur Manipulation anderer nutzen

Wer andere manipulieren will, wird deren Aufmerksamkeit auf für sie günstige Fakten lenken – und sich hüten, ein vollständiges und realistisches Bild zu geben.

Ich weiß noch genau, wie mir bei meinem allerersten Großauftrag, es war ein international tätiges Unternehmen, ein Vertrag vorgelegt wurde mit über 20 Seiten Text. Mein Geschäftspartner sagte mir: »Alles Wichtige steht hier, auf dem ersten Blatt. Die übrigen Seiten brauchen Sie gar nicht zu beachten, das sind unwichtige Geschäftsbedingungen, die sind für Sie irrelevant!«

Und natürlich war gerade das erste Blatt schön strukturiert, hatte große Buchstaben und Tabellen – und war schnell und angenehm zu lesen. Die Allgemeinen Geschäftsbedingungen ab Seite 2 waren klein gedruckt, in Juristendeutsch formuliert, und auch mit zwei juristischen Staatsexamen hätte ich einige Klauseln erst einmal auf Rechtswidrigkeit prüfen müssen.

Zum Glück habe ich im Jurastudium tausendmal gesagt bekommen: »Nichts Wichtiges unterschreiben, ohne die AGB gelesen zu haben.« Meinem Geschäftspartner sagte ich deswegen: »Wenn die Bedingungen unwichtig sind, dann können wir sie doch einfach weglassen, oder?« Dieser entgegnete prompt: »Natürlich nicht! Die müssen schon drinstehen.« Ich darauf: »So unwichtig können sie dann ja nicht sein. Und ich brauche Zeit, um sie durchzugehen.« Anschließend habe ich mir eine Stunde für die Lektüre genommen – und tatsächlich eine Provisionsbestimmung entdeckt, die für mich untragbar war. Und die wir anschließend modifiziert haben.

Doch nicht nur in Verhandlungssituationen gilt es, die Aufmerksamkeit auf einen für uns günstigen Aspekt zu lenken, wie es mein Geschäftspartner getan hatte. Auch im Netz können wir selbstverständlich den Aufmerksamkeitsfehler nutzen. Nehmen wir zum Beispiel an, du möchtest ein Video auf YouTube hochladen und dafür möglichst schnell möglichst viele Klicks bekommen. Einer der entscheidendsten Faktoren dabei ist, dass das Thumbnail (also das kleine Bild, worauf man bei YouTube klickt) die Aufmerksamkeit des YouTube-Nutzers fängt. Und da gibt es ein paar Manipulationstricks, mit denen selbst schlechte Videos gute Klickzahlen erreichen können. So sollte das Thumbnail, damit es Aufmerksamkeit bekommt,

- ein *Gesicht* zeigen, am besten mit Blickkontakt zum Zuschauer (wir reagieren auf Gesichter eher als zum Beispiel auf Gegenstände – und Blickkontakt fordert Blickkontakt),
- starke *Emotionen* transportieren (der Zuschauer wird emotional aufgeladen und klickt mit höherer Wahrscheinlichkeit, als wenn er keinen emotionalen Bezug zum Video erkennt) und
- *grelle Hintergrundfarben* nutzen (weil sie vor dem weißen YouTube-Hintergrund mehr herausstechen).

Wie vermeidet man es, selbst »Opfer« zu werden?

Als Rhetorikcoach stelle ich häufig fest, dass meine Klienten sich nach einer zur Übung gehaltenen Rede bei der Selbstreflexion nur auf einen bestimmten Aspekt fokussieren – und alles andere ausblenden.

- *Beispiel 1:* Ein Klient, dem das äußere Auftreten extrem wichtig ist, achtet bei seiner Selbstbeurteilung ausschließlich auf körpersprachliche und stimmliche Aspekte und lässt den Inhalt, also die eigene Argumentation, völlig beiseite.
- *Beispiel 2:* Eine Klientin, die extrem inhaltsorientiert ist und sich Feedback nur zur inneren Logik ihres Vortrags gibt, beachtet mit keinem einzigen Wort die klassischen rhetorischen Aspekte (Körpersprache, Stimme).
- *Beispiel 3:* Ein Klient stellt nur die Punkte heraus, die schlecht gelaufen sind. Und wenn ich nachfrage, was er in der eigenen Rede gut gemacht hat, dann sagt er: »Weiß ich nicht … Nichts?«

Kurz gesagt: Wenn man die Aufmerksamkeit nur auf Inhalt legt, leidet oft das professionelle Auftreten – und umgekehrt. Und wenn man sich nur auf die negativen Punkte konzentriert, dann fallen einem gar nicht die Dinge auf, die man gut gemacht hat.

Wenn wir weniger Aufmerksamkeitsfehler bei uns selbst machen wollen, ist es sinnvoll, schon im Vorfeld einer Aktion eine Vielzahl relevanter Kriterien zu definieren und die eigene Aufmerksamkeit anschließend auf möglichst alle diese Kriterien zu lenken. Wenn man die Möglichkeit hat, braucht man das idealerweise nicht allein zu machen, sondern mithilfe eines Coachs, der in dieser Thematik geschult ist.

Selbstverständlich kann man sich mithilfe des *attentional bias* auch im positiven Sinne selbst manipulieren. Wie im obigen »Beispiel 3« geschildert, gibt es Menschen, die ihre Aufmerksamkeit nur auf das legen, was schiefläuft. Gerade bei solchen Leuten stelle ich die größte Unsicherheit und das stärkste Lampenfieber fest. Wenn man sich nur auf seine Schwächen fokussiert, dann leidet das Selbstbewusstsein enorm. Der Trick zur Entwicklung von mehr Selbstbewusstsein ist hier, einfach den Fokus auf das zu legen, was du gut kannst. Kurzfristig ändert das nichts an deiner objektiven Leistung. Denn du hast dadurch lediglich den Schalter im Kopf umgelegt. Mittelfristig jedoch steigt durch den beständigen Fokuswechsel auf das Positive langsam dein Selbstbewusstsein, weil du dich im besseren Licht siehst und dein innerer Kritiker immer weiter verstummt. Dieses Vorgehen ist besonders für selbstkritische und perfektionistische Menschen am Anfang sehr schwierig. Aber es klappt!

Bist du Teamleiter oder Führungskraft? Dann musst du wissen, dass dieser Trick bei deinen Mitarbeitern natürlich genauso gut funktioniert. Also solltest du beim Mitarbeiter den Fokus auf das legen, was er gut macht, und ihn dafür loben. Dadurch steigen sein Selbstbewusstsein und seine Motivation, er gibt sich insgesamt mehr Mühe, und du als Führungskraft hast bessere Ergebnisse von ihm als vorher.

Merke: Der Mensch ist manipulierbar, wenn ihm nur bestimmte Teile der ganzen Wahrheit präsentiert werden.

Verzerrung Nr. 4:
Kognitive Dissonanz

Wer A sagt, muss nicht B sagen. Er kann auch erkennen, dass A falsch war.

Bertolt Brecht

»Kognitive Dissonanz« ist ein kompliziert klingender Begriff, der ein einfaches psychologisches Problem beschreibt, nämlich einen innerlich gefühlten Widerspruch: »Er entsteht dadurch, dass ein Mensch mehrere Kognitionen hat (Wahrnehmungen, Gedanken, Meinungen, Einstellungen, Wünsche oder Absichten), die nicht miteinander vereinbar sind.«[35] Wir empfinden innere Widersprüche von Natur aus als unangenehm – und lösen diese Widersprüche auf, indem wir unsere Einstellungen oder Handlungen so anpassen, dass wir wieder im Reinen mit uns sind (Kognitive-Dissonanz-Reduktion oder -Auflösung).

Etwa 20 Meter von mir entfernt ist eine Pizzeria. Ich nehme mir zwar immer vor, weniger Pizza zu essen, aber selbst zu kochen macht mir keinen Spaß – und kostet Zeit. Und es ist so verlockend, sich einfach für fünf Euro schnell eine fertige Mahlzeit zu holen! Dieses Spannungsverhältnis in meinem Kopf (eigentlich will ich Pizza – aber ich darf doch nicht, weil das doch so ungesund ist!) kann ich auf zwei Weisen auflösen:

1. Ich kann mein Verhalten ändern, indem ich mir vornehme, keine Pizza zu essen.
2. Ich kann mein Verhalten *rechtfertigen*, indem ich mir sage, dass ich hin und wieder ausnahmsweise eine Pizza essen darf. Und wer hat überhaupt gesagt, dass sie so schädlich sein soll? Ein bisschen Teig, ein bisschen Käse, ein bisschen Zwiebeln und Salami können so ungesund doch gar nicht sein!

Welches Verhalten ist wahrscheinlicher? Natürlich ist das nur eine rhetorische Frage. Das Verhalten zu ändern ist schwierig und braucht Energie. Viel einfacher ist es, das eigene Verhalten zu rechtfertigen und die innere Dissonanz auf diese Weise zu reduzieren. So mutiert die anfangs ungesunde Pizza zu einer ganz vertretbaren Speise.

Die Menschen sind unglaublich gut darin, sich selbst zu belügen und innere Widersprüche schnell aufzulösen. Du rauchst, obwohl du weißt, dass das gesundheitsschädlich ist? »Nicht schlimm: Viel wichtiger ist doch, dass mich das Rauchen beruhigt – und besser kurz und glücklich leben als lange leben und unglücklich sterben!« Du hasst deinen Job und hast innerlich schon gekündigt – und gehst trotzdem täglich hin? »Nicht schlimm: Ich habe ja nicht umsonst studiert – und bereits so viel Zeit und Kraft in die Firma investiert –, da muss man noch ein paar Jährchen bis zur Rente durch, und dann hat sich die Sache!« Du hast in einer Diskussion keine passenden Argumente gehabt? »Nicht schlimm: Das liegt ja nur daran, dass mir die richtigen Argumente nicht spontan eingefallen sind – denn meine Ansicht ist ja sicherlich nicht falsch. Kann ja gar nicht!«

Bevor wir unser (Fehl-)Verhalten ändern, rechtfertigen wir es lieber. Das ist viel einfacher.

Zwar ist das Konzept der kognitiven Dissonanz erst seit Mitte des 20. Jahrhunderts theoretisch erforscht (der Begriff geht auf den amerikanischen Psychologen Leon Festinger zurück). Doch ist die Idee der Dissonanzauflösung schon über 2500 Jahre alt und taucht zum Beispiel in einer kurzen Fabel mit dem Titel »Der Fuchs und die Trauben« auf, die dem griechischen Dichter Äsop (wahrscheinlich 6. Jahrhundert v. Chr.) zugeschrieben wird:

Ein Fuchs, der auf die Beute ging,
fand einen Weinstock, der voll schwerer Trauben
an einer hohen Mauer hing.
Sie schienen ihm ein köstlich Ding,
allein beschwerlich abzuklauben.
Er schlich umher, den nächsten Zugang auszuspähn.
Umsonst! Kein Sprung war abzusehn.
Sich selbst nicht vor dem Trupp der Vögel zu beschämen,
der auf den Bäumen saß, kehrt er sich um und spricht
und zieht dabei verächtlich das Gesicht:
Was soll ich mir viel Mühe nehmen?
Sie sind ja herb und taugen nicht.[36]

Das klassische Experiment zur kognitiven Dissonanz

Das Experiment kommt von den Forschern L.E. Festinger und J.M. Carlsmith:[37] Sie baten Studenten, eine Stunde lang eine langweilige Tätigkeit auszuführen, nämlich Stöpsel in einer Stecktafel immer wieder um 90 Grad weiterzudrehen. Öder geht es nicht. Der entscheidende Unterschied: In einer Gruppe bekamen Probanden dafür 20 Dollar, in der anderen Gruppe nur einen.

Nach der Tätigkeit sollten die Studenten einen im Vorraum wartenden anderen Studenten davon überzeugen, dass der »Job« super sei und dass der wartende Student auch unbedingt mitmachen müsse. Ganz am Ende sollten die Studenten bewerten, wie interessant die ausgeführte Tätigkeit für sie war. Hier geschah etwas Erstaunliches: Studenten aus der zweiten Gruppe, die lediglich einen Dollar bekommen hatten, beschrieben sie als viel attraktiver denn jene, die 20 Dollar bekamen. Wie kann das sein?

Nach der Erklärung von Festinger und Carlsmith ist alles ganz einfach: Die Ein-Dollar-Gruppe musste lügen, dass die Tätigkeit angeblich spannend war. Es war eine kognitive Dissonanz in ihrem Kopf entstanden, die sie unbedingt reduzieren mussten. Da sie aber bereits die Tätigkeit ausgeführt und schon den wartenden Studenten angelogen hatten, konnten sie nur noch ihre eigene Einstellung zur langweiligen Tätigkeit verändern, um sich wieder gut zu fühlen. Also ganz ähnlich, aber umgekehrt wie beim Fuchs aus der Fabel, der sich die Trauben nachträglich schlechtgeredet hat, haben sich die Studenten die langweilige Tätigkeit schöngeredet.

Festinger und Carlsmith haben auch eine plausible Erklärung dafür, warum die 20-Dollar-Gruppe keine kognitive Dissonanz verspürte. Hier hatten die Studenten eine durch äußere Reize hervorgerufene (extrinsische) Motivation, nämlich die 20 Dollar. Dieses Geld kompensierte die eine Stunde langweilige Tätigkeit – und daher verspürten Probanden aus dieser Gruppe auch keine kognitive Dissonanz.

Um keinen inneren Widerspruch mehr zu spüren, der uns Unbehagen bereitet, lösen wir die kognitive Dissonanz durch eine Uminterpretation auf, die meistens einem Selbstbetrug gleichkommt.

Wie kann man die kognitive Dissonanz zu Manipulationszwecken nutzen?

Hier geht es darum, diese Dissonanz im Kopf des »Opfers« künstlich entstehen zu lassen und es anschließend dazu zu bewegen, die Dissonanz ganz in unserem Sinne zu reduzieren. Wie stellt man das nun konkret an? Hierzu einige Beispiele:

- *Der Foot-in-the-Door-Trick:* Wir wollen konsistent handeln. Wenn wir A sagen, dann sehen wir uns innerlich genötigt, auch B zu sagen. Sonst empfinden wir eine Unvereinbarkeit. Deswegen funktioniert der Fuß-in-der-Tür-Trick dank der kognitiven Dissonanz so gut. Wir erinnern uns hier an das Experiment mit dem kleinen Sticker am Fenster und dem großen Schild »Fahren Sie vorsichtig!« im Vorgarten (S. 62 f.).
- *Der Low-Ball-Trick:* Vor allem aus dem Autoverkauf ist der Trick bekannt, dass man dem Kunden zunächst einen güns-

tigen Preis nennt – und wenn dieser sich innerlich für das Auto entschieden hat, dann erhöht sich der Preis aufgrund von vorgeschobenen Gründen. Da er kognitive Dissonanz vermeiden, also nicht gegen seine ursprüngliche Kaufentscheidung vorgehen will, zahlt er im Ergebnis die »plötzlich« entstehenden Zusatzkosten, wobei er sich innerlich diese Zusatzkosten kleinredet, um vor allem vor sich selbst nicht blöd dazustehen.

Der Low-Ball-Trick funktioniert aber natürlich nicht nur im Verkaufsgespräch, sondern auch im sonstigen Alltag. So hat man bei einem Experiment[38] Studenten gefragt, an einer Studie teilzunehmen, die um 7.00 Uhr morgens beginnt. Nur 24 Prozent der Studenten hat sich bereit erklärt teilzunehmen. In einer zweiten Gruppe hat man die Studenten ebenfalls um Teilnahme an der Studie gebeten, ihnen diesmal aber nicht die Uhrzeit genannt. Hier lag die Zustimmung bereits bei 56 Prozent. Erst nachdem sie zustimmten, hat man ihnen eröffnet, dass die Studie um 7.00 Uhr beginnt – und dass sie noch absagen könnten. Doch niemand hat seine Zustimmung zurückgezogen (nach der Devise »Wer A sagt, muss auch B sagen«). Und fast alle (95 Prozent) sind dann tatsächlich frühmorgens aufgetaucht.

- *Den Andorra-Effekt für sich nutzen:* Im Theaterstück »Andorra« von Max Frisch glaubt der Protagonist fälschlicherweise, ein Jude zu sein. Ständig wird er mit negativen Vorurteilen über Juden in der Gesellschaft Andorras konfrontiert, bis er mit der Zeit diese negativen Eigenschaften selbst internalisiert und nach außen lebt. Der Andorra-Effekt besagt also, dass sich Menschen den Beurteilungen der Gesellschaft anpassen, auch wenn die Beurteilungen durch die Gesellschaft vorher inkorrekt waren.

Dazu ein schönes Experiment:[39] Frauen, die eine Woche zuvor gehört hatten, dass sie von anderen als menschenfreundlich und hilfsbereit eingeschätzt wurden, gaben einer Wohltätigkeitsorganisation viel mehr Geld als Frauen, denen man diese Erwartung über sie nicht gesagt hatte. Um kognitive Dissonanz zu vermeiden, also um nicht in Widerspruch mit der Beschreibung über sie in Konflikt zu treten, haben die Frauen sogar Fremdbewertungen als eigenen Handlungsmaßstab akzeptiert.

Das berühmteste Beispiel für kognitive Dissonanz ist das Stanford-Prison-Experiment von Philip Zimbardo aus dem Jahr 1971, das heute kontrovers diskutiert wird.[40] Es zeigt aber auf eindrucksvoll-schreckliche Weise, wie schnell der Mensch in die ihm anvertraute Rolle hineinschlüpft – und die von ihm erwarteten Eigenschaften übernimmt. In einem Keller der Stanford University baute Zimbardo ein Gefängnis nach. Durch Münzwurf wurden die Versuchspersonen in Aufseher und Gefangene aufgeteilt. Das Experiment sollte zwei Wochen dauern, musste aber bereits nach sechs Tagen abgebrochen werden. Was war passiert? Die Aufseher wurden mit Uniformen, Gummiknüppeln und Sonnenbrillen ausgestattet. Nach und nach haben die Aufseher ihre Rolle nicht nur gespielt, sondern innerlich übernommen, und fingen an, ihre Machtposition immer weiter auszunutzen und die Gefangenen zu quälen. Schon am zweiten Tag kam es zu ersten großen Tumulten, wobei zunächst die Gefangenen ihre Türen blockierten – und die Wärter anschließend mit Feuerlöschern eiskaltes Kohlendioxid in die Zellen sprühten und auf diese Weise die Gefangenen dazu brachten, ihre Türen aufzumachen. Anschließend haben die Wärter sie entkleidet, ihnen die Betten weggenommen und ihnen verboten, die Toilette zu benutzen, sodass sie ihr Geschäft in Eimern erledigen mussten. Manchmal mussten die Experimentatoren einschreiten, um schlimme Misshandlungen zu verhindern. Insgesamt fünf Gefangene mussten aus gesundheitlichen Gründen vorzeitig entlassen werden (Angstsymptome, krasser Hautausschlag, Depressionen). Dass die Wärter sich so schnell mit ihrer Rolle identifizierten, lag unter anderem daran, dass sie durch das Tragen der Uniform und der Sonnenbrille anonym und als Kollektiv auftraten – und die Macht hatten, Regeln selbst zu bestimmen. Entscheidend war jedoch der Effekt der kognitiven Dissonanz, wobei die Wärter die Aufgabe hatten, für Ordnung zu sorgen, diese Aufgabe mit harten Strafen durchsetzen mussten – und diese harten Strafen anschließend damit gerechtfertigt haben, dass es ja ihre Aufgabe sei, als Wärter die Gefangenen komplett unter Kontrolle zu bringen. Egal, wie brutal uns Außenstehenden ihre Handlungen vorkommen mögen – innerlich waren die Wärter davon überzeugt, das Richtige zu tun. Du brauchst daher die Person nur so zu beschreiben, wie sie sein soll, und die Wahrscheinlichkeit steigt, dass sie – um konsistent mit deiner Beschreibung zu sein – die notwendige Handlung vollführt. Offensichtlich hat der Andorra-Effekt aber auch Grenzen. Man darf mit der Beschreibung nicht übertreiben. Und was man auch zu beachten hat: Steter Tropfen höhlt den Stein, das heißt, der Erfolg des angewandten Andorra-Effekts steigt, wenn man über längere

> Zeit (gern auch über Monate und Jahre) jemandem subtil bestimmte Eigenschaften zuweist. Das funktioniert sowohl bei positiven als leider auch bei negativen Zuschreibungen.

Wir übernehmen Erwartungen und handeln danach. Wir rechtfertigen unsere Handlungen, um im Einklang mit unserem neuen »Selbst«-Bild und den Erwartungen der Gruppe zu stehen. Das Stanford-Prison-Experiment hat gezeigt, dass die Menschen vor kaum etwas haltzumachen scheinen, um die kognitive Dissonanz aufzulösen.

Verzerrung Nr. 5:
Der Priming-Effekt

Ein Gedanke kann nicht erwachen,
ohne andere zu wecken.
Marie von Ebner-Eschenbach

Mit dem Priming (wörtlich »Vorbereiten, Grundierung«) beziehungsweise der »Bahnung« kann man das Verarbeiten eines Reizes (die Kognition) beeinflussen, indem man mit einem vorangehenden Reiz die folgenden Assoziationen in eine bestimmte Richtung lenkt und damit auch das Verhalten manipuliert. Oder ganz einfach ausgedrückt: Die Vorinformation prägt, wie wir auf die nächste Information reagieren.

Dazu gibt es natürlich wieder ein hübsches Experiment.[41] Einer Gruppe von Versuchspersonen wurden folgende zwei Fragen vorgelegt:

1. »Wie glücklich sind Sie zurzeit?«
2. »Wie viele Dates hatten Sie im vergangenen Monat?«

In dieser Reihenfolge bestand zwischen den Antworten keine kausale Korrelation. Also, es gab glückliche Menschen mit vielen Dates, glückliche Menschen mit wenigen Dates, unglückliche Menschen mit vielen Dates und unglückliche Menschen mit wenigen Dates. So weit keine große Überraschung. Das Ergebnis änderte sich aber dramatisch, als einer anderen Gruppe von Versuchspersonen die gleichen Fragen in umgekehrter Reihenfolge gestellt wurden, also:

1. »Wie viele Dates hatten Sie im vergangenen Monat?«
2. »Wie glücklich sind Sie zurzeit?«

Jetzt gab es zwischen den beiden Fragen einen starken ursächlichen Zusammenhang, nämlich einen Korrelationskoeffizienten von 0,66 – was so viel bedeutet wie: Menschen mit mehr Dates gaben an, zufriedener zu sein; Menschen mit weniger Dates gaben an, unzufriedener zu sein. Die erste (spezifische) Frage hat also die zweite (allgemeine) Frage gebahnt. Wenn die Menschen aus der zweiten Gruppe nun über Glück nachdachten, haben sie das Glück unter dem Schatten ihrer Dates betrachtet. Die Vorfrage prägt die Antwort auf die nächste Frage.

Interessanterweise funktioniert Priming nicht nur auf der kognitiven Ebene, sondern sogar auch auf der physischen. Bei einem anderen amerikanischen Experiment[42] wurden Menschen mit Wörtern geprimt, die mit alten Menschen in Verbindung gebracht werden – »Falten«, »Florida«, »Vergesslichkeit«.

Langsamkeit als weitere klassische Assoziation mit dem Alter wurde dabei ausdrücklich nicht erwähnt. Und dennoch bewegten sich Testpersonen aus dieser mit dem Alter geprimten Versuchsgruppe langsamer und schwerfälliger, als sie den Experimentort verließen, als die Vergleichsgruppe, die nicht mit den Stereotypen des Alters beeinflusst war. Worte beeinflussen also auch unsere physische Vitalität.

Und schließlich ein bekanntes Beispiel, das du gleich bei einem Freund ausprobieren kannst (dabei sollte er möglichst schnell antworten und das Beispiel natürlich nicht kennen …):

Du: »Welche Farbe hat Schnee?«
Dein Freund: »Weiß.«
Du: »Welche Farbe hat die Wand?«
Dein Freund: »Weiß.«
Du: »Welche Farbe haben die Wolken?«
Dein Freund: »Weiß.«
Du: »Was trinkt die Kuh?«
Dein Freund: »Milch.«

Frauen-Priming: Das Geheimnis des zweiten Dates

Als junger Mann habe ich das Priming dazu eingesetzt, um Frauen beim zweiten Date zu mir nach Hause einzuladen. Und das hat erstaunlich gut funktioniert!

Das Prozedere sah ohne Priming so aus: Ich traf mich mit einer Frau beim ersten Date in einer Bar und habe möglichst viel das Mirroring angewendet. War sie ein Fan von Reisen, war ich das natürlich auch und erzählte ihr von meinem letzten Trip auf die Philippinen. Mochte sie Tiere sehr gern, sprach ich von meiner Safari in Botswana. War sie gerade im Klausurstress, berichtete ich ihr von unseren hohen Durchfallquoten in juristischen Klausuren. War ihr Hobby das Klavierspiel, schwärmte ich von diesem einen klassischen Stück, das ich gerade auf der Gitarre einübte. Das Mirroring hat immer viel Sympathie aufgebaut – und in den allermeisten Fällen (90 Prozent) wollte mich die Frau wiedersehen. Warum das Spiegeln so gut funktioniert, habe ich ja bereits im Kapitel »3. Schnell Sympathie aufbauen« (S. 44 ff.) erläutert. Wollte ich dann aber die Frau zum zweiten Date zu mir nach Hause einladen, auf eine Pizza natürlich, dann hörte ich in fast allen Fällen: »Nee. Lass uns lieber irgendwo draußen treffen. Wir kennen uns doch noch kaum!«

Das Prozedere mit Priming sah etwas anders aus: Auch hier baute ich durch Mirroring schnell Sympathie auf. Ohne Sympathie geht gar nichts! Doch hin und wieder sprach ich meine Wohnung an: dass ich gern dort wohne, dass sie hell ist, dass nebenan eine tolle Pizzeria ist und eine coole Billardbar. Und dass dort meine Gitarre steht, auf der ich ab und zu noch klimpere. Natürlich nicht alles auf einmal. Sondern hin und wieder ins Gespräch eingestreut, sodass meine Wohnung tolle Werbung bekam – und es gleich mehrere Gründe gab, mal vorbeizuschauen. Wenn ich also nach diesem Priming die Frau zum zweiten Date zu mir nach Hause eingeladen habe, lag die Zustimmungsquote bei 30 bis 40 Prozent!

Und wenn Sie jetzt denken: »Wie kann man nur so manipulativ sein? Das ist doch unfair! So was geht ja gar nicht!«, möchte ich die Damen und Herren beruhigen und sagen, dass wir alle beim Dating manipulative Techniken anwenden. Bei mir war es das Mirroring und das Priming. Bei anderen Männern ist es das Cabrio, oder es sind die Muskeln. Bei Frauen ist es das eng anliegende Kleid, der rote Lippenstift, das Paar sexy High Heels. Oder etwas anderes. Jeder arbeitet mit seinen eigenen Mitteln: mit ausschließlich positiver Selbstdarstellung, mit Halbwahrheiten, mit Komplimenten und teurer Kleidung. Wer ohne Manipulation ist, der werfe den ersten Stein!

Das ungewollte Priming: Die Wünsche meiner Kursteilnehmer

Die Menschen primen sich übrigens manchmal auch komplett unbewusst. Jede Woche werde ich Zeuge eines völlig ungewollten Primings. In jedem meiner Seminare – sei es zum Thema »Rhetorik«, »Verhandeln« oder »Schlagfertigkeit« – frage ich die Teilnehmer, ob sie bestimmte Themenwünsche haben, die nicht in meinem Plan abgebildet sind. Irgendjemand macht den Anfang und sagt so etwas wie: »Ich habe immer Lampenfieber vor Publikum. Ich habe den Kurs gebucht, um Tricks gegen meine Nervosität zu bekommen.« Und du darfst raten, was die anderen zehn Teilnehmer sich bevorzugt wünschen. Fast jeder (!) sagt, dass Lampenfieber ein großes Thema für ihn ist. In einem anderen Kurs sagt der erste Teilnehmer, er wünsche sich insbesondere Hinweise, wie man überzeugend argumentiert. Und fast alle anderen wünschen sich dann auch Themen rund um Argumentation und Überzeugungstechniken. Nur einer von hundert Teilnehmern überlegt sich tatsächlich seine Wunschthemen schon zu Hause und kommt mit einer ganz konkreten Liste ins Seminar.

Diese Beispiele verraten uns übrigens auch, *warum* das Priming so gut funktioniert. Die Menschen, sagen wir es ruhig deutlich, sind in der Regel etwas denkfaul. Sie orientieren sich der Einfachheit halber an dem, was bereits gesagt wurde. Denn nicht nur der Strom sucht sich stets den Weg des geringsten Widerstands. Je besser wir vorbereitet sind und je genauer wir wissen, was wir in einer ganz bestimmten Situation wollen, desto weniger lassen wir uns von anderen primen.

Wie du andere mit Priming manipulieren kannst

Es geht also beim Priming darum, durch geschickt gestreute Vorinformationen bestimmte Assoziationen bei anderen hervorzurufen, die günstig für uns sind.

Hier ein Experiment[43] mit absoluter Alltagstauglichkeit: Stell dir eine Person mit dem Namen Donald vor – also jetzt nicht *den* Donald, das Beispiel stammt nämlich aus dem Jahr 1982. Es gibt beim Experiment allgemeine Aussagen wie »Jemand klopfte, aber Donald ließ ihn nicht herein«.

Das Besondere: Bevor man den Probanden diesen Satz vorgelegt hatte, sollten sie sich bestimmte Wörter merken. Der ersten Versuchsgruppe sagte man Begriffe wie »selbstbewusst« und »unternehmungslustig«. Die zweite Gruppe sollte sich Wörter merken wie »beleidigend« und »eingebildet«. Anschließend sollten alle Donald und seinen obigen Satz positiv oder negativ bewerten.

Das Ergebnis wird dich nun kaum überraschen. Die mit positiven Begriffen geprimte Gruppe bewertete Donald anschließend positiv. Die mit negativen Begriffen gebahnte Gruppe bewertete ihn negativ.

Wenn es also darum geht, in einem Konfliktgespräch, ob beruflich oder privat, deinen Gesprächspartner »vernünftig« zu stimmen, dann prime ihn vorher mit Begriffen wie »gerecht«, »Lösung«, »Kompromiss« – und die Wahrscheinlichkeit steigt, dass dein Gesprächspartner sich anschließend im Konfliktgespräch auch so verhält.

Oder du willst besseres Feedback für deine Präsentation in der Firma? Dann rede vorher am Mittagstisch mit deinen Zuhörern über einen anderen Vortrag, den du letztens gehört hast, bei dem der Redner »souverän«, »eloquent« und »absolut überzeugend« auf dich gewirkt hat. Ein paar Stunden später wird dein eigener Vortrag mit ziemlich großer Wahrscheinlichkeit besser von den Kollegen bewertet als ohne dieses Priming.

Sich selbst mit Priming zu besseren Ergebnissen manipulieren

Natürlich kann man sich auch selbst primen. Und selbstredend machen wir das als geborene Egoisten zu unserem eigenen Vorteil. Wie das geht?

Bei einem Experiment[44] ließen Forscher zwei Gruppen unterschiedliche kreative Aufgaben lösen. Die einen wurden durch positive Begriffe geprimt wie »erfolgreich sein« und »gewinnen« – die anderen wurden durch neutrale Wörter wie »Lampe« und »grün« gebahnt. Natürlich weißt du mittlerweile, dass die erste Gruppe bessere Ergebnisse erzielte. Vor allem durch positive Selbstbeschreibungen kannst du dich also zu größeren Erfolgen primen. Letztlich ist das Priming nämlich auch verwandt mit einem anderen Phänomen, wovon du sicher schon mal gehört hast, nämlich der selbsterfüllenden Prophezeiung: Eine Vorhersage, an die man selbst glaubt, wird über direkte oder indirekte Handlungen auch tatsächlich erreicht. Halte dich also an die Worte Gandhis, die dieses Prinzip auf den Punkt bringen:

Achte auf deine Gedanken, denn sie werden Worte.
Achte auf deine Worte, denn sie werden Handlungen.
Achte auf deine Handlungen, denn sie werden Gewohnheiten.
Achte auf deine Gewohnheiten, denn sie werden dein Charakter.
Achte auf deinen Charakter, denn er wird dein Schicksal.[45]

Verzerrung Nr. 6:
Der Ankereffekt

Zahlen sind das zuverlässigste Mittel
zur Bewertung der Wirklichkeit.
Wladimir Iljitsch Lenin

Der Ankereffekt *(anchoring effect)* ist eng verwandt mit dem Priming-Effekt. Und hat mit der Magie von Zahlen zu tun, die als Anker im Sinne einer momentan vorhandenen Umgebungsinformation dienen. Zahlen wirken zuverlässig, objektiv, richtig. Immerhin wissen wir, dass die Mathematik die genaueste Wissenschaft ist. Daher lassen wir uns von Zahlen so leicht manipulieren.

Hier wieder ein Experiment[46] dazu: Stell dir vor, du wirst während eines Museumsbesuchs gefragt, wie viel du für die Rettung von Vögeln spenden würdest, die einer Ölpest zum Opfer gefallen sind. Und statt eine offene Frage zu stellen, fragt man dich nach einer ganz konkreten Summe. Einer Gruppe von Museumsbesuchern in San Francisco hat man genau solch eine Frage gestellt: »Wären Sie bereit, fünf Dollar zu geben?« Das Ergebnis: Die Gefragten wollten im Schnitt 20 Dollar spenden.

In einer zweiten Versuchsreihe fragten die Wissenschaftler aber: »Wären Sie bereit, 400 Dollar zu geben?« Wie war die Reaktion darauf? Entsetzen? Nichts wie weg? Immerhin sind 400 Dollar kein Pappenstiel. Doch mitnichten. Die Reaktion war erstaunlich: Die Befragten aus der zweiten Gruppe waren bereit, im Schnitt 143 Dollar zu geben. Also ganze 123 Dollar mehr als in der ersten Gruppe – und das nur aufgrund des anderen Ankers!

Der Ankereffekt – wer hat ihn erfunden?

Beschrieben wurde der Ankereffekt erstmals von den Wissenschaftlern Amos Tversky und Daniel Kahneman – und das vor nicht einmal 50 Jahren. In einem meiner Lieblingsexperimente[47] haben sie Menschen gebeten, an einem Glücksrad zu drehen. Das Glücksrad hatte Zahlen von 1 bis 100, war aber derart manipuliert, dass das Rad entweder bei der 10 oder der 65 anhielt. Anschließend wurde der Proband gefragt, wie viel Prozent der UNO-Mitgliedstaaten in Afrika lägen. Wenn das Glücksrad bei 10 stoppte, schätzten die Probanden im Schnitt, dass die afrikanischen Staaten 25 Prozent der UNO-Mitglieder stellen. Und wenn das Glücksrad bei 65 anhielt, schätzten die Probanden im Schnitt, dass 45 Prozent der UNO-Mitglieder afrikanische Staaten seien. Die »zufällige« Zahl, die nichts mit der anschließenden Frage zu tun hatte, beeinflusste die Menschen also extrem. Die geschätzte Zahl lag immer nah am künstlich gesetzten Anker.

Lassen sich auch Experten vom Ankereffekt täuschen?

Jetzt könntest du sagen: Laien lassen sich täuschen – Experten nicht. Wer weiß schon, wie viele afrikanische Staaten es überhaupt gibt? Vor allem kommen ja hin und wieder welche dazu (siehe Südsudan) – und wer weiß, welche überhaupt nicht Teil der UNO sein wollen oder dürfen?! Aber können sich auch Experten täuschen?

Einige meiner Freunde sind Immobilienmakler. Und ich habe mich schon immer gefragt, wie der Wert der Immobilie sich eigentlich genau bestimmt. Klar: Die Lage spielt eine entscheidende Rolle. Natürlich auch die Sanierungsbedürftigkeit des Hauses und ein paar andere Faktoren. Doch ob jetzt ein Haus irgendwo in Münchens Innenstadt wirklich 10,7 Millionen kostet (wie im Exposé angegeben) oder vielleicht doch »nur« 8,8 Millionen, das war mir schon immer ein Rätsel.

Umso mehr gefreut habe ich mich über dieses Immobilienexperiment:[48] Dabei traten zwei sehr ungleiche Gruppen gegeneinander an. Studenten und Immobilienmakler. Beiden wurde ein zehnseitiges Exposé ausgehändigt mit allen relevanten Informationen für die Preisbewertung eines Gebäudes (Lage, Quadratmeterzahl, was Nachbarhäuser kosten, welche Grundstücke zu welchem Preis vor sechs Monaten verkauft wurden und viele weitere Details). Der einzige Unterschied bei den Exposés bestand darin, dass am Ende ein anderer Listenpreis stand. Die Wissenschaftler schreiben, dass von Immobilienexperten, zumindest nach eigenen Angaben, bereits eine 5-Prozent-Abweichung vom »richtigen« Immobilienpreis als auffällig gewertet und bemerkt werden würde. Beide Gruppen wurden auch zum Objekt gefahren und konnten sich »live« ein Bild, auch über die Nachbarschaft, machen. Alle Teilnehmer des Experiments haben über fünf Jahre in derselben Stadt gewohnt und gearbeitet, wo auch das Objekt stand (Tucson, Arizona).

Ergebnis: Sowohl Studenten als auch Immobilienmakler ließen sich extrem vom jeweiligen Anker beeinflussen. Wenn der Listenpreis gering war, waren auch die Schätzungen in beiden Gruppen gering. Wenn der Listenpreis hoch war, dann waren die Schätzungen in beiden Gruppen hoch. So viel zur Expertise.

Jetzt könnte man sagen: Makler? Die haben doch eh keine Ahnung! Das sind doch keine Experten! Und natürlich ist es sehr bemerkenswert, dass jeder sich Makler nennen darf – ohne jegliche Ausbildung. So ist es übrigens bei Unternehmensberatern und Rhetoriktrainern auch.

Was ist aber mit Experten, die eine jahrelange Ausbildung hinter sich haben. Richter zum Beispiel. Ich selbst genoss eine siebenjährige Ausbildung, mit der ich die Befähigung zum Richteramt erwarb. Und so ernste Dinge wie Strafmaß, so dachte ich zumindest, könnten doch unmöglich dem Ankereffekt zum Opfer fallen! Der Richter also, mit an der Spitze der »Intelligenzija«, lässt sich doch von zufälligen Zahlen nicht beim Strafmaß manipulieren! Oder?

Leider schon. In einem Experiment[49] hat man Richtern einen fiktiven Sachverhalt mit ein und demselben Verbrechen vorgelegt. Die Probanden, junge deutsche Richter, bekamen alle zur Entscheidung eines solchen Falles notwendigen Informationen. Die Richter wurden in zwei Gruppen aufgeteilt. In der ersten Gruppe forderte der Staatsanwalt zwei Monate Gefängnis – in der zweiten Gruppe forderte er 34 Monate. Wie ließen sich nun die Richter in den beiden Gruppen durch die unterschiedlichen Strafforderungen der Staatsanwälte beeinflussen?

In der Gruppe, wo der Staatsanwalt nur zwei Monate Haft forderte, entschieden sich die Richter für eine Strafe von im Schnitt 19 Monaten. In der anderen Gruppe, in welcher der Staatsanwalt 34 Monate forderte, gaben die Richter eine Strafe von im Schnitt 29 Monaten. Das sind zehn Monate Unterschied! Fast ein ganzes Jahr, das man als Angeklagter an Lebenszeit in ungesiebter Luft verliert, wenn man Pech mit dem Staatsanwalt hat.

Merke: Auch Experten mit langjähriger Ausbildung fallen dem Ankereffekt zum Opfer.

Wie kann man den Ankereffekt zur Manipulation nutzen?

Für Geschäftsleute ist also angesagt, bei Vertragsverhandlungen als Erster den Preis zu nennen, der einem selbst vorschwebt. Dabei soll man natürlich nicht übertreiben. Doch können wir einen Preis veranschlagen, der für den anderen zwar hoch, aber gerade noch akzeptabel ist. Er wird zwar versuchen zu handeln, sich aber unbewusst an unserem Anker orientieren.

Wenn du Geschäftsführer oder Teamleiter bist, kannst du deine Mitarbeiter durch Quartalszielvorgaben dazu motivieren, ein ganz bestimmtes Ergebnis zu erreichen.

Natürlich kann man das Prinzip auch im Privatleben nutzen. Wenn beispielsweise mal wieder eine Diskussion ansteht, wie lange man Urlaub macht, kannst du gleich ankern. Hast du zum Beispiel einen Partner, der aus Geld- oder Zeitgründen eher für nur eine Woche plädiert, dann sag gleich in eurer ersten Diskussion: »Schatz, wann fahren wir zwei Wochen nach Sardinien?« Wahrscheinlich wird er sich am Ende immerhin auf zehn oder elf Tage einlassen.

Verzerrung Nr. 7:
Social Proof

Warum folgt man der Mehrheit? Etwa weil sie Vernunft besitzt? Nein, weil sie mehr Macht hat.

Blaise Pascal

Menschen sind Herdentiere. Sie wollen das nicht wahrhaben. Und dennoch beugen sie sich stets der Mehrheit. Unser aller Irrglaube: Wenn viele etwas tun, dann muss das richtig sein. Um jemanden erfolgreich zu manipulieren, kann es also von entscheidendem Vorteil sein, eine scheinbare Mehrheit auf seiner Seite zu haben.

Eins der überzeugendsten Experimente dazu stammt von dem Psychologen Solomon Asch:[50] Stell dir vor, es sitzen mehrere Leute an einem Konferenztisch. Ihnen werden auf einem Blatt Papier Linien unterschiedlicher Länge gezeigt. Was die eine Versuchsperson nicht weiß: Alle anderen Teilnehmer am Tisch sind Teil des Experiments – und handeln auf Anweisung des Versuchsleiters. Aufgabe ist es zu sagen, welche Linie genauso lang ist wie die Referenzlinie. Das ist in jedem Durchgang für alle Teilnehmer deutlich erkennbar – also eine absolut einfache Aufgabe. Doch wie verlief das Originalexperiment?

Insgesamt gab es achtzehn Durchläufe. Den Personen am Tisch, die Teil des Experiments waren, wurde gesagt, dass sie bei sechs dieser Durchläufe (zufällig in den achtzehn eingestreut) die korrekte Antwort geben sollten – um insgesamt glaubwürdiger zu wirken. Bei den zwölf anderen Durchläufen sollten sie bewusst die falsche Linie auswählen. Und noch ein wichtiges Detail: Die Teilnehmer hatten immer einheitlich vor dem Probanden geantwortet und hatten sich nie widersprochen. Der Proband kam in der Fragerunde immer als Letzter dran.

Das Ergebnis? In etwa einem Drittel der Fälle hat sich der Proband der offensichtlich irrenden Mehrheit angeschlossen, obwohl er mit eigenen Augen genau gesehen hatte, dass die (vorher durch die anderen Teilnehmer gegebene) Einschätzung objektiv falsch war – er wollte nicht isoliert und dumm dastehen.

Bei späteren Wiederholungen des Asch-Experiments zeigte sich, je größer die Gruppe war, desto größer wurde der Konformitätsdruck, der auf den Probanden wirkte. Je mehr Personen vorher etwas gesagt haben, desto wahrscheinlicher hat der Proband ihnen zugestimmt.

Die Sozialpsychologie hat seit dem Asch-Experiment im Jahr 1951 Dutzende weiterer Studien durchgeführt, in denen sich immer wieder zeigte: Die meisten Menschen lassen sich durch (vermeintliche) Mehrheiten in ihrem Handeln beeinflussen.

So ist man bei einer Studie[51] von Tür zu Tür gegangen und hat die Menschen gebeten, für Wohltätigkeit zu spenden. Wenn die Liste der bisherigen Geldgeber länger war, dann war es viel wahrscheinlicher, dass die angesprochene Person auch spendete. Der Effekt war noch größer, wenn auf der Geldgeberliste Personen standen, die Freunde oder Bekannte des Angesprochenen waren.

Und da wir gerade mitten im Buch sind: Es gab auch ein nettes Experiment,[52] in dem den Versuchspersonen fünf positive Buchbewertungen vorgelesen wurden. Wenn ein und dieselbe Stimme diese fünf unterschiedlichen positiven Buchbewertungen vorgelesen hatte, waren die Versuchspersonen dem Buch nicht so zugeneigt wie im Fall, dass fünf unterschiedliche Stimmen diese fünf positiven Buchbewertungen vorlasen. Dabei waren es dieselben fünf positiven Rezensionen! Eigentlich sollte es keinen Unterschied geben – wäre da bloß nicht der Herdentrieb namens »Social Proof.«

Die Unpopularität des Social Proof bei den Gelehrten

Intellektuelle waren zu allen Zeiten skeptisch gegenüber der Mehrheitsmeinung. So hat etwa Mark Twain geschrieben: »Wenn du merkst, dass du zur Mehrheit gehörst, ist es an der Zeit, deine Einstellung zu revidieren.«[53] Oder etwa Friedrich Schiller: »Die Mehrheit? Was ist die Mehrheit? Mehrheit ist der Unsinn, Verstand ist stets bei wen'gen nur gewesen.«[54] Und auch sein Freund Johann Wolfgang Goethe war von der Mehrheitsmeinung nicht sonderlich begeistert: »Man muss das Wahre immer wiederholen, weil auch der Irrtum um uns her immer wieder gepredigt wird, und zwar nicht von Einzelnen, sondern von der Masse.«[55]

Natürlich, vom Standpunkt eines Gelehrten aus mag es sein, dass die Mehrheit der Menschen eher unterbelichtet ist. Doch wenn man jemanden manipulieren möchte, geht es weniger darum, was wahr ist, als darum, was gut funktioniert. Und da ist der Social Proof ein ziemlich erfolgversprechender Mechanismus.

Wie kann man den Effekt des Social Proof zur Manipulation nutzen?

Interessanterweise ist Social Proof gerade in aller Munde. Es ist, wenn man so will, die bekannteste kognitive Verzerrung unserer Zeit. Die neue Berufskaste der sogenannten Social-Media-Experten raten bei eigenen Homepages zu mehr Testimonials; YouTube- und Facebook-Nutzer jagen nach dem Social Proof in Form von Klicks und Likes. Die Internet-Community reitet gerade auf einer Social-Proof-Welle. Auf fast jeder Internetseite sieht man irgendwelche Gesichter, die als Kunden das jeweilige Produkt loben – und natürlich würden »97 Prozent der Kunden unser Produkt an Freunde weiterempfehlen«! Überleg dir also, wie du so tun kannst, dass die (vermeintliche) Mehrheit hinter deinem Vorschlag steht. Dann wird sich kaum jemand gegen deine Mehrheitsposition aufbäumen.

Im Kapitalismus scheint es nichts zu geben, was man nicht kaufen kann. Und so erwirbt man sich auch Likes und Abonnenten. Die kommen zwar meist von Fake-Accounts, aber das ist ja irrelevant für den User, der auf deiner Facebook-Seite beeindruckt von deinen 14 863 »Freunden« liest. Er wird sich denken: »Wow! Der hat ja echt viel Zuspruch – der muss gut sein!« Eine kurze Internetrecherche liefert dir Dutzende Möglichkeiten, wo und zu welchem Preis du wie viele Follower oder Likes per Kreditkarte kaufen kannst.

Verzerrung Nr. 8:
Die Optimismusfalle und das Wunschdenken

Am Ende wird alles gut. Und wenn es nicht gut ist, ist es noch nicht das Ende.
Oscar Wilde

Die meisten Menschen sind Optimisten. Nicht in dem Sinn, dass sie denken, die Welt sei schön, liebenswürdig und gerecht. Sondern in einem anderen Sinn: Sie glauben, dass sie im Vergleich mit anderen weniger von negativen Konsequenzen bedroht sind. Insoweit ist die Optimismusfalle *(optimism bias)* verwandt mit dem Above-Average-Effekt. Man ist halt mal wieder etwas ganz Besonderes.

Typische Beispiele: Die Menschen glauben, dass sie weniger wahrscheinlich einen Unfall haben werden, wenn sie selbst am Steuer sitzen.[56] Sie mutmaßen, dass sie eher nicht Opfer eines Verbrechens werden.[57] Raucher sind der Meinung, dass Lungenkrebs bei ihnen unwahrscheinlich ist.[58] Und Wertpapierhändler sind überzeugt, dass sie weniger von Markteinbrüchen gefährdet seien als ihre Kollegen.[59] Die Menschen kennen also das allgemeine Risiko, beziehen es aber nicht auf sich. Die Frage ist nur: Warum sind wir so optimistisch?

Im Grunde ist es ganz einfach: Weil es sich schlicht besser anfühlt. Das Denkmuster des Wunschdenkens ist recht einfach: »Ich will, dass X wahr ist. Daher stimmt X.« Oder im Risikofall: »Ich will, dass mir Y nicht passiert. Daher wird Y nicht geschehen.«

Die meisten meiner Freunde sind kurz davor zu heiraten oder haben gerade geheiratet. Und wenn ich sie auf die Scheidungsstatistiken anspreche, dann winken sie ab und sagen: »Uns wird das nicht passieren! Dafür lieben wir uns zu doll und vertrauen uns zu 100 Prozent!«

Lieben sich andere frischverheiratete Paare nicht so stark? Sind junge Menschen, die sich das Jawort geben, nicht tief überzeugt, dass es ein Leben lang hält? Alle glauben, dass es bei ihnen klappen wird mit der Ehe. Wer mit der Einstellung »Das wird zu 30 Prozent schiefgehen mit meiner Frau!« ins Standesamt geht – diesen Bräutigam will ich sehen.

Und weil sich die Menschen eben sehr stark wünschen, dass es gerade bei ihnen auf lange Zeit klappt mit der Ehe, muss es wahr sein. Das ist Wunschdenken par excellence.

Selektive Wahrnehmung

Das Wunschdenken wird noch durch einen anderen verzerrten Faktor in unserem Kopf begünstigt. Wenn wir uns nämlich mit anderen vergleichen, dann haben wir meistens nicht einen »durchschnittlichen« Bekannten im Kopf, sondern einen ausgesprochenen Pechvogel, bei dem das Unglück ja passieren musste. Diese selektive Wahrnehmung lässt uns beispielsweise bei der eigenen Hochzeit optimistisch bleiben. Stellen wir uns vor, eine Bekannte hatte einen Mann geheiratet, der Alkoholiker war. Nach drei Jahren scheiterte die Ehe, und man sagt sich: »Wusste ich es doch, dass es bei den beiden nicht klappen wird! Uns könnte so was aber nicht passieren.« Diese starken Negativbeispiele sind bei uns viel eher im Kopf. Dabei vergleichen wir uns nur selten mit Freunden, die »ganz normal« sind und bei denen es, den Scheidungsraten nach zu urteilen, auch nicht geklappt hat.

Aber auch ohne diese Negativbeispiele, die unsere Wahrnehmung verzerren, ist es einfach nur angenehm, an etwas Schönes zu glauben. Meine Mutter zum Beispiel sagte früher immer gern den Satz: »Die russische Seele ist etwas ganz, ganz Besonderes.« Und natürlich war dieser Glaube äußerst behaglich. Fühlte sie sich doch als Besitzerin dieser unglaublich andersartigen Seele, die so anders ist als die brasilianische, englische und chinesische. Eines Tages fragte ich sie, was denn eigentlich das Besondere an der russischen Seele sei. Seitdem sagt sie den Satz nicht mehr. Und mich plagt ein etwas schlechtes Gewissen: Habe ich ihr doch die seit Jahren so lieb gewonnene Idee kaputt gemacht, etwas *ganz, ganz Besonderes* zu sein.

Die Optimismusfalle und das Wunschdenken zur Manipulation nutzen

Eigentlich ziemlich klar: Die Menschen glauben ja bereits, dass gerade bei ihnen das Risiko geringer ist als bei den anderen – und wollen an das glauben, was sich gut anfühlt. Du hast da nur noch die Aufgabe, diesen Irrtum zu bestärken. Gern auch mit einem »vorsorglichen« Satz wie »Klar gibt es ein kleines Risiko;

aber gerade bei Ihnen bin ich mir sicher, dass das klappen wird«.

Diesen Satz muss man in der Regel nicht einmal begründen, weil er bereits als »Dogma« im Kopf unseres Opfers steckt – und wir es nur noch bestätigen. Für den Fall, dass der andere nachfragt, ist es gut, wenn man eine Scheinbegründung vorbereitet hat, warum es gerade bei unserem Gesprächspartner klappen wird.

Verzerrung Nr. 9: Die Verarbeitungsflüssigkeit

Die schönsten Formulierungen sind üblicherweise auch die einfachsten.
Adam Smith

Das Wort »Verarbeitungsflüssigkeit« *(processing fluency)* wird den meisten Menschen nicht geläufig sein. Dabei ist es das Konzept, das Donald Trump so sehr geholfen hat bei seinem Siegeszug im amerikanischen Wahlkampfjahr 2016. Es beschreibt das Phänomen, dass unser Gehirn einfache Informationen bevorzugt.

Und Donald Trump ist der Meister der einfachen Informationen. Kurzer Sätze, die sofort ins Hirn gehen. Nach Analysen von Linguisten benutzt Trump die Grammatik eines Sechstklässlers und das Vokabular eines Siebtklässlers. Und er weiß, dass er seinen Wahlsieg den weniger Gebildeten zu verdanken hat. Nicht umsonst sagte er nach einem Wahlsieg: »I love the poorly educated.«[60] Und Trump ist sich auch absolut bewusst darüber, dass er eine einfache Sprache benutzt. Das ist Teil seiner Erfolgsstrategie.

Doch es ist nicht nur so, dass wenig Gebildete die Schlichtheit mögen. Auch die einfache und schöne mathematische Lösung wird intuitiv für wahr gehalten,[61] ebenso wie einfach lesbare Aussagen.[62] Umgekehrt funktioniert das übrigens auch: Aufsätze schon mit einer kompliziert zu entziffernden Handschrift werden von Lehrern schlechter bewertet, unabhängig vom Inhalt.[63] Daher hat uns auch ein Juraprofessor, der hier nicht genannt werden will, vor dem Staatsexamen den Tipp gegeben: »Schreibt so, dass eure Schrift gut lesbar und eure Struktur klar erkennbar ist, damit euer Korrektor die Klausur bequem beim Gläschen Wein und den ARD-Tagesthemen im Hintergrund korrigieren kann.«

Dieselbe Sprache sprechen

Nebenbei bemerkt, macht es auch ein Akzent beziehungsweise Dialekt dem Zuhörer schwerer, die Information aufzunehmen – damit sinkt die Verarbeitungsflüssigkeit, das Gesagte wird schlechter verstanden und viel kritischer hinterfragt.

Wie der starke Akzent die Notengebung beeinflusst, das habe ich seit meinem elften Lebensjahr am eigenen Leib erfahren. Ich bin gebürtiger Ukrainer – und als ich mit elf nach Deutschland kam, konnte ich kein Wort Deutsch.

Ich habe die Sprache schnell gelernt – und war alsbald ein guter Schüler, vor allem in Mathe, da mein Akzent dort keine Rolle spielte. Doch in Fächern wie Geschichte, Politik und Religion hatte ich eine ziemlich lange Zeit nur durchschnittliche Noten.

Mein damaliger bester Freund Marco hatte nicht die besseren Antworten – aber bis zur Oberstufe immer die besseren Noten. Er konnte sich viel geschliffener ausdrücken als ich – Deutsch war ja seine Muttersprache –, und ich hatte Schwierigkeiten, da mitzuhalten.

Mit der Zeit wurde mein Deutsch immer besser – und unsere Noten haben sich immer weiter angeglichen. Ich konnte mich immer treffender ausdrücken, und das hatte die Lehrer immer mehr beeindruckt. Irgendwann fing ich an, in meinen Aufsätzen ganz bewusst hochintelligent klingende Wörter zu benutzen, am besten direkt in der Einleitung, um dem Lehrer gleich zu signalisieren, wie eloquent ich bin. Zu meinen damaligen Lieblingswörtern zählten etwa »Ambiguitätstoleranz« und »Narrativ« – und die sehr guten Noten fingen auch in geisteswissenschaftlichen Fächern an zu sprudeln. Am Ende hatten Marco und ich das beste Abitur unseres Jahrgangs. Doch wissen meine Lehrer bis heute nicht, wie stark sie von Akzenten/Dialekten ihrer Schüler bei der Notengebung geprägt werden.

Eine ganz ähnliche Geschichte machte ich auf Englisch durch, als ich angefangen hatte, auf internationale Debattierclub-Turniere zu fahren. Auch wenn ich das Gefühl hatte, inhaltlich manchmal besser gewesen zu sein, hat sich die (meist englischsprachige) Jury entschieden, den Sieg den Muttersprachlern zu geben. Erst als ich das Idiom der Native Speaker mehr und mehr assimiliert hatte, gewann ich auch langsam gegen Teams aus Harvard und Cambridge und wurde zu einem erfolgreichen Turnierredner in Europa.

Auch ich wusste als Schüler anfangs nicht, wie stark die Muttersprachler Menschen mit Akzent oder Dialekt wirklich diskriminieren. Ich wusste nur, dass sie es tun. Doch später fand ich immer mehr Studien, die diese Diskriminierung beleuchten.

So haben Wissenschaftler in einem Experiment[64] einen Muttersprachler, einen Ausländer mit mildem Akzent und einen Ausländer mit hartem Akzent ein und denselben Satz vorlesen lassen wie »Eine Giraffe kann länger ohne Wasser gehen als ein Kamel«. Anschließend bewerteten Muttersprachler die Glaubwürdigkeit dieser Aussagen mit einem Wahrheits-Score von 1 bis 10. Und das Ergebnis war eindeutig: Muttersprachlern wurde von Muttersprachlern ein höherer Wahrheits-Score gegeben als Nichtmuttersprachlern. Besonders bitter: Es hat kaum einen Unterschied gemacht beim Wahrheits-Score, ob der Akzent mild oder stark war. Die Glaubwürdigkeit war bei beiden Akzentgruppen ähnlich gering.

In einem weiteren Experiment[65] wurde den Teilnehmern sogar vorher explizit gesagt, bei der Studie ginge es darum herauszufinden, ob der Akzent des Sprechers auf die Glaubwürdigkeit der Aussage einen Einfluss hat. Und trotzdem haben die Teilnehmer den Sprechern mit starkem Akzent einen geringeren Wahrheits-Score gegeben (wobei hinzugefügt werden muss, dass hier die Sprecher mit mildem Akzent als genauso glaubwürdig eingeschätzt wurden wie die Muttersprachler).

Neben der Verarbeitungsflüssigkeit gibt es für Menschen mit Akzent beziehungsweise Dialekt auch das Problem, dass durch ihre Aussprache die kulturellen Vorurteile assoziiert werden.[66] Zunächst gibt es da das allgemeine Phänomen, dass man andere als unglaubwürdiger einschätzt, wenn sie nicht zur eigenen Gemeinschaft gehören (nicht »einer von uns« sind).

Wir brauchen da erst gar nicht von Ausländern zu reden. Nehmen wir jemanden, der einen starken sächsischen Dialekt hat. So jemand wird von vielen belächelt und nicht wirklich ernst genommen in Berlin, Hamburg oder München. Oder jemand, der sein Bairisch in Düsseldorf oder Stuttgart zum Besten gibt. Gleich schwingen beim anderen die negativen Vorurteile gegen die Bayern mit. Solche Menschen kommen zu mir zum »Akzent-weg-Training«, weil sie sehen, dass sie wegen ihrer Aussprache schlechtere Chancen auf dem Arbeitsmarkt haben.

Fazit: Ob du willst oder nicht – ein Akzent beziehungsweise Dialekt macht einen Menschen unglaubwürdiger.

Wie kann man die Verarbeitungsflüssigkeit zur Manipulation nutzen?

Der Mensch wirkt glaubwürdiger und stößt auf weniger Widerstand beim Rezipienten, wenn er ohne Akzent beziehungsweise Dialekt spricht, wenn er kurze Sätze mit einfachem Vokabular formuliert und wenn die schriftliche Aufbereitung eines Textes klar und einfach ist (gut lesbare Schrift, kontrastreicher Hintergrund). Ob die Aussagen tatsächlich wahr sind oder nicht – das spielt eher eine nachgeordnete Rolle, wenn du jemanden manipulieren möchtest. Denn du willst dich ja, wie Schopenhauer es formuliert hat, *per fas et nefas* (»mit Recht und mit Unrecht«) durchsetzen.

Verzerrung Nr. 10:
Der Halo-Effekt

Nicht immer ist das Schöne gut,
aber immer ist das Gute schön.
Unbekannt

Ich hatte ja bereits im Kapitel »Mit gutem Erscheinungsbild blenden« kurz über die Wirkung des Halo-Effekts gesprochen: Eine positive Eigenschaft überstrahlt alle anderen, weswegen man einen Menschen *insgesamt* positiv bewertet – also in allen seinen Eigenschaften.

Dutzende Experimente belegen, dass attraktive Menschen von anderen in allen Lebensbereichen extrem positiv eingeschätzt werden: Sie hätten bessere Charaktere, seien bessere Eltern, wären klüger, vertrauenswürdiger, freundlicher, hätten bessere Jobs, wären glücklicher im Leben und zufriedener mit sich selbst.[67] In jedem nur erdenklichen Lebensbereich haben schöne Menschen also einen Vorteil.

Nehmen wir zum Beispiel das Thema »Intelligenz« etwas näher unter die Lupe. In einem Experiment[68] sollten junge Männer einen Aufsatz bewerten. In einer Gruppe war dem Aufsatz ein Foto einer attraktiven Frau als Autorin beigelegt, eine andere Gruppe bekam ihn mit dem Foto einer nicht attraktiven Frau – und die Kontrollgruppe musste den Aufsatz ohne Foto bewerten. Natürlich wurde der Aufsatz mit dem Konterfei der hübschen Autorin am besten bewertet.

Doch gutes Aussehen hilft nicht nur bei Aufsätzen. Mehrere Experimente[69] zeigen, dass attraktive Menschen sogar vor Gericht bei ein und demselben Delikt seltener für schuldig befunden werden und geringere Haftstrafen bekommen als weniger gutaussehende. Eine andere Untersuchung zeigte, dass attraktive Angeklagte doppelt so häufig freigelassen wurden wie wenig attraktive Angeklagte.[70] Und hübsche Beklagte müssen kleinere Schadenersatzsummen zahlen als weniger schöne. Wenn aber der Geschädigte attraktiver ist als der Beklagte, bekommt er fast doppelt so viel an Entschädigungssumme.[71] Da sage noch einer, dass Justitia blind sei!

Und als wenn das noch nicht genug wäre! Hübsche Mitarbeiter bekommen 12 bis 14 Prozent mehr Gehalt als ihre nicht ganz so attraktiven Kollegen[72] und werden auch eher eingestellt.[73] Leider gehen die Ungerechtigkeiten weiter: Menschen tendieren viel mehr dazu, attraktiven Menschen zu helfen[74] und lassen sich von ihnen auch eher von einer anderen Meinung überzeugen.[75]

Die Ungerechtigkeit beginnt schon früh

Wer jetzt denkt, dass der Halo-Effekt erst irgendwann im Erwachsenenalter zum Tragen kommt, irrt. Schon bei Babys stellen Wissenschaftler Unterschiede im Verhalten der Eltern fest: So schauen Erwachsene länger auf hübsche Babys und lächeln sie häufiger an.[76] Dabei sind sich Erwachsene schnell einig, was als hübsch gilt: große Augen, üppige Wangen, kleines Kinn. Doch nicht nur das: Hübschen Babys werden – ähnlich wie bei den Erwachsenen – auch positive innere Eigenschaften zugeschrieben: Sie werden als sozialer, klüger und pflegeleichter empfunden.[77]

Und natürlich setzt sich das mit dem guten Äußeren auch in der Schule fort. Die hübschen Kinder haben mehr Freunde, früher eine Freundin beziehungsweise einen Freund – während nicht attraktive Kinder schnell zu Außenseitern und Einzelgängern werden. Dafür braucht man nicht einmal eine Studie – das haben wir alle in der Schule selbst erlebt.

Die Medien verstärken diesen Effekt. Gerade auf Fotos sowie im Fernsehen und natürlich auch bei YouTube, Instagram und Co gilt es, möglichst hübsch auszusehen. Immer mehr Menschen folgen attraktiven Menschen, die eigentlich nichts anderes machen als essen, shoppen, reisen und spazieren. Wenn man schon keine coolen Freunde im echten Leben hat, dann kann man seinen schönen Idolen wenigstens auf Video ganz nah sein und sie im täglichen Leben digital begleiten.

Oberflächlich sein ist gar nicht so oberflächlich

Nur oberflächliche Leute urteilen nicht nach dem Aussehen.

Oscar Wilde

Das Adjektiv ist in unserer Sprache eindeutig negativ besetzt: Wer als oberflächlich gilt, hat keinen Tiefgang, ist ein schlechter Gesprächspartner – und menschlich ziemlich uninteressant. Wenn man aber all die Erkenntnisse über den Halo-Effekt betrachtet, kommt man nicht umhin anzunehmen, dass in unserer sogenannten Wissensgesellschaft in Wirklichkeit ganz ursprüngliche Mechanismen eine mindestens ebenso große Rolle spielen: Haben unsere Vorfahren gutes Aussehen mit gesunden Anlagen und großen Fähigkeiten assoziiert, so tun wir dies überraschenderweise im 21. Jahrhundert nicht minder. Wir haben zwar im Vergleich zum Steinzeitmenschen einen enormen kulturellen Überbau entwickelt mit all der Musik, Kunst, Poesie und den Wissenschaften, doch selbst wenn wir uns heute einen Partner übers Online-Dating aussuchen, schauen wir auf ein Foto, und uralte evolutionsgeschichtliche Mechanismen bestimmen, wem wir nach entscheidenden Millisekunden unsere Gunst erweisen wollen.

Das Antonym: Der Teufelshörnereffekt

Umgekehrt prägt ein äußerst negatives Merkmal eines Menschen unser Gesamtbild von ihm zum Negativen. Klassisches Beispiel für den Teufelshörnereffekt *(horns effect)* ist ein Vorstellungsgespräch, bei dem ein Bewerber am Anfang während der Selbstvorstellung eine negative Information von sich preisgibt – zum Beispiel, dass er sein Studium abgebrochen hat. Der Chef beziehungsweise Personaler wird diese Information auf alles projizieren, was der Bewerber im Folgenden sagt. Wenn er zum Beispiel häufiger umgezogen ist als andere, wird das vor dem Hintergrund des Studienabbruchs seine Unbeständigkeit »beweisen«.

Bei einem Bewerber, der sein Studium exzellent abgeschlossen hat, würde man dies wohl eher als »Flexibilität« bewerten. Gerade in ersten Begegnungen ist es daher wichtig, nur positive Informationen über sich preiszugeben.

Als Rhetoriktrainer sehe ich zum Beispiel auch häufig, wie ein Redner sich dafür entschuldigt, dass er nicht genug Vorbereitungszeit für den Vortrag gehabt habe. Hätte er das verschwiegen, wäre er ein Philosoph geblieben.

Einmal bin ich vom Teufelshörnereffekt wie folgt betroffen gewesen. Für ein großes Unternehmen führte ich ein zweitägiges Führungskräftetraining durch. Ich hatte zunächst eine Gruppe mit acht Personen. Und eine Woche später eine zweite mit anderen acht Teilnehmern. Die erste fand das Training herausragend. Die zweite fand es »ganz in Ordnung«, war also nicht sehr begeistert. Der Grund? Beim zweiten Training war ich – unverschuldet – eine halbe Stunde zu spät gekommen. Acht Führungskräfte mussten auf mich warten. Als ich da war, blickten acht äußerst unzufriedene Gesichter auf mich. Und bei meinen humoristischen Einlagen, bei denen die erste Gruppe herzhaft gelacht hatte, gab es höchstens ein müdes Grinsen.

Merke: Du solltest erstens sehr vorsichtig mit Selbstkritik sein. Das wirft einen negativen Schatten auf dich – und alles Weitere wird zu deinem Nachteil ausgelegt. Und solltest du zweitens irgendwann ein Buch schreiben, erwähne nie, dass du mal zu spät gekommen bist. So was merken sich die Leute.

Den Halo- und den Horns-Effekt zur Manipulation nutzen

Es ist wichtig, in allen Lebenslagen gut auszusehen: Frisur, Körperhaltung, Kleidung – alles soll optimal sein. Immer. Und das nicht nur im Beruf, sondern auch im Privatleben. Gerade bei neuen Bekanntschaften solltest du sympathisch und warmherzig auftreten – und dich von deiner besten Seite zeigen. Denn von deinem Äußeren schließt dein Gesprächspartner unbewusst auf dein Inneres – ob er will oder nicht.

Vor allem, wenn du beruflich darauf angewiesen bist, empfehle ich dringend eine professionelle Stilberatung und ein professionelles Rhetorikcoaching. Das kostet zwar kurzfristig gesehen gutes Geld, amortisiert sich aber nachhaltig. Besseres »Impression Management«, wie man neudeutsch souveränes Auftreten nennt, bringt dich deinen Zielen – wie alle Studien belegen – nämlich ein großes Stück näher! Die Erkenntnisse kannst du ein Leben lang zum eigenen Vorteil nutzen, du bekommst also ein Vielfaches deiner Investition zurück.

Verzerrung Nr. 11: Die Autoritätsfalle

Viele Menschen haben keine Idee von dem, was sie wollen, daher verfahren sie nach Instinkt und Autorität.

Immanuel Kant

Es ist nicht so, dass wir Autoritäten lieben. Vielmehr *brauchen* wir sie. Vor allem dann, wenn wir unsicher sind. Und wir sind häufig unsicher. Das liegt daran, dass wir meist nicht über genug Informationen zu einem bestimmten Thema verfügen und/oder nicht wissen, wie wir sie zu bewerten haben – und daher auf Meinungen von Menschen angewiesen sind, von denen wir denken, dass sie über dieses überlegene Wissen verfügen.

Natürlich ist es für Menschen, die manipulieren wollen, ein guter Tipp, sich einen Nimbus von Autorität zu geben – und damit für andere richtungsweisend zu scheinen. Das berühmteste Experiment darüber, wie weit unsichere Menschen einer (auch scheinbaren) Autorität folgen, ist ein Versuch des Psychologen Stanley Milgram, der erstmals im Jahr 1961 in New Haven (USA) durchgeführt wurde. Er ist neben dem bereits erwähnten Stanford-Prison-Experiment wohl eins der bedeutendsten sozialpsychologischen Experimente des 20. Jahrhunderts und scheint zu belegen, dass wir autoritären Anweisungen auch dann Folge leisten, wenn sie im Widerspruch zu unserem Gewissen stehen.

Ein Lehrstück in Sachen Autorität: Das Milgram-Experiment

Die Versuchsanordnung[78] ist schnell erklärt. Es gibt einen »Lehrer« – das ist der Proband. Und es gibt einen »Schüler« – das ist ein Schauspieler. Der Lehrer soll unter Aufsicht eines Wissenschaftlers, der einen weißen Kittel trägt, dem Schüler im Fall eines Fehlers einen elektrischen Stromschlag versetzen. Je mehr Fehler der Schüler macht, desto höher sollte die Strafe, also der Stromschlag, ausfallen.

Interessant bei diesem Experiment war Milgrams Motivation. Kurz nach dem Nationalsozialismus gab es die sogenannte »Deutsche-sind-anders-These«, womit gemeint war, dass gerade die Deutschen besonders obrigkeitstreu sind. Bei dem Experiment, das man zunächst nur mit Amerikanern durchführte (es wurde später in vielen anderen Ländern repliziert), ist aber schnell klar geworden, dass alle Menschen, egal welcher Nationalität, einer (vermeintlichen) Autorität blind folgen werden.

Wie lief nun das Milgram-Experiment konkret ab? Im Falle eines Fehlers wurde der Proband, der die Lehrerrolle innehatte, vom Versuchsleiter aufgefordert, dem Schüler zunächst einen Stromschlag von 45 Volt zu verpassen. Bei jedem weiteren Fehler (der Schüler musste Wortpaare richtig zusammensetzen) sollte der Lehrer den Stromschlag um 15 Volt erhöhen. Es war eine maximale Stromstärke von 450 Volt möglich. Tatsächlich gab es gar keine Stromschläge, sondern der vermeintliche Schüler hatte bei jeder Voltzahl ein ganz bestimmtes Verhalten zu schauspielern:

- Bei 120 Volt schrie der »Schüler« vor Schmerz.
- Bei 150 Volt verlangte der »Schüler«, losgebunden zu werden, weil er es nicht mehr aushalte.
- Bei 300 Volt mochte er nicht mehr antworten.
- Ab 330 Volt sagte der »Schüler« gar nichts mehr.

Entscheidend war, dass der »Lehrer« (also die Versuchsperson) das Experiment jederzeit abbrechen konnte. Und das versuchten die meisten auch. Allerdings nur sehr zaghaft. Diese kleinen Widerstände des Gewissens bei den »Lehrern« hatten die Wissenschaftler natürlich vorhergesehen. Daher hatten sie auch vorformulierte Antworten auf Einwände der »Lehrer« vorbereitet. Jedes Mal, wenn der »Lehrer« abbrechen wollte, sagte der Versuchsleiter immer dieselben vier Sätze: »Bitte machen Sie weiter« auf den ersten Einwand, »Das Experiment erfordert, dass Sie weitermachen« auf den zweiten Einwand, »Sie müssen unbedingt weitermachen« auf den dritten Einwand und »Sie haben keine Wahl! Sie müssen weitermachen!« auf den vierten Einwand. Die Wissenschaftler hatten auch vorhergesehen, dass der »Lehrer« nachfragen wird, wer die Verantwortung für mögliche gesundheitliche Schäden trägt. Hierzu gab es ebenfalls eine Standardantwort des Versuchsleiters, nämlich: »Ich übernehme die Verantwortung für alles, was passiert.« Und wenn der »Lehrer« fragte, ob der »Schüler« bleibende Schäden von den Stromschlägen bekäme, dann antwortete der Versuchsleiter immer mit: »Auch wenn die Schocks schmerzvoll sein können: Das Gewebe wird keinen bleibenden Schaden davontragen. Daher machen Sie bitte weiter!«

Und wie viele Probanden haben früh aufgehört? Und wie viele gingen bis zum Äußersten, also bis 450 Volt? Unglaubliche 26 Personen von insgesamt 40 gingen tatsächlich bis 450 Volt, also 65 Prozent der Probanden! Die anderen vierzehn haben einen Stromschlag von bis zu 300 Volt abgegeben – das heißt, sie machten weiter, obwohl der »Schüler« nicht mehr geantwortet hat und für sie gar nicht klar war, ob er noch lebt. Kein einziger Proband hat also vor der 300-Volt-Grenze abgebrochen, obwohl Schreie zu hören waren, die »das Blut in den Adern gefrieren lassen«.

Weil selbst Milgram so eine große Autoritätswirkung nicht erwartet hatte, wiederholte er das Ergebnis mit mehreren kleinen Abweichungen vom Ausgangsexperiment. Am interessantesten war die Variante, in der »Lehrer« und »Schüler« im selben Raum in Berührungsnähe saßen. Hier würde man glauben, dass niemand bis zum Äußersten – also bis zu den 450 Volt – gehen würde. Doch es kam ganz anders. Immer noch 30 Prozent der Probanden haben die maximale Stromstärke als Strafe verordnet.

Was ich noch erwähnen sollte: Zusätzlich spielte die Tatsache eine Rolle, dass das Experiment an der ehrwürdigen Yale-Universität stattfand. Nicht nur personelle, sondern auch institutionelle Autorität kam hier zum Tragen. In einer Variation des Experiments, durchgeführt ebenfalls von Milgram, stammte der Versuchsleiter vom fiktiven Research Institute of Bridgeport – und die Räumlichkeiten waren nach Milgrams Beschreibungen schäbig. In dieser Versuchsreihe gingen nicht mehr 65, sondern 48 Prozent der »Lehrer« immer noch bis 450 Volt.

Es machte bei anderen Varianten des Experiments übrigens keinen Unterschied, ob die »Lehrer« männlich oder weiblich waren. Auch wurde es in unterschiedlichen Kulturen durchgeführt – und es gab länderübergreifend keine signifikanten Unterschiede.

Die meisten Menschen gehorchen glaubwürdig auftretenden Autoritäten. Dabei ist es irrelevant, ob durch die Anweisungen der Autorität anderen Menschen Schaden zugefügt wird. Entscheidend ist die wahrgenommene Wirkung der Autoritätsperson.

Die Autoritätsfalle im Berufsalltag: Das Hofling-Experiment

Jetzt könnte man ja einwenden: Das Milgram-Experiment hat doch nichts mit dem echten Leben zu tun, und die Situation mit den Stromschlägen ist völlig unrealistisch. Daher an dieser Stelle ein anderes berühmt gewordenes Experiment, das sich direkt in einem Krankenhaus unter realistischen Bedingungen abgespielt hat und nach dem Psychiater Charles K. Hofling benannt ist:[79] In einem Krankenhaus wurden 22 Krankenschwestern von einem fiktiven Arzt namens Dr. Smith am Telefon dazu aufgefordert, einem Patienten das (nicht zugelassene) Scheinmedikament »Astroten« in einer Dosis von 20 Milligramm zu verabreichen. Er gab sich bei der jeweiligen Krankenschwester als sein behandelnder Arzt aus. Die Unterschrift, die zur Vergabe notwendig sei, würde er nachreichen. Auf der Packung stand eine Maximaldosis von 10 Milligramm. Eine Krankenschwester darf telefonisch keine Anweisungen annehmen. Dennoch haben 21 der 22 Krankenschwestern (95 Prozent) der Anweisung des ihnen unbekannten Arztes Folge geleistet und das Medikament in Überdosis gegeben.

Wie kann man die Autoritätsfalle für Manipulationen nutzen?

Alles, was uns Autorität verleiht, können wir zur Manipulation einsetzen. Je mehr autoritative Insignien man (vermeintlich) besitzt, desto größer ist der Autoritätseffekt: Ein akademischer Titel ist schon mal super (siehe »*Dr.* Smith«). Auch das Ambiente hilft (siehe das Milgram-Experiment und die Elite-Uni Yale). Auf diesem Niveau können zwar nicht alle mitspielen, doch kommunizieren, dass man diesen oder jenen Abschluss an einer bekannten Uni gemacht hat, hilft schon mal enorm.

Und wie erwerbe ich selbst Autorität? Als ich vor der Wahl des Studienplatzes stand, war mir schon damals klar, dass der Ruf einer Uni wichtiger ist als die Inhalte der Ausbildung. Für

Jura war damals (wie heute) das Renommee der LMU München am besten – daher ging ich mit neunzehn Jahren dorthin, ohne groß zu überlegen. Weil ich neben Jura auch Politikwissenschaften studieren wollte, stellte sich für mich dann noch die Frage, wo ich meinen Master in dieser Disziplin machen würde. Und da dachte ich sofort an die amerikanischen Elite-Unis – und entschied mich für die Columbia University in the City of New York. Ich habe mich dort beworben, wurde genommen und habe praktischerweise noch ein Vollstipendium beim DAAD dafür ergattert.

War das Politikstudium an der Columbia besser und höherwertiger als das Grundstudium an der LMU? Auf gar keinen Fall! Es gab in München und in New York gute und schlechte Dozenten. Nur, dass die Columbia University die meisten Nobelpreisträger hervorgebracht hat – und dass sie zu den Top-10-Universitäten weltweit gehört. Das war der kleine und feine Reputationsunterschied. Von den normalerweise immensen Studiengebühren mal ganz zu schweigen.

Und wenn ich jetzt bei einer Veranstaltung anmoderiert werde, dann werden das Doppelstudium und der Master an der Columbia University natürlich immer erwähnt. Hat das etwas zu tun mit meiner Kompetenz als Rhetoriktrainer und Speaker? Null! Macht es Eindruck auf meine Zuhörer? Absolut! Dabei weiß kaum einer, dass es – sobald man an einer Ivy-League-Universität aufgenommen wurde – praktisch unmöglich ist, nicht zu bestehen. Egal, wie schlecht man in den Tests ist.

Vielleicht kannst du mit so was nicht aufwarten. Sicher hast du aber andere Stärken. Und natürlich ist es deine Aufgabe, diese in den Vordergrund zu rücken. Denn wie heißt es in der Redensart so treffend? »Bescheidenheit ist eine Zier, doch weiter kommt man ohne ihr.«

Natürlich spielt die Signalwirkung der Kleidung eine riesige Rolle. Ich erinnere da nur an das Experiment mit der roten Ampel und dem Mann im Anzug, dem viel mehr Menschen bei Rot gefolgt sind als einem durchschnittlich angezogenen Mann, der weniger Autorität ausstrahlte. Ebenso und gerade in Deutschland das Auto. Auch dazu hatte ich ja bereits ein Experiment mit der Luxuskarre zitiert, bei der die Geduld der anderen Fahrer viel größer war als bei dem billigen Wagen, dem Menschen sogar auf die Stoßstange draufgefahren sind.

Neben Auto und Kleidung spielen alle möglichen Accessoires eine große Rolle. Dass man mit Markenartikeln Menschen beeindrucken kann, weißt du spätestens seit deiner Kindheit aber selbst.

Die größte Rolle für den Autoritätseffekt spielt aber der Habitus, also wie man sich gibt: große Gesten, ruhiger Blickkontakt, Pausen und Intonation – andere unterbrechen, sich nicht unterbrechen und aus der Ruhe bringen lassen.

Merke: Habitus, Kleidung und Status gehören zu den Hauptwerkzeugen, mit denen wir unsere Autorität künstlich aufblasen können. Und die wissenschaftlichen Experimente zeigen eindeutig: Durch Autoritäten lassen sich die meisten Menschen in ihrem Verhalten manipulieren.

Verzerrung Nr. 12:
Die Versunkene-Kosten-Falle

Als ich jung war, glaubte ich, Geld sei das Wichtigste im Leben, und nun, da ich alt bin, weiß ich es.

Oscar Wilde

Menschen investieren täglich: Geld und Zeit. Manchmal investieren wir auch nur unsere Zeit. Zum Beispiel in eine Beziehung, weil wir hoffen, dass sie uns langfristig Vorteile bringt. Wir helfen etwa einem Freund beim Umzug, damit wir irgendwann Hilfe von ihm erwarten können – oder weil es uns wohltut, so ein Gutmensch zu sein, und wir diesen Altruismus genießen, ohne etwas zurückzuverlangen.

Im Zusammenhang mit diesen täglichen Investitionen gibt es allerdings einen ziemlich fatalen Denkfehler, der uns noch mehr investieren lässt, selbst wenn dies »rausgeschmissenes Geld« oder »vergebliche Liebesmüh« bedeutet: die Versunkene-Kosten-Falle.

Stell dir vor, du hast ein Seminar zum Thema »Neuro-Linguistisches Programmieren (NLP)« gebucht und für einen sechsstündigen NLP-Crashkurs 299 Euro bezahlt. Und nun sitzt du gespannt da, weil du schon immer was über NLP wissen wolltest. Der Dozent legt los – doch du bist irgendwie wenig begeistert. Du findest, das Seminar sei wissenschaftlich nicht fundiert. Als dann der Dozent damit anfängt zu erklären, dass Augenbewegungen in eine ganz bestimmte Richtung offenbaren würden, ob der Mensch sich gerade erinnert, ob er einen inneren Dialog führt oder an bestimmte Klänge denkt – da hast du genug von diesem Hokuspokus! Du packst deinen Mut zusammen, meldest dich und fragst den Dozenten, ob es für diese Augenbewegungstheorie einen wissenschaftlichen Beleg gibt. Der Dozent zuckt mit den Schultern. Er weiß es nicht. Auch der weitere Seminarverlauf ist überhaupt nicht nach deinem Geschmack. Was machst du jetzt?

Die meisten Menschen denken in einem solchen Fall: »Das Seminar ist eher mau. Aber ich habe dafür 299 Euro berappt. Da kann ich doch nicht gehen. Ich will das Geld doch nicht aus dem Fenster geworfen haben!«

Und genau hier liegt der Irrtum der versunkenen Kosten *(sunk costs)*. Dabei ist das Denkmuster immer das gleiche: Wenn ich bereits Geld oder Zeit in eine Sache investiert habe, dann muss ich sie auch zu Ende bringen, gleich, ob es mir am Ende was nützt. Doch das ist irrational! Denn die Teilnahmegebühr zum Beispiel ist bereits bezahlt. Die bekommst du ohnehin nicht wieder: Egal, was passiert, das Geld ist weg. Eine Sache kannst du aber dennoch gewinnen, und zwar deine Zeit, indem du das Seminar verlässt und zumindest noch den Rest des Tages rettest.

Die »Verlustaversion«

Warum klammern wir uns aber an Geldbeträge, die bereits bezahlt und nicht wiederzubekommen sind? Die Antwort: Wir hassen Verluste. Oder wissenschaftlicher ausgedrückt: Wir unterliegen einer Verlustaversion. Wenn wir für das Seminar bereits bezahlt haben und dann einfach weggehen, dann stellt es für uns einen Verlust dar. Wenn wir aber beim Seminar bleiben, empfinden wir keinen Verlust, denn wir haben ja das bekommen, wofür wir ursprünglich bezahlt haben!

Die Verlustaversion haben zuerst die Psychologen Amos Tversky und Daniel Kahneman erforscht. Sie fanden heraus, dass Menschen lieber zehn Euro nicht verlieren wollen, als zehn Euro zu gewinnen. Man entdeckte sogar, dass Verluste psychologisch doppelt so viel Gewicht auf uns legen wie Gewinne.[80] Ein Beispiel dazu: Wenn dir deine Bank unerwartet fünf Euro rückerstattet, dann freust du dich ein kleines bisschen. Doch wenn die Bank fünf Euro zu Unrecht für etwas abzieht, dann regst du dich über diese Ungerechtigkeit auf und schreibst sofort eine E-Mail an den Kundenservice.

Oder ein anderes Beispiel, das so ähnlich schon mal vorgekommen ist: Stell dir vor, du bist im Publikum einer Quizveranstaltung. Der Moderator kommt zu dir und gibt dir hundert Euro, weil du eine Frage richtig beantwortet hast. Einige Zeit später kommt er wieder und fordert diese hundert Euro wegen eines Irrtums zurück. Wie fühlst du dich? Extrem enttäuscht! Denn du hast ja hundert Euro verloren! Dabei gehst du plus/minus null aus der Veranstaltung heraus.

Die Falle zur Manipulation nutzen und sich vor ihr schützen

Weil wir also nun wissen, dass Menschen Verluste verabscheuen, müssen wir unsere Argumente so formulieren, dass unser Gesprächspartner Lust bekommt, einen Verlust abzuwenden. Wie kann man das machen? Beispiel: Dein Sohn möchte nach zwei Semestern das schwierige Jura- oder Medizinstudium abbrechen. Was kannst du tun? Du sagst einfach: »Du hast so hart gelernt das letzte Jahr. Auf Partys verzichtet, Definitionen auswendig gelernt. Wenn du jetzt abbrichst, dann waren Hunderte von Lernstunden absolut umsonst! Mach doch zumindest deine Zwischenprüfung – dann hast du wenigstens was in der Hand!« Und der Sohn wird sich nun dreimal überlegen, ob er diesen »Verlust« seines Studienjahres auf sich nehmen wird.

Anderes Beispiel: Du verkaufst eine Dienstleistung – nehmen wir beispielsweise an, es ist Facebook-Werbung. Dein Kunde hat bereits tausend Euro investiert – und nichts zurückbekommen. Jetzt möchte er den Vertrag kündigen. Was sagst du? Natürlich formulierst du das in Form eines Verlustrisikos: »Mit den investierten tausend Euro haben wir so tolle Daten und Erkenntnisse gesammelt, mit denen wir noch bessere Facebook-Werbung gestalten können. Wenn wir jetzt aufhören, dann war Ihre bisherige Investition komplett umsonst.« Und sehr wahrscheinlich wird der Kunde versuchen, die Verluste abzuwenden, und sich denken: »Die investierten tausend Euro will ich natürlich nicht verlieren. Dann mache ich noch ein paar Monate weiter – sicher wird das später dann klappen!«

Das Dumme bei der Versunkene-Kosten-Falle ist, dass wir auch ohne Zutun anderer selbst darauf hereinfallen. Davor müssen wir uns natürlich ebenfalls schützen. Stellen wir uns eine Frau vor, die mit ihrem Partner unzufrieden ist. Sie hat so viel Zeit investiert, um ihm grundlegende Dinge zu erklären über Hygiene, Höflichkeit und gendergerechtes Verhalten. Und obwohl er sich kaum bessert und sein egoistisches Männerding durchzieht, denkt die Frau, dass es unsinnig wäre, ihn zu verlassen. Sie hat doch so viel in die Beziehung gesteckt! Wenn sie ihn jetzt verließe, dann wären alle anstrengenden Gespräche umsonst gewesen! Doch Vorsicht: Die anstrengenden Gespräche sind natürlich »versenkte ›Kosten‹«. Diese Zeit bekommt unsere wohlmeinende Frau ohnehin nie zurück. Dennoch sollte sie wie in jeder anderen Situation, in der diese kognitive Verzerrung uns zu einem unsinnigen »Weiter so!« tendieren lässt, einschätzen, wie wahrscheinlich der Partner sein Verhalten auf lange Sicht ändern wird. Und weniger, wie viel sie in der Vergangenheit in ihn investiert hat.

Bei unseren Verhandlungspartnern können wir den drohenden Abbruch einer geschäftlichen Beziehung strategisch als Verlust darstellen. Dann wird der andere diesen wohl abwenden wollen und zu unseren Gunsten bei der Stange bleiben. Und selbst sollten wir darauf achten, dass wir unwiederbringliche Investitionen nicht in unserem Entscheidungsprozess berücksichtigen.

Verzerrung Nr. 13:
Die Reziprozitätsfalle

Do ut des. –
Ich gebe, damit du [auch] gibst.
Altrömische Rechtsformel

Menschen geben nie einfach so. Sie geben, weil sie etwas dafür zurückerwarten. Bei diesem Tauschgeschäft müssen nicht unbedingt Geld fließen oder Gegenstände die Besitzer wechseln. Auch Ideen und Gefühle können Inhalte des Tauschgeschäfts sein.

Überall regiert die Reziprozität oder Gegenseitigkeit (vom lateinischen *reciprocus* [»aufeinander bezüglich, wechselseitig«]).

Ursprünglich beschrieb man im antiken Rom mit *do ut des* den Opfervorgang: Die Menschen opferten den Göttern etwas – und erwarteten im Gegenzug etwas von ihnen: Regen, Milde, Gesundheit und so weiter. Heute leben wir in einer Welt, in der die Götter ihre besten Zeiten hinter sich haben, hierzulande wenigstens. Das Tauschgeschäft bildet dennoch die Grundlage für viele Beziehungen.

Die Menschen tauschen Geld gegen Wissen, wenn sie in ein Seminar oder zu einem Coaching gehen. Sie tauschen Geld gegen Zuwendung, wenn sie dem Enkel Geld in die Hand drücken oder den Escortservice in Anspruch nehmen. Sie tauschen Fähigkeiten gegen Geld, wenn sie morgens ins Büro gehen, um ihre Arbeit zu verrichten. Sie tauschen Aufmerksamkeit gegen Aufmerksamkeit, wenn erst die eine Freundin von ihren Problemen erzählt und anschließend die andere dran ist. Die Eltern erwarten für die Erziehung Respekt und eine gewisse Pflege im Alter. Und einige bleiben mit dem ungeliebten Partner des Hauses oder der Kinder wegen zusammen. Das alles zählt zu den Tauschgeschäften.

Das Tauschen ist so allgegenwärtig, dass man sich fragen muss: Wann tauschen wir eigentlich nicht? Stets tun wir etwas, um etwas dafür zu bekommen. Sogar die selbstlose ehrenamtliche Deutschlehrerin für Flüchtlinge tut es, um Fortschritte bei ihren Schützlingen zu sehen und sich dabei gut zu fühlen.

Weil wir also über den Tag verteilt Dutzende Male Tauschgeschäfte eingehen, scheinen der Tausch und die Wechselseitigkeit genetisch programmiert. Doch worin liegt hier eine Falle?

Die Ursache für die Reziprozitätsfalle

Wenn A dem B etwas schenkt, dann entsteht ein Ungleichgewicht: A hat seine Ressourcen aufgewendet – und B hat dadurch einen Vorteil. Beiden ist dieser Vorgang bewusst. Und automatisch entstehen ein psychologischer Druck und eine moralische Verpflichtung bei B, diese Dysbalance auszugleichen. Alltägliche Beispiele: Peter hatte mich zum Geburtstag eingeladen, also muss ich eine Gegeneinladung aussprechen. Mein Kollege hat gestern das Mittagessen für mich bezahlt, also bin ich beim nächsten Mal dran. Ein Geschäftspartner hat mir einen lukrativen Auftrag vermittelt, also muss ich versuchen, ihm auch einen zuzuschanzen.

Diese Beispiele haben zunächst nichts mit Manipulation zu tun. Doch was ist, wenn der »Geber« bewusst etwas »investiert«, um etwas Bestimmtes dafür zu erhalten? Was ist, wenn er eine bestimmte soziale Situation ausnutzt, um uns durch sein »Geschenk« beziehungsweise durch seine »besondere Aufmerksamkeit« zu einem bestimmten Handeln zu bewegen? Dann wird es natürlich manipulativ!

In einem klassischen Experiment[81] zur Reziprozität sollte je ein Proband Bilder bewerten. Dies tat er zusammen mit einem anderen Teilnehmer, der jedoch Komplize der Wissenschaftler war und Joe hieß. In einem Fall hat der Komplize Joe dem Probanden einen kleinen Gefallen getan: Er hat ihm in der Pause des Experiments unerwartet einen Softdrink mitgebracht. Am Ende bat, und jetzt wird es spannend, Joe den Probanden um einen Gefallen: Dieser sollte ihm günstige Lotterielose (25 Cent) abkaufen – je mehr, desto besser. Im alternativen Experimentaufbau hatte Joe kein Getränk mitgebracht – und fragte am Ende um den gleichen Gefallen.

Das Ergebnis: In der Variante, in welcher der jeweilige Proband vorher das »Geschenk« erhalten hatte, kaufte er doppelt (!) so viele Lotterielose. Interessant auch das folgende Detail: In einer weiteren Variante des Experiments ist Joe während des Experiments einmal sympathisch und einmal unsympathisch aufgetreten. Erstaunlicherweise verkaufte der *unsympathische* Joe *mit* dem geschenkten Getränk mehr Lotterielose (1,6 Lose im Schnitt) als der *sympathische* Joe *ohne* Getränk (ein verkauftes Los im Schnitt). Was eindeutig darauf hindeutet, dass die Reziprozität sogar noch stärker wirkt als die Sympathie! Am besten schnitt natürlich der *sympathische* Komplize *mit* dem mitgebrachten Getränk ab (im Schnitt 1,9 verkaufte Lose).

Wie man die Reziprozitätsfalle professionell ausnutzt

Einfach nur etwas zu schenken ist zu simpel. Es kommt auch darauf an, *wie* man etwas schenkt. Das beeinflusst das Ergebnis noch viel mehr. In einem weiteren klassischen Experiment[82] zur Reziprozität hatte der Kellner am Ende seinen jeweiligen Gästen Bonbons gegeben – und zwar bevor die Rechnung bezahlt war. Variante 1 des Experiments verlief wenig überraschend: Hier brachte der Kellner ein Bonbon zusammen mit der Rechnung, ohne es zu erwähnen. Das Bonbon erhöhte das Trinkgeld nur ein wenig, nämlich im Schnitt um 3 Prozent. Variante 2 des Experiments war da schon viel ergiebiger. Hier brachte der Kellner zwei Bonbons und fragte die Gäste, ob jemand gern

Bonbons hätte. Dabei erhöhte sich das Trinkgeld um 14 Prozent. In Variante 3 ging der Kellner noch geschickter vor: Er brachte ein paar Bonbons mit der Rechnung, entfernte sich und kam kurze Zeit später mit dem Satz zurück: »Für so nette Gäste habe ich noch ein Extrabonbon!« – und das Trinkgeld erhöhte sich auf 23 Prozent.

Wahrscheinlich bist du kein Kellner und musst nicht die Schönheit von Bildern bewerten, wobei du jemandem ein Getränk vorbeibringen wirst. Aber natürlich kannst du überlegen, wie du im Alltag selbst kleine Geschenke machen kannst, um andere durch Reziprozität zu beeinflussen. Am einfachsten ist es natürlich für die, die ein Produkt verkaufen. Gratisproben eignen sich sehr gut. Nicht nur, dass der Kunde das Erzeugnis probieren kann – er wird auch ein Schuldgefühl verspüren und zumindest etwas kaufen. Erst neulich war ich in Málaga. In einem Geschäft mit gebratenen Nüssen habe ich drei verschiedene Nussproben gekostet. Als ich schon weggehen wollte, dachte ich: »Jetzt habe ich denen ein paar Nüsse weggegessen – ich kann mich doch nicht einfach so aus dem Staub machen!« Also machte ich kehrt, kaufte eine kleine Nusspackung und fühlte mich nicht mehr schuldig. Erst zwei Stunden später wurde mir bewusst, dass ich in die Reziprozitätsfalle getappt war.

Doch auch wenn du nichts verkaufst, kannst du zu jeder Gelegenheit in Vorleistung gehen. Beispielsweise fragt dich dein Kollege aus der anderen Abteilung etwas per E-Mail. Statt eine Woche später kurz zu antworten, könntest du (wenn du eine gewisse Nützlichkeit jenes Kollegen in der Zukunft siehst) sehr freundlich, strukturiert und sehr ausführlich auf seine Anfrage antworten. An deine schöne und gut begründete Antwort wird er sich lange erinnern – denn die meisten Menschen schreiben kurz, mit Rechtschreibfehlern und gehen nicht mal auf alle Punkte inhaltlich ein. Ein paar Tage oder Wochen später, der Zeitraum dazwischen sollte wegen der Vergesslichkeit nicht allzu groß sein, bittest du den Kollegen deinerseits um einen informativen Gefallen. Und die Wahrscheinlichkeit ist groß, dass er seine Schuld begleichen und dir ausführlich antworten wird.

Merke: Je mehr Gelegenheiten du im Alltag findest, ein kleines Geschenk zu machen, desto mehr bekommst du zurück. Denn die Reziprozität ist dem Kompliment ähnlich: Sie kostet wenig, bewirkt aber viel!

Verzerrung Nr. 14: Die Knappheitsfalle

Lob, ähnlich wie Gold und Diamanten, verdankt nur der Knappheit seinen Wert.
Samuel Johnson

Menschen schätzen die Dinge, die knapp sind. Mangelware erscheint uns wertvoll. Und umgekehrt: Was überall verfügbar ist, das wird für uns wertlos sein. Zunächst ist das Knappheitsprinzip, ökonomisch gesehen, ja ganz vernünftig: Was selten vorkommt, kann nicht jeder haben. Es entsteht ein Wettbewerb um das knappe Gut. Sobald mehr davon auf den Markt kommt, sinkt allerdings der Preis.

Das Knappheitsprinzip ist in uns einprogrammiert

Es gibt ein Experiment[83] mit Kleinkindern, welches belegt, dass bereits Zweijährige auf Knappheit reagieren. Die Kleinen wurden in einen Raum gebracht, in dem ein Spielzeug *vor* einer Plexiglasscheibe aufgestellt war und ein Spielzeug *hinter* der Scheibe. Beide Spielzeuge waren gleich schön. Wenn die Barriere so tief war, dass das Kind problemlos nach dem Spielzeug greifen konnte, dann zeigte es keine Präferenz und berührte beide Spielzeuge gleich oft. Wenn die Plexiglasscheibe aber so hoch war, dass das Kind das Spielzeug dahinter nicht berühren konnte, dann gab es sich richtig Mühe, ging um die Scheibe herum und berührte das Spielzeug hinter dem Hindernis im Schnitt dreimal häufiger.

Robert Cialdini, der das Knappheitsprinzip in seinem Buch *Influence* populär gemacht hat, zitiert ein Experiment,[84] bei dem Knappheit gleich doppelt eingebaut war und bei dem die Ergebnisse dadurch noch extremer beeinflusst wurden. Mit diesen drei Strategien wurden Kunden angesprochen, um ihnen Rindfleisch zu verkaufen:

- *Strategie 1:* Standardpräsentation.
- *Strategie 2:* Standardpräsentation *und zusätzlich* der Hinweis, dass der Vorrat an importiertem Rindfleisch in den kommenden Monaten zurückgehen wird.
- *Strategie 3:* Standardpräsentation, *zusätzlich* der Hinweis, dass der Vorrat an importiertem Rindfleisch in den kommenden Monaten zurückgehen wird, *und darüber hinaus* der Hinweis, dass die Information über den begrenzten Vorrat

an Rindfleisch nicht allgemein zugänglich ist, sondern von speziellen Kundenkontakten der Firma stammt.

Bei Strategie 3 war also nicht nur das Produkt eingeschränkt verfügbar, sondern auch die Information darüber. Das Ergebnis: Bei Strategie 2 kauften die Kunden *doppelt* so viel und bei Strategie 3 gleich *sechsmal* so viel.

Einige Unternehmen haben dieses Knappheitsprinzip perfektioniert, beispielsweise die international erfolgreiche Firma Groupon. Wenn ein Kunde dort einen Gutschein kauft, dann sind die Angebote nicht nur zeitlich beschränkt, sondern der Kunde sieht eine Uhr, wie viele Tage, Stunden, Minuten und Sekunden das Angebot noch gültig ist. Wie ein Countdown. Und natürlich animiert dies den Kunden, schnell zuzugreifen, bevor die Uhr abläuft. Der Erfolg des milliardenschweren Unternehmens gibt seiner Marketingabteilung recht.

Die Reaktanz als verwandter psychologischer Effekt

Übrigens ist das Knappheitsprinzip verwandt mit einem anderen psychologischen Effekt namens Reaktanz (vom spätlateinischen *reagere* [»entgegenwirken, zurücktreiben«]). Einfach formuliert bedeutet das: Wenn jemand etwas nicht haben oder machen kann, dann will er das umso mehr! Klassische Beispiele: Wenn man Kindern etwas verbietet, dann wollen sie das erst recht. Songs und Filme, die auf dem Index stehen, erfreuen sich bei Jugendlichen noch größerer Beliebtheit. Und wenn wir ein bestimmtes Kleidungsstück in unserer Größe nicht kaufen können, dann wollen wir eben nur dieses haben – und kein anderes mehr. Kennt jeder.

Das Schöne an der Reaktanz: Man kann auch sie zur Manipulation nutzen. Weil also die Trotzreaktion und der »Reiz des Verbotenen« wie auch das Knappheitsprinzip in unseren Gehirnen als Axiom eingebaut sind, können wir ganz strategisch das Gegenteil von dem sagen, was wir eigentlich meinen – und bekommen genau das zurück, was wir eigentlich haben wollen. Wenn ich als Coach meinen Klienten einfach nur sage: »Machen Sie bitte XY als kleine Hausaufgabe bis zum nächsten Mal«, dann tun es ungefähr nur zwei von zehn. Wenn ich aber sage: »Eine kleine Hausaufgabe bis zum nächsten Mal wäre sinnvoll, aber Sie haben sicherlich, wie die meisten, keine Zeit, sie zu machen«, dann höre ich ein trotziges »Doch, doch, wenn es nicht zu lange dauert, dann mache ich das natürlich«. Und erfahrungsgemäß führen sie dann tatsächlich ungefähr sieben von zehn Klienten aus. In diesem unscheinbar wirkenden Satz wird Reaktanz gleich doppelt ausgelöst: erstens durch den hervorgerufenen Gedanken »Doch, ich habe Zeit« und den zweiten: »Ich bin ja nicht wie die meisten.«

Wie man Knappheit zur Manipulation nutzen kann

Die menschliche Intuition, dass »knapp« so viel wie »wertvoll« bedeutet, kann man natürlich ausnutzen, indem man den Mangel selbst *künstlich* herstellt. Typische Beispiele im Geschäftsleben sind Behauptungen wie »Das Angebot gilt nur bis zum 23.5.«, »Wenn Sie heute nicht unterschreiben, dann verlieren Sie das einmalige Angebot!« oder »Nur noch 2 Stück auf

Lager«. In der Wirtschaft findet man die Knappheitsfalle überall.

Doch auch im Privatleben täuschen einige Menschen Knappheit vor. Wenn sie eine WhatsApp-Nachricht bekommen, dann antworten sie nicht sofort, sondern lassen ein paar Stunden oder gar Tage vergehen. Dadurch suggerieren sie ihre Wichtigkeit – ihre Zeit ist so durchgetaktet beziehungsweise sie sind so begehrt, dass sie nicht sofort antworten können. Eine Freundin bestätigte mir das: »Man muss sich als Frau rarmachen. Wenn der Mann das Gefühl hat, dass ich ihm immer zur Verfügung stehe, dann verliert er schnell das Interesse.« Dass sie in Wirklichkeit massig Zeit hat und gern auch zeitnäher antworten würde, um ihren Romeo schneller zu sehen, ordnet sie dem Knappheitsprinzip immer unter. Und hat Erfolg damit.

Im Privatleben kannst du neben dem verzögerten Beantworten von Nachrichten etwa nicht so oft zu Events auftauchen, selten ein Geschenk machen, kaum zu dir nach Hause einladen, mit Komplimenten sparsam umgehen … Sogar wenn du einen Teller mit nur zwei Schokokeksen anbietest, werden sie deinen Gästen besser schmecken, als wenn du gleich zehn auftischst. Unglaublich? Nein, wissenschaftlich belegt.[85]

2. Die zweite Trickkiste: Sprachliche Tricks

Die Grenzen meiner Sprache
bedeuten die Grenzen meiner Welt.
Ludwig Wittgenstein

Ich möchte nicht zu sehr in die Untiefen des Poststrukturalismus eintauchen, aber eines ist klar: Mit unserer Sprache bilden wir die Realität nicht nur ab, sondern wir erschaffen sie. Alles, was wir denken, denken wir in Begriffen. Dabei steht jedem von uns eine andere Bandbreite zur Verfügung. Des einen aktiver Wortschatz umfasst tausend Vokabeln, des anderen zehntausend. Manch eines noch mehr. Und natürlich können wir unsere Welt umso genauer beschreiben und erklären, je eloquenter und virtuoser wir sind.

Worte werten. Worte interpretieren. Worte verraten die Haltung des Redners zu einem Thema oder verschleiern sie.

Was wir auch alle wissen, ist, dass man andere mit seinem Vokabular beeindrucken kann. Mit Fremdwörtern zum Beispiel und schlauen Zitaten. Nur wissen die meisten nicht, wie das geht, und überlassen das Feld Politikern und anderen Silberzungen, die das Privileg haben, sich verbal coachen zu lassen. Aber warum die Chance vertun, dank rhetorischer Finessen mehr Anerkennung zu gewinnen? Im Folgenden werde ich dir die neun wichtigsten Tricks in den Mund legen und anschließend noch eine Top-10-Liste kleiner sprachlicher Kunstgriffe präsentieren, mit denen du deine Mitmenschen beeinflussen kannst. Und das geht ziemlich leicht! Legen wir los!

Trick Nr. 1:
Fach- und Fremdwörter

Die Menschen haben, wie es scheint, die Sprache nicht empfangen, um ihre Gedanken zu verbergen, sondern um zu verbergen, dass sie keine Gedanken haben.

Søren Kierkegaard

Fach- und Fremdwörter kann man dazu nutzen, um andere einzunebeln und einen Eindruck von hoher Kompetenz und Intelligenz zu vermitteln. Zwar sagen die meisten Menschen, dass sie das sogenannte »Fachchinesisch« verabscheuen. Und dennoch lassen sie sich davon blenden!

Was würdest du von einem Menschen denken, der folgenden Satz zu dir sagt: »Meine Situation war aporetisch, ohne allzu apologetisch wirken zu wollen«? Viele verstehen das nicht und können auch nicht beurteilen, ob die Aussage einen Sinn macht oder reiner Nonsens ist. Doch das ist auch gar nicht so wichtig! Entscheidend ist die Wirkung des Satzes. Wenn ein Mensch so etwas sagt, dann ist er zwar vielleicht nicht der sympathischste und nahbarste, manche werden ihn auch für einen Aufschneider halten; doch weisen ihm die meisten instinktiv einen hohen Grad an Intelligenz und Kompetenz zu.

Unverständlich = kompetent?

Bei einem Experiment[86] haben Forscher in einer gestellten Gerichtsverhandlung die Versuchspersonen gebeten, die Stellungnahme eines Klägers einzuschätzen. Der Kläger behauptete, auf der Arbeit einer gefährlichen Chemikalie ausgesetzt worden zu sein, die bei ihm Krebs verursacht habe. Einige Versuchspersonen hörten dazu den angeblichen Experten Professor Fellon, der in *einfachen* Worten den Sachverhalt erklärte. Der Scheinexperte führte aus, dass die betreffende Chemikalie »nicht nur andere Leberkrankheiten, sondern auch Leberkrebs und Erkrankungen des Immunsystems hervorruft«. Andere Versuchspersonen hörten denselben Professor Fellon, diesmal redete der Pseudofachmann aber in *komplizierter* Sprache. Er sagte der zweiten Gruppe, dass die betreffende Chemikalie zu »Tumorwachstum ebenso wie zu Hepatomegalie, Hepatomegalozytose und lymphoider Atrophie in sowohl Milz als auch Thymusdrüse« führe. Das Ergebnis der Studie war, dass die Versuchspersonen sich doppelt (!) so häufig überzeugen ließen, wenn der vermeintliche Experte in unverständlicher Fachsprache redete.

Was, wenn man nur wenige Fach- und Fremdwörter kennt?

Die meisten Menschen verwenden die Standardsprache und haben ein paar geläufige Fremdwörter in ihrem aktiven Wortschatz. Das ist auf jeden Fall schon mal ein guter Anfang. Selbstverständlich solltest du dein Repertoire an Fremdwörtern aber kontinuierlich ausbauen, wenn du vorhaben solltest, jemanden damit zu beeindrucken. Darüber hinaus bringt das den Zusatznutzen, dass du andere schnell als Blender erkennst, falls sie nicht clever genug sind, ebendiesen Trick bei dir anwenden zu können.

Sich ein Fremdwörterlexikon zu kaufen ist natürlich eine naheliegende Idee, obwohl das sture Einpauken der Lexeme nicht jedermanns Sache sein wird. Ich selbst hatte mir bereits in der Abiturklasse solch einen Schinken zugelegt und daraus gelernt – und es hat sich sehr gelohnt. Wenn ich mich im Unterricht meldete und vom »antithetischen Parallelismus« faselte oder vom »manichäischen Dualismus«, dann gab es fünfzehn Punkte. Haben meine Aussagen durch die Wortwahl mehr oder überhaupt Sinn gemacht? Häufig nicht wirklich. Hat der Pädagoge mich verstanden? Oft auch das nicht. Doch bevor er nachfragte, blieb auch er lieber Philosoph und schwieg.

Idealerweise sollte man aber die Definitionen der Fach- und Fremdwörter genau kennen. Am besten auch mit ihrer Etymologie. Denn es beeindruckt umso mehr, wenn man den lateinischen oder altgriechischen Wortstamm auch noch erklären kann. Und was für meinen Lehrer damals galt, gilt natürlich auch heute für den Kollegen beziehungsweise Kunden: Er wird nicht viel kapieren – aber tief beeindruckt sein von deiner »Kompetenz«.

Doch zurück zur Frage: Wie baut man sich ein reiches Klugrednervokabular auf, wenn man keine Lust auf ein Fremdwörterlexikon hat? Da gibt es eine ziemlich einfache Methode: Jedes Mal, wenn du einen Artikel im Internet liest oder eine Sendung im Fernsehen siehst und es taucht ein Begriff auf, den du nicht kennst, dann schau kurz im Internet nach, was dieser Begriff bedeutet. Und das ist noch nicht alles! Kopiere dir diesen Begriff samt Definition in eine einfache Word-Datei auf deinem Desktop. Nach und nach füllt sich diese Liste mit vielen klug klingenden Begriffen. Diese Liste solltest du dir mindestens einmal in der Woche anschauen und peu à peu auswendig lernen.

Anschließend kommt der letzte Schritt: Versuche bewusst, einzelne Wörter von deiner passiven in deine aktive Sprache zu integrieren. Je häufiger du ein Wort benutzt, desto schneller merkst du es dir.

Hier drei kleine Wortlisten mit je zehn Begriffen für dich, gleich zum Nachschlagen. Einfach *off the top of my head* – wie die Amis so schön sagen, allerdings schon alphabetisch geordnet. Die kannst du, wenn du magst und sie nicht schon kennst, in deine neue Fremdwörterdatei einfügen:

- *Substantive:* Ambiguität, Autopoiesis, Backlash, Dialektik, Eskapismus, Heteronomie, Heuristik, Misanthropie, Narrativ, Prolepsis
- *Adjektive:* apodiktisch, idiosynkratisch, inkommensurabel, kafkaesk, nonchalant, pejorativ, rhizomatisch, stoisch, transzendent, ubiquitär
- *Verben:* dekonstruieren, delektieren, desavouieren, eruieren, forcieren, infantilisieren, konfligieren, konnotieren, oszillieren, präjudizieren

Diese Listen kannst du mit weiteren für dich unbekannten Wörtern füllen und dir merken – und diese nach und nach in deinen Sprachgebrauch einfügen. Mit der Zeit fällt dir das immer leichter.

Trick Nr. 2:
Ohnmachtssprache und Power-Talking

Es mag so sein,
dass Macht den Charakter verdirbt,
aber Ohnmacht nicht minder.
Willy Brandt

Bestimmte Wörter oder Laute lassen uns ohnmächtig und unsicher wirken. »Vielleicht«, »eigentlich«, »ähm«, »oder?«: Das sind nur vier Beispiele, die deutlich machen, dass wir jemanden als unsicher charakterisieren würden, der solche verbale Weichmacher benutzt. Das Fatale daran ist, dass die Menschen sich an ihre Sprache gewöhnen. Wer so spricht, macht es ständig und unbewusst – und verdirbt so seine Außenwirkung.

Doch fangen wir vorn an. Vor circa 40 Jahren machte sich eine Sprachwissenschaftlerin namens Robin Tolmach Lakoff daran, als Erste die Macht- und Bedeutungslosigkeit von Frauen anhand ihrer Sprache nachzuweisen. Dabei stellte sie deutliche sprachliche Unterschiede zwischen der Machtsprache der Männer und der Ohnmachtssprache der Frauen heraus. Einige der Charakteristika der Ohnmachtssprache sind aber natürlich auch auf Männer anwendbar und werden ganz grundsätzlich mit Schwäche assoziiert. Wie sieht also die Ohnmachtssprache (der Frauen) nach Lakoff aus? Hier einige Kriterien:[87]

Erstens nutzen unsichere Menschen häufiger *sprachliche Weichmacher* und *Füllwörter*, zum Beispiel die folgenden:

- ähm,
- eher,
- eigentlich,
- gewissermaßen,
- halt,
- irgendwie,
- nämlich,
- quasi,
- sozusagen,
- vielleicht.

Ein selbstbewusster Mensch, der genau weiß, was er zu sagen hat, wird diese Füllwörter natürlich gar nicht erst brauchen. Vor allem das lästige »Ähm« ist bei einigen Menschen besonders ausgeprägt. Doch gerade gute Rhetoriker achten peinlichst genau darauf, diese Füllsel zu vermeiden.

Eine nützliche Tradition hat dazu Toastmasters, eine Organisation »zur Förderung der Kunst des öffentlichen Redens, der effektiven Kommunikation sowie der Menschenführung«.[88] Dort gibt es einen sogenannten »Ähm-Zähler«, der nur dafür zuständig ist, die »Ähms« zu zählen. Und das hilft: Wenn man sich auf ein bestimmtes Füllwort konzentriert (nicht auf mehrere gleichzeitig, das ist zu viel!), dann vermeidet man es häufiger.

Zweitens nutzen unsichere Menschen häufiger sogenannte *Frageanhängsel* oder *tag questions*, mit denen sie ihre Unsicherheit ausdrücken, zum Beispiel: »Hans ist hier, *nicht wahr*?« Oder: »Du bist doch dafür, *oder*?« Selbstbewusster wäre es, stattdessen gleich zu fragen: »Ist Hans hier?« beziehungsweise

»Bist du dafür?« – und nach Lakoff tendieren vor allem Frauen dazu, diese Anhängsel zu nutzen. Auf die letzteren Fragen könnten wir ein robustes Nein kassieren, während bei den Frageanhängseln das Nein schwächer sein wird. Das Ausweichen vor einem klaren Nein wirkt aber ängstlich und schwach. Zudem erwecken die Frageanhängsel den Eindruck, der Sprecher brauche unbedingt Zustimmung. Eine starke Persönlichkeit wird nie nach Zustimmung lechzen. Daher solltest du auf diese rhetorischen No-Gos komplett verzichten.

Drittens nutzen unsichere Menschen extrem höfliche Formulierungen, womit sie ausdrücken, dass sie dem anderen nicht zu nahe kommen wollen; zum Beispiel: »Wenn es nicht zu viel verlangt ist, könnten Sie …?« Oder: »Darf ich Sie bitten, wenn es okay für Sie ist, dass …?« Durch solche Fragen möchte man, wie mit Samthandschuhen, den anderen ganz vorsichtig behandeln und scheut hier wieder eine klare Konfrontation, als hätte man Angst vor einer Absage. Selbstbewusster wäre, einfach zu fragen: »Könnten Sie … tun?«

Viertens *entschuldigen* sich unsichere Menschen häufiger, wo es nicht unbedingt erforderlich wäre; etwa: »Entschuldigen Sie bitte, aber ich sehe das etwas anders …« Oder: »Verzeihen Sie den Einwand, doch könnte man nicht sagen …?«

Auch hier ist die Tendenz spürbar, dass man dem anderen nicht auf den Schlips treten möchte und nur übervorsichtig Kritik anbringen kann. Selbstbewusster wäre es natürlich, die Kritik in angemessener Umgangsform, aber dennoch mutig und ohne diese Floskeln zu äußern.

Fünftens sagen unsichere Menschen *seltener ihre Meinung*, denn sie wollen sich meist weder der Kritik durch andere aussetzen noch sich in den Mittelpunkt einer Diskussion stellen. Wenn wir um uns schauen, dann sind die Wortbeiträge unserer Kollegen in Meetings ja auch selten genial. Und dennoch fallen Kollegen positiv auf, wenn sie häufiger sprechen. Das suggeriert, dass sie auch etwas zu sagen haben.

Es gibt sogar die Tendenz, dass man eher Vielrednern gute Ideen nachträglich zuschreibt. Wenn der Chef sich also nicht genau erinnern kann, welcher Mitarbeiter nun diese eine gute Idee geäußert hat, kommt ihm als Erster der vorlaute Kollege in den Sinn. Leise Mitarbeiter gehen in der Regel in der Erinnerung eher unter. Das heißt also für uns, häufiger in Diskussionen präsent zu sein. Und auch wenn man nicht die brillanteste Idee hat, sollte man sich trotzdem zu Wort melden und auffallen!

Was tun gegen die Ohnmachtssprache?

Deine erste Aufgabe ist also, alle diese Merkmale der Ohnmachtssprache aus deinem aktiven Wortschatz zu verbannen. Auf alle Unsitten gleichzeitig zu achten funktioniert nicht. Nimm dir pro Woche ein Ziel. Beispielsweise kannst du dein Lieblingsfüllwort zum »Gegner der Woche« machen und deine Freunde und Kollegen bitten, dir Feedback zu geben, sobald du es aussprichst. Eine andere Woche achtest du beispielsweise darauf, ob und wie häufig du dich bei anderen entschuldigst – und ob das notwendig war. Und in der dritten Woche achtest du zum Beispiel darauf, dass du in jedem Meeting etwas sagst.

Diese Form der Sprachhygiene ist eine absolute Notwendigkeit, um nicht unsicher zu wirken. Natürlich spielt eine souveräne Körpersprache und Stimme eine nicht minder große Rolle (siehe dazu den Abschnitt »Mit gutem Erscheinungsbild blenden« ab S. 36). Denn wie willst du Menschen beeinflussen, wenn du selbst Schwäche und Unsicherheit in deiner Sprache ausstrahlst? Der gute Manipulant wird sich, ähm, ein bisschen, also sozusagen zumindest etwas davor hüten, ähm, gewissermaßen und tatsächlich eher halt auf bestimmte, ähm, Formulierungen quasi fast immer zu achten, nicht wahr?

Wie du Power-Talking zur Manipulation nutzen kannst

Die sprachlichen Weichmacher zu vermeiden ist nur der erste Schritt des Power-Talkings, man lässt also alle Charakteristika der Ohnmachtssprache weg. Natürlich gilt es, zusätzlich auch vermehrt »Starkmacher« in seiner Kommunikation zu nutzen. Wie sieht denn dieses Power-Talking nun aus?

Schau dir die Mächtigen der Welt nur mal drei Minuten auf YouTube an. Egal, wem du zuhörst, es finden sich in ihrer Sprache fast immer die gleichen Muster.

Erstens sprechen die Mächtigen dieser Welt *langsam*, *deutlich* und *klar*. Sie verhaspeln sich daher selten – und wirken ruhig und bedacht. Neben Präsidenten sind auch Unternehmer langsame und deutliche Sprecher. Schau dir etwa Marc Zuckerberg oder Bill Gates an. Sie alle sprechen deutlich und lassen sich von niemandem hetzen.

Zweitens *loben sich* die Mächtigen *selbst* für ihre Erfolge. Auch wenn die Erfolge klein oder nicht wirklich da sind. Und sie kritisieren sich selbst nie! Jeder Präsident auf der Welt zieht nach den ersten hundert Tagen seiner Amtszeit eine positive Bilanz über seine Reformen. Trump ging sogar so weit, sie als die erfolgreichsten in der Geschichte der USA zu deklamieren. Von Bescheidenheit nicht der Hauch einer Spur! Doch nicht nur Politiker, auch professionelle Manager sind geübt darin, jeden noch so erdenklich kleinen Erfolg rhetorisch aufzublasen, sodass er sich groß anhört.

Und drittens sprechen die Mächtigen so, *als wüssten sie alles.* Niemand gibt Unwissen zu. Alle Mächtigen haben einen klaren Plan und eine klare Vision für ihr Land beziehungsweise für ihr Unternehmen. Doch natürlich können sie sich unmöglich in allem auskennen. Was die Mächtigen jedoch perfekt beherrschen, ist das *sichere Auftreten bei völliger Ahnungslosigkeit.* Die Techniken kannst du dir vorn im Buch noch einmal anschauen.

Trick Nr. 3:
Framing

Der Rahmen macht das Bild.

Unbekannt

Der Framing-Effekt beschreibt die Tatsache, dass ein und derselbe Inhalt bei unterschiedlicher Formulierung von Menschen unterschiedlich bewertet wird. Man gibt einen anderen *Deutungsrahmen* vor – und dieser Rahmen *(frame)* beeinflusst unsere Entscheidung, ohne dass wir es merken.

So macht es zum Beispiel einen riesigen Unterschied, ob ein Joghurt als »99 Prozent fettfrei« beschrieben wird oder als

»1 Prozent fetthaltig«. Inhaltlich ist es zwar das Gleiche. Doch hört sich für die meisten Menschen »99 Prozent fettfrei« viel besser an – und diese Werbung funktioniert wesentlich effektiver. Die Formulierung gibt also den Ausschlag!

Bei Frames handelt es sich nicht um Lügen oder Halbwahrheiten. Es ist die bewusste Rahmenverschiebung auf einen (wahren) Aspekt, der tatsächlich existiert und dem aus strategischen oder ideologischen Gründen eine überragende Bedeutung zugesprochen wird.

Das berühmteste Beispiel zum Framing stammt von den bereits zitierten Psychologen Amos Tversky und Daniel Kahneman.[89] Folgendes Szenario: Die USA bereiten sich auf den Ausbruch einer ungewöhnlichen asiatischen Krankheit vor, durch die aller Voraussicht nach 600 Menschen sterben werden. Es wurden zwei Pläne vorgeschlagen, um die Krankheit zu bekämpfen. Angenommen, die Folgen der Programme sind bekannt:

1. Wenn Programm A durchgeführt wird, dann werden 200 Menschen gerettet.
2. Wenn Programm B durchgeführt wird, besteht eine Wahrscheinlichkeit von einem Drittel, dass alle 600 Menschen gerettet werden, und eine Wahrscheinlichkeit von zwei Dritteln, dass niemand gerettet wird.

Für welches Programm entscheiden Sie sich? A oder B? Die meisten (72 Prozent) entschieden sich für Programm A, bei der 200 Menschen sicher gerettet werden. Nur 28 Prozent entschieden sich für Programm B.

Die Ergebnisse änderten sich komplett, wenn die Lösungsoptionen anders formuliert waren. Nämlich so:

1. Wenn Programm C durchgeführt wird, werden 400 Menschen sterben.
2. Wenn Programm D durchgeführt wird, besteht eine Wahrscheinlichkeit von einem Drittel, dass niemand sterben wird, und eine Wahrscheinlichkeit von zwei Dritteln, dass 600 Menschen sterben werden.

Die Programme C und D haben wieder den gleichen Inhalt und die gleiche Wahrscheinlichkeit. Doch nun stimmten nur 22 Prozent für die sichere Rettung von 200 Menschen (Programm C). Dabei waren es oben beim inhaltsgleichen Programm A doch 72 Prozent! Und 70 Prozent waren nun für das Programm D – dabei waren es vorhin nur 28 Prozent beim inhaltsgleichen Programm B! Die Ergebnisse haben sich fast komplett umgedreht, und das bloß aufgrund der anderen Formulierung!

Zu beachten ist, dass die Programme C und D die Ergebnisse in Verlusten ausgedrückt haben – und die Programme A und B in Gewinnen. Wie können wir diese Erkenntnis für uns nutzen?

Wenn wir wissen, dass unser Gesprächspartner auf Sicherheit aus ist, also sehr *risikoscheu*, dann müssen wir die für uns günstige Option als extrem risikominimierend darstellen, damit er anbeißt. Wenn unser Gesprächspartner jedoch *risikofreudig* ist, dann müssen wir die für uns günstige Option positiv, als Gewinn, formulieren. Dann haben wir ihn in der Tasche!

Wie Framing in der Politik benutzt wird

Und natürlich versuchen Politiker und politische Aktivisten, positive Frames für ihre Standpunkte zu nutzen. Nehmen wir das umstrittene Thema »Abtreibung«. Vor allem in den USA wird das Thema seit Jahrzehnten heiß diskutiert. Interessant ist, wie sich die jeweiligen Lager selbst nennen. Die Abtreibungsbefürworter nennen sich »Pro-Choice« (»für die Wahlmöglichkeit«) und Abtreibungsgegner »Pro-Life« (»für das Leben«). Beide Lager sind also *für* etwas. Beide Lager nutzen sogenannte *gain frames*, also Blickwinkel, unter denen man etwas gewinnen kann.

Allerdings setzen beide Lager komplett unterschiedliche Schwerpunkte. Die Pro-Choice-Bewegung stellt die Handlungsfreiheit der Mutter in den Vordergrund. Sie sei bei dem Thema »Abtreibung« der entscheidende Akteur, auf den abzustellen ist. Die Frau als selbstbestimmtes Subjekt soll selbst verfügen dürfen, was mit ihrem Körper passiert. Und sie soll daher ein Wahlrecht haben – also mehr *choice* für die Frau.

Bei den Abtreibungsgegnern ist der Frame das ungeborene Kind. Im Vordergrund stünde des Kindes Recht auf Leben, das – ob nun gottgegeben oder nicht – das Recht der Mutter einschränke. Und weil, so die Abtreibungsgegner, das Recht auf Leben das wichtigste Grundrecht sei, würde es die Handlungsfreiheit der Mutter übertrumpfen. Die Abtreibung wird hier als »Babymord« gebrandmarkt.

Wer hat nun recht?

Es ist genau so, als würde man fragen: »Ist das Glas nun halb voll oder halb leer?« Es kommt, wie bei allen Streitfragen im Leben, immer auf den Frame an und welcher Perspektive man den Vortritt lässt.

Wichtig zu bemerken ist, dass in ihrem eigenen Denksystem jedes Lager recht hat. Und weil es eine objektive Wahrheit nicht gibt, pochen die Menschen auf ihre Werturteile – und der Dialog zwischen politisch verfeindeten Lagern ist daher kaum möglich.

Nahezu jedes politische Streitthema ist stark ideologisch geprägt. Ob die Datenschutzdebatte (gläserner Bürger versus effektive Kriminalitätsbekämpfung), Beschneidungsdebatte (Religionsfreiheit der Eltern versus körperliche Unversehrtheit des Kindes) oder Drogendebatte (Recht auf Spaß versus Schutz vor Abhängigkeit) – überall in der Politik wird mit Frames gearbeitet.

Wie du Framing zur Manipulation nutzen kannst

Stell dir vor, du bist Arzt, der ein Medikament verschreibt. Und angenommen, das Medikament hat starke Nebenwirkungen, die mit 10-prozentiger Wahrscheinlichkeit auftreten. Du hast nun diese beiden Frames zur Verfügung:

1. *Positives Framing:* »Ich habe gute Nachrichten für Sie! Dieses neuartige Medikament hat für neun von zehn Menschen positive Effekte und gar keine Nebenwirkungen! Die Wahr-

scheinlichkeit ist also ziemlich hoch, dass alles gut gehen wird!«

2. *Negatives Framing:* »Ich habe schlechte Nachrichten: Nur bei neun von zehn Menschen hat dieses neuartige Medikament keine Nebenwirkungen. Die Wahrscheinlichkeit ist also ziemlich hoch, dass Sie starke Nebenwirkungen haben werden.«

Die vermittelte Information ist faktisch dieselbe. Aber der Blickwinkel auf die 10 Prozent ist komplett anders. Und auch wenn du kein Arzt bist, gibt es ja in jedem Job bestimmte Wahrscheinlichkeiten, dass ein Projekt Erfolg haben beziehungsweise scheitern wird. Diese Wahrscheinlichkeiten kannst du natürlich ebenfalls zu deinen Gunsten »framen«.

Falls du ein Produkt verkaufst, das gut und teuer ist, legst du das Augenmerk auf die hohe Qualität. Wenn du eins verkaufst, das minderwertig, dafür aber günstig ist, legst du das Augenmerk auf den guten Preis.

Wenn du als Arbeitnehmer eine Aufgabe langsam zu Ende gebracht hast und vom Chef darauf angesprochen wirst, warum es so lange gedauert hat, dann sagst du: »Dafür habe ich das richtig gründlich gemacht!« Und normalerweise steht deine gewissenhafte Vorgehensweise im Vordergrund: Gut Ding will Weile haben.

Und falls du vom Kollegen darauf angesprochen wirst, warum du eine Aufgabe so extrem schnell erledigt hast, bedarf sie doch größerer Aufmerksamkeit, dann antwortest du souverän: »Weil ich effizient gearbeitet habe« – und plötzlich stehst du als produktiver Kollege in positivem Licht.

Framing zur Selbstmanipulation

Natürlich kannst du Framing auch zur positiven Selbstmanipulation nutzen. So machen es etwa Sportler, die nach einer Niederlage im Finale nicht »Gold verloren«, sondern »Silber gewonnen« haben.

Auch mobbende Kollegen am Arbeitsplatz muss man nicht notwendigerweise in einem negativen Frame als »Störfaktor« sehen. Man kann sie in Schlagfertigkeitstrainer »framen«! In meinem Schlagfertigkeitsseminar werfe ich in einem unvorbereiteten Moment verbale Attacken auf die Teilnehmer. Sie müssen zungenfertig antworten – und zahlen Geld dafür. Warum nicht die ständig kritisierenden Kollegen als Mentaltrainer auffassen, die dich für lau coachen, cool zu bleiben?

Und wenn etwas im Job nicht klappt, ist das Framing auch die Methode der Wahl, um die Situation zum Positiven zu wenden. Vom berühmten Erfinder Thomas Alva Edison stammt der schöne Spruch: »Ich bin nicht gescheitert. Ich habe 10 000 Wege entdeckt, die nicht funktioniert haben.«[90] Ähnlich auch der IBM-Gründer Thomas J. Watson: »Wenn du Erfolg haben willst, verdopple deine Fehlerquote.«[91]

Die Fähigkeit, Dinge im Leben im positiven Licht zu sehen, führt zu größerer Stressresistenz, mehr Aktivität, Lebensfreude und macht sogar finanziellen Erfolg, körperliche Gesundheit und glücklichere Beziehungen wahrscheinlicher.[92] Allein schon die kleinste Formulierung macht einen großen Unterschied. In einer Studie[93] sollten Menschen, die abnehmen wollten, sich immer wieder Sätze sagen wie »I don't eat ice cream« (»Ich esse kein Eis«) oder »I don't skip my workouts« (»Ich lasse keine

Trainingseinheiten ausfallen«). Eine andere Gruppe sollte stattdessen »I can't [kann nicht] eat ice cream« oder »I can't skip my workouts« sagen.

Das Ergebnis war verblüffend: Die Don't-Gruppe konnte viel eher gesunde Gewohnheiten etablieren und ungesunde Lebensgewohnheiten abbrechen. Denn der Ich-kann-nicht-Frame macht uns machtlos und impliziert, dass wir Dinge nicht unter Kontrolle haben. Der Ich-mache-nicht-Frame impliziert uns dagegen als handelnden Akteur, der seinem selbst gewählten Prinzip folgt.

Und ich höre ständig, dass Menschen sich negativ beschreiben. Klassischerweise sagen die meisten über sich: »Ich bin nicht schlagfertig!« – und natürlich entwickelt sich daraus eine selbsterfüllende Prophezeiung. Stattdessen sollte man vielleicht sagen: »Ich kenne keine Schlagfertigkeitstechniken« – denn das bedeutet ja, dass ich Redegewandtheit lernen kann, wenn ich es will. Es ist also im Ergebnis ziemlich schlau, sich selbst und seinem Leben positive Frames zu geben, die einen dazu motivieren, sich zu verbessern.

Ich persönlich achte sehr auf die Frames in meinem Kopf. Und selbst wenn ich nur eine Spanischvokabel am Tag lerne, sage ich meinen Lieblingsslogan: »Cada día un poco más!« (»Jeden Tag ein bisschen mehr«, auch bekannt als KVP: kontinuierlicher Verbesserungsprozess.)

Trick Nr. 4: Metaphern

Nomen est omen. –
Der Name ist ein Zeichen.
Plautus

Wir merken es zwar nicht immer, doch leben wir in einer Sprache voller Metaphern.[94] Viele Situationen werden bewusst und unbewusst mit Sprachbildern dargestellt. Und natürlich manipuliert ein Bild unsere Meinung vom Sachverhalt in eine ganz bestimmte Richtung.

Jüngstes Beispiel dafür ist die »Flüchtlingskrise«. Die vielen Flüchtlinge werden mal als »Flüchtlingsstrom«, mal als »Flüchtlingswelle«, mal als »Flüchtlings-Tsunami« bezeichnet. Diese Begriffe lösen im Kopf automatisch etwas aus, nämlich: Man muss diese »Ströme« *eindämmen*, um eine Katastrophe abzuwenden. Ansonsten wird das Land überflutet. Vielleicht ist ja das »Boot bereits voll« (Stichwort: »Obergrenze«). Diese Flutmetaphern klingen gefährlich – und werden wie selbstverständlich von Flüchtlingskritikern verwendet.

Anders die Flüchtlingsbefürworter. Sie sprechen von Flüchtlingen als von »Gästen«, die man willkommen heißen soll (Stichwörter: »Willkommenskultur«, »Refugees welcome«). Früher bezeichnete man Menschen mit »Migrationshintergrund« hierzulande pauschal als »Gastarbeiter« (ein allerdings auch umstrittener Begriff). Um Gäste soll man sich natürlich kümmern. Es gäbe so etwas wie ein »Gastrecht« – und natürlich sollte man sie mit Gastfreundlichkeit beschenken. Diese Gastmetaphern klingen im Grunde positiv und fordern Hilfe – und werden natürlich von Flüchtlingsbefürwortern auch benutzt.

Jetzt könnte man natürlich sagen, die Metaphern seien für unser Urteil über die Flüchtlinge völlig irrelevant. Doch was Plautus, auf den der berühmte Ausspruch »Nomen est omen« ursprünglich zurückgeht, als Idee in den Raum stellte, wurde über 2000 Jahre später von Psychologen bewiesen: So, wie wir die Dinge benennen, so denken wir auch darüber. Der Name ist also auch Programm. Und gerade Metaphern haben auf unser Denken eine erstaunlich starke Wirkung.

Wie eine Metapher das Urteil prägt

Vor einigen Jahren machten sich Wissenschaftler auf die Suche nach der Antwort, inwieweit eine Metapher das Denken der Menschen beeinflusst. In einem Experiment[95] haben die Forscher in einem Text Verbrecher einmal als »Bestien« bezeichnet – in einer anderen Versuchsgruppe als »Virus«. Und tatsächlich: Die Bezeichnung der Delinquenten hatte einen großen Einfluss darauf, welche politischen Maßnahmen die Leser des Textes zur Bekämpfung des Problems favorisiert haben. Der ersten Gruppe legten sie folgenden Text vor:

> *»Das Verbrechen ist eine Bestie, die die Stadt Addison heimsucht. Vor fünf Jahren befand sich Addison in einem guten Zustand. In den vergangenen fünf Jahren jedoch sind die Abwehrsysteme der Stadt schwächer geworden, und die Stadt ist dem Verbrechen erlegen ... Was braucht Addison Ihrer Meinung nach, um die Kriminalität zu reduzieren?«*

Von denjenigen, die diesen Text vorgelegt bekamen, waren 71 Prozent der Ansicht, dass man die Verbrecher jagen und hinter Gitter bringen sollte – und vor allem sollte man die »Bestien« härter bestrafen.

Der zweiten Gruppe legten sie genau denselben Text vor. Hier wurde das Wort »Bestie« allerdings durch das Wort »Virus« ersetzt. Nur noch 54 Prozent waren jetzt für härtere Strafen. Stattdessen empfahl die zweite Gruppe viel häufiger als Maßnahmen gegen Kriminalität, die Ursachen von Straftaten zu ergründen, Bildungschancen zu verbessern und Armut effektiver zu bekämpfen. Eine einzige Metapher hat die Wahrnehmung desselben Sachverhalts komplett verändert.

Am Ende des Experiments mussten die Versuchsteilnehmer übrigens noch beurteilen, wodurch sie in ihrem Urteil am stärksten beeinflusst wurden. Die meisten Probanden waren der festen Überzeugung, dass allein die Fakten für ihr Urteil entscheidend waren. Nur 7 Prozent erkannten, dass die im Text benutzten Metaphern ihr Urteil manipuliert hatten.

Merke: Mit der »richtigen« Metapher kann man jeden Sachverhalt ins »rechte« Licht rücken – und die Entscheidungen von Menschen subtil durch Sprache manipulieren.

Wie Politiker mit Metaphern manipulieren

Vor allem erfolgreiche Politiker haben es in dieser Disziplin zur Meisterschaft gebracht. Natürlich benutzen sie diejenigen Sprachbilder, die ihr Handeln am anschaulichsten rechtfertigen.

Sie suchen ganz bewusst Metaphern, die bei uns Assoziationen wecken – und bei denen wir nicht anders können, als zuzustimmen.

Ein anschauliches Beispiel lieferte der ehemalige Finanzminister Peer Steinbrück in seiner Rede inmitten der großen Finanzkrise 2007/08. Er plädierte dafür, die Banken mit millionenschweren »Rettungsprogrammen« zu unterstützen, und zeichnete dieses Bild eines kranken Mannes:

> *»Wie bei einem Patienten, der unter akuten Kreislaufproblemen leidet, kommt es auch bei einer Finanzmarktkrise im Rahmen des akuten Krisenmanagements zuallererst darauf an, einen Kollaps zu verhindern. Dazu müssen lebenserhaltende Prozesse und Funktionen stabilisiert werden, die in Stresssituationen nur noch eingeschränkt oder gar nicht mehr ablaufen.«*[96]

Dieses Bild appelliert an das Mitleid beziehungsweise an die »Solidarität« der Zuhörer, damit sie die geplanten Maßnahmen gutheißen respektive hinnehmen. Man könnte natürlich auch genau umgekehrt argumentieren: Mit der Metapher von Adam Smith könnte man sagen, dass die »unsichtbare Hand« das Gemeinwohl unbewusst fördern und den Finanzmarkt selbst regulieren wird. Schwache Banken sterben – starke Banken überleben. Der Steuerzahler muss nicht für Verluste einstehen. Und die Banken, die sich verzockt haben, werden für ihre Risikogeschäfte die gerechte Quittung bekommen.

Es bleibt, als kleine Fußnote, eine Ironie der Geschichte, dass besonders ein Politiker der sozialdemokratischen Partei maßgeblich dazu beigetragen hat, dass die Verluste sozialisiert und die Gewinne privatisiert wurden. Doch das ist der Beginn eines ganz anderen Buches.

Wie können wir Metaphern zur Manipulation nutzen?

Die einfache Antwort darauf ist, dass wir für die von uns bevorzugten Ideen beziehungsweise Projekte positive Bilder formulieren sollten. Und für die von uns verschmähten Ideen beziehungsweise Projekte negative. In der Theorie klingt das leicht. Doch wie kann man das im Alltag umsetzen?

Angenommen, ein Kollege stellt ein alternatives Projekt vor, das deinem eigenen diametral gegenübersteht. Nur eins der Projekte kann gewinnen. Und das Team samt Abteilungsleiter hört euch beiden zu und wird nach euren Präsentationen den Zuschlag für eine der Unternehmungen geben. Es heißt also: er oder du.

Du weißt, dass Metaphern eine immense Wirkung auf die Zuhörer haben. Daher wirst du seine Argumente nicht abstrakt kritisieren, sondern Sprachbilder wie die folgenden nutzen:

- Da sind leider *große Löcher* und *logische Sprünge* in der Argumentation meines Kollegen, nämlich …
- Die Zahlen, die der Kollege bringt, stehen auf *sehr wackligen Beinen*, denn …
- Die Annahmen für das Projekt fallen *wie ein Kartenhaus* in sich zusammen, wenn man bedenkt, dass …

Natürlich wirst du den Kollegen so nicht als besten Freund gewinnen, aber das steht ja auf einem anderen Blatt.

Weitere Beispiele für manipulative Metaphern

Selbst auf Metaphern zu kommen ist nicht immer leicht. Zum Glück gibt es Redensarten. Sie sind ähnlich wie Sprichwörter für gewöhnlich vollgepackt mit Metaphern, die viel schneller unter die Haut gehen als abstrakte Diskurse:

- Statt »Diese Angelegenheit hat für unsere Firma keine Relevanz mehr« sag einfach: »Das ist Schnee von gestern.«
- Statt »Der Aufwand steht nicht im Verhältnis zum geringen Ertrag, sodass wir die Maßnahme aus Effizienzgründen einstellen werden« sag einfach: »Wir sollten nicht die Nadel im Heuhaufen suchen.«
- Statt »Ich würde es gutheißen, wenn Sie konstruktive Ideen zu diesem Thema in einer Art Brainstorming-Session zusammentrügen, da ich das Gefühl habe, dass Sie sich bisher nur zögerlich zu diesem Problem geäußert haben« sag einfach: »Brechen wir doch die Mauer des Schweigens und reden Klartext miteinander.«
- Statt »Ich denke, die Angelegenheit ist mittlerweile so weit von uns erfasst worden, dass wir auch heute darüber die Entscheidung treffen können« sag einfach: »Lasst uns gleich Nägel mit Köpfen machen.«

Metaphern bilden eine Art kognitive Abkürzung, mit der wir die Gedankenwelt anderer schnell prägen können. Deshalb lohnt es sich, wenn du dir ein Buch über Redensarten und Sprichwörter zulegst und ähnlich wie bei den Fremdwörtern »Stein auf Stein« eine Liste mit Metaphern erstellst.

Trick Nr. 5: Wertende Wörter

An sich ist nichts weder gut noch böse.
Das Denken macht es erst dazu.
William Shakespeare

Dieses philosophische Zitat aus dem *Hamlet* besagt: Die Natur an sich *ist* eben so, wie sie ist. In der Natur gibt es auch kein »Soll«. Erst unsere Erwartungen und Moralvorstellungen bestimmen unsere Werturteile.

Das Denken und die Bewertung im Kopf kann man mit wertenden Wörtern *(loaded language)* zielbewusst steuern – und damit Zustimmung oder Ablehnung erzeugen. Schopenhauer schrieb, dass man zur Manipulation Wörter nutzen sollte, die die eigene Behauptung günstig umschreiben (Euphemismen) und die die Gegenseite mit möglichst gehässigen Begriffen bezeichnen (Dysphemismen, Kakophemismen), zum Beispiel:[97]

- »Protestant« versus »Ketzer«,
- »in Gewahrsam bringen« versus »einsperren«,
- »Fehltritt« versus »Ehebruch«,
- »Geistlichkeit« versus »Pfaffen«,
- »durch Einfluss« versus »durch Bestechung«.

Mir selbst wurde das Phänomen der »wertenden Wörter« richtig deutlich, als mich im ersten Semester des Jurastudiums mein Strafrechtsprofessor fragte, wie man es nennt, wenn sich jemand das Leben nimmt. Meine spontane Antwort: »Selbstmord.« Und der Professor antwortete: »Wenn man es so nennt, dann beschreibt man diese Handlung eindeutig als einen negativen Akt, steckt doch das Wort ›Mord‹ darin. Weiß jemand eine positive Bezeichnung für ›sich das Leben nehmen‹?«

Ein anderer Student meinte darauf: »Freitod.« Wie (vergleichsweise) positiv das doch klingt! Immerhin setzt der Begriff »Freitod« voraus, dass die Handlung aus eigener Entscheidung vorgenommen wurde. Juristen versuchen das Problem übrigens dadurch zu umgehen, dass sie hier vom »Suizid« sprechen.

Wichtiger und freundlicher erscheinen mit Euphemismen

Gerade was Berufsbezeichnungen beziehungsweise Stellenbeschreibungen angeht, übertreffen sich die Firmen in ihrer schönfärberischen Kreativität, um die Mitarbeiter an sich zu binden. Denn sie wissen: Die Menschen wollen vor allem wichtig sein. Und wichtige Menschen haben natürlich wichtige Titel. Hier eine kleine Auswahl:

- »Account Manager« statt »Kundenbetreuer«,
- »Director of Human Resources« statt »Personalleiter«,
- »Billing Manager« statt »Buchhalter«,
- »First Level Support« statt »Reklamationsdienst«,
- »Office Manager« statt »Sekretär(in)« und natürlich
- »Facility Manager« statt »Hausmeister«.

Euphemismen im Geschäftsleben sind zum Beispiel die folgenden:

- »kreative Buchführung« statt »Bilanzfälschung«,
- »Investition« statt »Preis«,
- »Industriepark« statt »Gewerbegebiet«,
- »freisetzen« statt »entlassen«,
- »suboptimal« statt »schlecht« und natürlich
- »Herausforderung« statt »Problem«.

Last but not least eine kleine Auswahl euphemistischer Personenbeschreibungen:

- »extravertiert« statt »vorlaut«,
- »konfliktstark« statt »bockig«,
- »durchsetzungsstark« statt »autoritär«,
- »eloquent« statt »geschwätzig«,
- »korrekt« statt »pedantisch« und natürlich
- »bildungsfern« statt »dumm«.

Wie du wertende Wörter zur Manipulation nutzen kannst

In meinem Seminar- und Coachingalltag benutze ich zahlreiche Euphemismen, wobei ich einen Dysphemismus auch schon mal gegen einen ganzen Satz austausche. Damit fühlen sich die Klienten wohler. Und was ich kann, kannst du natürlich auch:

- Statt »Falsch!« sage ich zum Beispiel: »Interessante Sichtweise!« Oder: »Habe ich früher auch gedacht!«
- Statt »Irrelevant hier!« sage ich zum Beispiel: »Gut, dass Sie das jetzt ansprechen!« Oder: »Danke, dass Sie das jetzt mit reingebracht haben!«
- Statt »Schwache Vorstellung!« sage ich zum Beispiel: »Dafür, dass das eine spontane Übung war, haben Sie das richtig gut gemacht!« Oder: »Als ich das zum ersten Mal gemacht habe, war ich viel schlechter als Sie!«

Zwar wünschen sich die Menschen ehrliches Feedback, doch wehe, jemand ist wirklich zu 100 Prozent ehrlich! Gerade in meinem Job, wo ich täglich Feedback geben muss, weiß ich, dass es auf jedes noch so kleine Wörtchen ankommt, wenn man jemanden beurteilt. Nicht Ehrlichkeit, sondern rhetorisches Fingerspitzengefühl ist da gefragt. Die Kritik soll, wenn überhaupt, nur leicht durchschimmern – ansonsten wird das Feedback abgelehnt. Und man hat enttäuschte Gesichter vor sich. Egal, was für einen Job du hast: Der Kunde hat immer recht. Und das will er auch hören! Willst du ihn in deinem Sinne lenken, so sei daher nicht sparsam mit Euphemismen.

Trick Nr. 6: Das Wörtchen »weil«

Ein gutes Argument wirkt wundervoll.
Nur nicht auf den, der etwas hergeben soll.
Bertolt Brecht

Menschen lieben Begründungen. Schon als Kind fragen wir unsere Eltern tausendmal: »Warum?« Und auch als Erwachsene wollen wir Gründe haben: Warum wurde ich bei der Bewerbung abgelehnt? Warum hat der Chef sich für das andere Projekt entschieden? Warum möchte meine große Liebe nicht mit mir ausgehen? Die Warum-Frage begleitet uns täglich.

Aber achten wir darauf, wie gut die Begründung ist? Oder akzeptieren wir jeden noch so unsinnigen Grund? Dazu gibt es ein aufschlussreiches soziales Experiment.

Das Kopier-Experiment und das sinnlose »Weil«

Ellen Langer und Kollegen ließen in ihrem berühmt gewordenen »Kopier-Experiment«[98] Schauspieler fragen, ob sie beim Kopieren von Wartenden in der Schlange vorgelassen werden könnten. Insgesamt 120 Menschen wurden an einer Universität in New York um diesen Gefallen gebeten. Es gab dabei drei unterschiedliche Versionen, mit denen ein Wartender angesprochen wurde:

- *Version 1 (kein Grund):* »Entschuldigen Sie, ich habe fünf Seiten, kann ich den Kopierer nutzen?«

- *Version 2 (echter Grund):* »Entschuldigen Sie, ich habe fünf Seiten, kann ich den Kopierer nutzen, weil ich es eilig habe?«
- *Version 3 (sinnloser Grund):* »Entschuldigen Sie, ich habe fünf Seiten, kann ich den Kopierer nutzen, weil ich Kopien machen muss?«

Eigentlich sollte Version 3 doch ziemlich schlecht abschneiden. Doch hier die Auflösung:

- *Version 1*: 60 Prozent haben die Person vorgelassen.
- *Version 2:* 94 Prozent haben die Person vorgelassen.
- *Version 3:* 93 Prozent haben die Person vorgelassen.

Der sinnlose Grund war fast genauso erfolgreich wie ein guter Grund! Die Menschen untersuchen Informationen also meist nicht rational und unterscheiden nicht zwischen guten und schlechten Begründungen. Wichtiger ist, dass überhaupt eine Begründung angegeben wird. Das Wörtchen »weil« spielt also eine magische Rolle in unseren Köpfen. Allein die Anwesenheit dieses Wörtchens erweckt bei uns den Eindruck, dass eine Forderung oder eine Aussage berechtigt ist. Die Forscher sprechen hier von einem »arationalen« Verhalten, das heißt von der Abwesenheit der Vernunft beim Entscheidungsprozess.

Das Besondere am Kopier-Experiment war ja, dass es nicht in einem Labor, sondern in einer öffentlichen Bibliothek durchgeführt wurde. Also alltagsrelevant ist. Die Wissenschaftler weisen in ihrem Artikel darauf hin,[99] dass eine Person, die in ein Labor gebracht wird, bewusst nachdenkt. Denn es ist ja eine Art Prüfungssituation. Im Alltag aber hätten wir es, so ihre interessante Schlussfolgerung, eher mit »nicht denkenden Menschen« zu tun …

Wie kann man das Wörtchen »weil« zur Manipulation nutzen?

Das Brecht-Zitat am Anfang des Kapitels impliziert, dass Argumente nichts bringen, wenn sie dem anderen etwas abverlangen. Doch das Kopier-Experiment zeigt, dass Menschen ihre Zeit hergeben, wenn man sie nur darum bittet. Immerhin haben über die Hälfte der Befragten auch ohne Begründung die Schauspieler vorgelassen.

Schlussfolgerung Nr. 1 lautet daher: Frech zu sein und einfach mal nachzufragen hilft häufig bereits weiter. Zwar wird man in circa der Hälfte der Fälle abgewiesen. Zu etwa 50 Prozent bekommt man aber das, wonach man fragt.

Und Schlussfolgerung Nr. 2 ist, dass man besser in jedem Fall einen Grund angibt – ganz egal, wie sinnvoll oder plausibel er ist!

Wenn du zum Beispiel zu spät gekommen bist und andere auf dich gewartet haben, kannst du mangels anderer Ausflüchte sagen: »Ich bin zu spät gekommen, weil ich nicht rechtzeitig losgefahren bin.« Natürlich werden die Wartenden nicht vor Freude bis an die Decke springen. Doch der nichtssagende Grund wird ihr Gemüt immerhin etwas beruhigen.

Oder du musst eine Entscheidung begründen. Dann sagst du einfach: »Ich mache es so, weil ich es so möchte.« Ein absolut nichtssagender Grund. Und doch genügt er den meisten als Rechtfertigung für deine Entscheidung.

Natürlich ist das Wörtchen »weil« nicht die einzige Möglichkeit, wie wir eine (Schein-)Begründung einleiten können. Exzellent eignen sich auch kausale Konjunktionen und Einleitungen wie »deshalb«, »deswegen«, »daher«, »der Grund ist, dass«, »daraus folgt« und Ähnliche, mit denen du »nicht denkende« Menschen in deinem Sinne lenken kannst, selbst wenn das phraseologisch Eingeleitete jeglicher Faktizität entbehrt.

Trick Nr. 7:
Die Stimme – und ihre Finessen

Die Stimme bestimmt die Stimmung.
Unbekannt

Wenn wir über Sprache reden, dann gehört die Stimme natürlich zum Gesamtbild dazu. Denn mit ihr vertonen wir unseren Text – und erst sie gibt ihm die entscheidende Bedeutung. In den 1960er-Jahren hat der bereits zitierte Albert Mehrabian herausgefunden, dass wir bei Widersprüchen zwischen Inhalt und Stimmintonation eher auf die Stimme vertrauen.[100] Denn intuitiv gehen wir davon aus, dass man Wörter leichter manipulieren kann als die Stimme.

Das »Galileo«-Experiment: Mensch gegen Maschine

Es gibt, vielleicht hast du schon davon gehört, Firmen, die das erste Bewerbungsgespräch gar nicht persönlich durchführen. Stattdessen wird der Bewerber von einer Software angerufen –

und diese Software analysiert dann die Stimme des Bewerbers. Die Software achtet gar nicht auf den Inhalt des Gesagten, sondern misst Pausen, »Ähms«, die Intonation, Wortwiederholungen und weitere stimmliche Kriterien und erstellt dann eigenständig ein Persönlichkeitsprofil des Bewerbers.

Anhand dieses Persönlichkeitsprofils wird der Bewerber dann vom Arbeitgeber begutachtet – und wenn die Software eine positive Analyse ergab, dann wird der Bewerber zum zweiten »richtigen« Gespräch eingeladen. Im umgekehrten Fall gibt es eine Absage! Diese Stimmsoftware wird von immer mehr Banken, Versicherungen, Personaldienstleistern und Behörden eingesetzt.

Dazu führte das Team der Sendung »Galileo«[101] ein Experiment durch: Als selbstsicherer Profiredner sollte ich die Stimmsoftware überlisten. Ich spielte dabei einen eloquenten Bewerber, der keine »Ähms« machte, auf die Fragen der Software ausführliche Antworten von mindestens drei Minuten gab – dabei aber komplett irrelevantes Zeug redete, das jedoch mit Pausen, schöner Stimmintonation und ohne mich auch nur ein einziges Mal zu versprechen.

Dabei stellte mir der Computer unterschiedliche Fragen zum Beruf und zum Privatleben. Eine Frage war zum Beispiel, wie ein typischer Sonntag bei mir aussehe. Ich erzählte völlig themenfremd etwas über die sieben Sphären der Persönlichkeitsentwicklung.

Auch auf andere Fragen habe ich melodisch, wortstark, aber inhaltlich komplett unbedeutende Dinge von mir gegeben. Insgesamt brauchte die Software für meine Persönlichkeitsanalyse fünfzehn Minuten Sprachmaterial.

Und das Ergebnis? Wie bewertete mich die Software? Es gab »extrem hohe Werte für Wortanzahl und Sprachflüssigkeit ... es war fast wie gedruckt und daher nicht authentisch«. Aufgrund der nahezu perfekten Sprache ist das System kollabiert und konnte keine Analyse anfertigen.

Als die »Galileo«-Redakteurin die Softwareentwickler aufklärte, dass das nicht abgelesen war, sondern dass ein professioneller Rhetoriker mit der Maschine geredet hatte, waren die Fachleute erstaunt, dass jemand ihr System überlisten konnte. Es orientiert sich am »Durchschnitt« und ist in diesem Fall insofern gescheitert, als es nicht erkannte, dass ein Bewerber »perfekt« und mit großer Eloquenz sprechen kann, ohne abzulesen.

Wird beruflicher Erfolg durch die Stimmqualität bestimmt?

In einem anderen Experiment[102] hat man eine Reihe von Vertrieblern auf ein Audioband aufgenommen – und die Audiodateien so verändert, dass man den Inhalt des Gesagten nicht verstehen konnte. Was die Probanden lediglich hörten, war ein 20-sekündiger Ausschnitt mit Stimmintonation, Stimmmelodie, Pausen und Lautstärke. Und sie sollten nun bewerten, welcher Vertriebler freundlicher und erfolgreicher war.

Das erstaunliche Ergebnis: Obwohl die Probanden den Inhalt nicht verstehen konnten, haben sie anhand der Qualität der Intonation und Modulation den Erfolg der Vertriebler richtig eingeschätzt! Allein die Stimme (ohne Inhalt und ohne Körpersprache) reichte also aus, um die Kompetenz der Menschen vorherzusagen.

Auch in der zweiten Versuchsreihe, wobei der Inhalt des Gesagten verständlich war, haben Probanden korrekt die erfolgreichen von den weniger erfolgreichen Vertrieblern unterscheiden können. Dass solch ein kurzer Ausschnitt völlig ausreichend sein kann für eine richtige Beurteilung einer wildfremden Person, nennt man in der Sozialpsychologie *thin slicing*[103] (frei übersetzt: »kleiner Ausschnitt«). So fällen Menschen in kürzester Zeit (einige Sekunden bis zu etwa fünf Minuten) zutreffende Urteile darüber, wer etwa ein guter Lehrer ist[104] oder wer ein erfolgreicher Bewerber[105] sein wird. Dabei spielt übrigens die Dauer des Ausschnitts – also ob drei Sekunden oder drei Minuten – keine signifikante Rolle.[106]

Sieben effektive Werkzeuge der Stimme

Die Frage ist, mit welchen Werkzeugen man arbeiten kann, um gleich in den ersten Sekunden die richtige Stimmung und den richtigen Eindruck mit der Stimme zu vermitteln. Hier also die sieben wichtigsten manipulativen Stimmaspekte, die du vor allem beim nächsten Telefonat, aber natürlich in jeder Alltagssituation auch von Anfang an beherzigen solltest:

1. *Artikulation:* Es ist entscheidend, dass wir sofort verstanden werden. Also musst du gut artikulieren. Voraussetzung dafür ist, dass alle Silben vollständig ausgesprochen werden. Es ist nicht so wichtig, ob du schnell sprichst. Viel wichtiger ist, dass du nicht nuschelst. Schon deswegen, weil die Leute Angst haben nachzufragen, wenn sie etwas nicht verstanden haben. Durch eine deutliche Aussprache werden einerseits

Missverständnisse geringer, und zweitens suggeriert eine deutliche Aussprache auch eine inhaltliche Sattelfestigkeit.

2. *Stimmmelodie:* Zunächst soll es das Ziel sein, nicht monoton (also auf einer Tonhöhe) zu sprechen, sondern Höhen und Tiefen einzubauen. Besonders häufiger Fehler: Bei Aussagesätzen geht die Stimme unsicherer Menschen nach oben, als wäre es eine Frage. Richtig ist, auch wenn du inhaltlich unsicher bist, bei Aussagesätzen die Stimmmelodie nach unten gleiten zu lassen. Je variantenreicher die Sprechmodulation, desto interessanter findet der Gesprächspartner deinen Inhalt.
3. *Variierendes Sprechtempo:* Immer in der gleichen Geschwindigkeit zu sprechen ermüdet den Zuhörer. Hingegen signalisiert ein dynamischer Sprechrhythmus Lebendigkeit und Esprit. Selbst wenn du innerlich müde bist oder dir etwas gleichgültig ist, solltest du darauf achten, ein variierendes Sprechtempo zu haben.
4. *Ausreichende Lautstärke:* Du solltest nicht zu laut sprechen, das wirkt nervös. Und nicht zu leise – das wirkt unsicher. Es sollen dich alle im Raum gut verstehen können.
5. *Pausen:* Ängstliche Menschen wollen schnell fertig werden und machen keine einzige Pause. Willst du Kompetenz, Selbstbewusstsein und Klarheit ausstrahlen, dann solltest du bewusst Pausen einbauen – auch um dem Gesprächspartner die Chance für Nachfragen zu geben.
6. *Verlegenheitslaute meiden:* Vor allem »Ähms« sind ein Kriterium der Ohnmachtssprache und müssen absolut vermieden werden, um einen perfekt vorbereiteten Eindruck zu hinterlassen.

7. *Und schließlich der Dialekt beziehungsweise Akzent:* Ich habe bereits oben die Nachteile des Akzents und Dialekts dargestellt. Hochdeutsch ist, auch wenn es einige ungern hören, Trumpf (siehe auch S. 161 ff.).

Natürlich kannst du einen Stimmtrainer dafür bezahlen, dass er auf diese sieben Aspekte in deiner Stimme achtet. Oder aber du machst es selbst, indem du beispielsweise einen Zeitungsartikel auf einen Tonträger sprichst, etwa dein Smartphone.

Es ist schwer, gleich auf alle sieben Werkzeuge der Stimme zu achten. Fang einfach mit einem an – variiere zum Beispiel das Sprechtempo. Und wenn es dir gut gelungen ist, dann geh zum nächsten über. Wenn du hier am Ball bleibst, machst du erfahrungsgemäß immer mehr Fortschritte.

Trick Nr. 8:
Zitate

> *So ein paar grundgelehrte Zitate*
> *zieren den ganzen Menschen.*
>
> Heinrich Heine

Dir ist sicher aufgefallen, dass ich den Kapiteln und Abschnitten ein Zitat vorangestellt habe, das auf das jeweilige Thema einstimmt. Das ist natürlich kein Zufall. Erstens suggerieren Zitate Belesenheit und Intelligenz. Zweitens lockern sie den eigenen Text etwas auf. Drittens bringen Zitate oftmals komplexe Wahrheiten in Kürze auf den Punkt und sind damit viertens gute Gedächtnisstützen in unserer schnelllebigen Zeit, denn manchmal sind sie das Einzige, was von einem eilig gelesenen Text in Erinnerung bleibt.

Zitate schmücken jede Rede und jeden geschriebenen Text. Und ihre Wirkung kann kaum überschätzt werden.

Wie man Zitate geschickt einsetzt

Mittlerweile gibt es ja unzählige Zitate-Datenbanken im Internet, in denen man nach Schlagwörtern suchen kann – und innerhalb von zwei Minuten zu fast jedem Thema einen schlauen Spruch findet. Darüber hinaus werden wie seit eh und je Zitatsammlungen in Buchform angeboten. Das alles ist für den Einstieg schon gar nicht mal so schlecht.

Noch geschickter ist es, bei einem Meeting oder Vortrag den Ehrengast oder die wichtigste Person im Raum zu zitieren. Stell dir vor, du sitzt in einer Besprechung mit dem Vorstandsvorsitzenden – und irgendwann kommst du dran. Und leitest deinen Beitrag mit den Worten ein: »Ich darf noch einmal zitieren, was unser Vorstandsvorsitzender gleich zu Anfang gesagt hat, nämlich …« Wenn du das so selbstsicher machst, dass man dir nicht gleich unterstellt, du wolltest dich bloß einschmeicheln, hat das zwei positive Effekte für dich: Erstens bleibst du dem großen Boss in Erinnerung, denn wem gefällt es nicht, wörtlich zitiert zu werden? Zweitens fällst du auf als ein zuhörender Kollege, der nicht einfach seinen vorbereiteten Text abrattert, sondern sich flexibel auf die zur Diskussion stehenden Inhalte einstellen kann.

Kleines Latinum für Angeber

Auch ist es wirkungsvoll, die Zitate in der Originalsprache wiederzugeben. Das kann je nach Publikum zusätzliche Punkte bringen. Natürlich nur dann, wenn deine Aussprache korrekt ist und du das Zitat souverän und ohne abzulesen beherrschst. Vielleicht hattest du in der Schule ja Latein? Dann wird es Zeit, ein paar klassische Sentenzen herauszuholen und bei passender Gelegenheit parat zu haben, etwa:

- *Dies diem docet.* – Ein Tag lehrt den anderen.
- *Repetitio est mater studiorum.* – Wiederholung ist die Mutter des Lernens.
- *Manus manum lavat.* – Eine Hand wäscht die andere.
- *Fas est et ab hoste doceri.* – Recht ist es, auch vom Feind zu lernen.
- *Fortiter in re, suaviter in modo.* – Hart in der Sache, weich in der Form.

Oder im Sinne unseres Mottos »Manipuliere, bevor du manipuliert wirst«: *Vivere militare est.* – Leben heißt kämpfen.

Und auch wenn du keinen Lateinunterricht in der Schule hattest: Gerade diese alte Sprache hat immer noch eine magische Wirkung auf uns – und schöne Lateinzitate zu allen erdenklichen Themen gibt es wie gesagt zuhauf im Internet und in allerlei Büchern.[107] Gern dürfen es natürlich auch französische, spanische oder sonstige Zitate sein. Selbstverständlich soll man es damit nicht übertreiben. Ein beeindruckendes Zitat pro Rede(beitrag) ist völlig ausreichend!

Trick Nr. 9:
Das Passiv

Die Sprache dient ihnen [den Menschen] allein dazu, ihre Gedanken zu verbergen.
Voltaire

Kommen wir zu einem wichtigen Sprachtrick, der häufig unterschätzt wird: dem Passiv. Die Vorteile der »Leideform« – und das weiß jeder, der in einer Behörde oder Kanzlei arbeitet – sind in vielen Situationen des Alltags sehr praktisch. Nennen wir also ein paar Beispiele, die gleichzeitig zeigen, wie du diese Konjugationsform einsetzen kannst, wenn du jemanden manipulieren möchtest:

- Die *Anonymisierung* des Subjekts in einer Aussage geschieht dadurch, dass bei der Umwandlung eines aktivischen Satzes in einen passivischen das Subjekt weggelassen und das Akkusativobjekt zum grammatischen Subjekt des neuen Satzes wird: »Die Angelegenheit wurde nicht rechtzeitig erledigt.« Dieser Satz verrät nicht, *wer* die Angelegenheit zu spät erledigte. Das Passiv hilft also, sich bei einem Fehler zu tarnen.

Merke: Das Passiv schafft Anonymität, Objektivität und begünstigt Doppeldeutigkeiten.

- Nun ein Beispiel zur durch das Passiv suggerierten *Objektivität*: »Es wurden keine überzeugenden Gründe erkannt, wieso X der Vorzug zu geben war.« Dieser Satz besticht durch seine scheinbare Neutralität. Es klingt so, als hätte ihn ein unvoreingenommenes Gremium oder ein Fachmann geschrieben, die absolut objektiv seien. Vielleicht gab es ja diese Gründe in Wirklichkeit schon. Doch der Satz klingt so unparteiisch, dass man ihn kaum infrage stellen wird.
- Und schließlich ein Beispiel für die *Doppeldeutigkeit*, die durch das Passiv begünstigt wird: »Beim Mitarbeitertreffen wurde beschlossen, dass das Rauchen auf dem Betriebsgelände nicht mehr erlaubt sein soll.« Der Satz wirkt an sich wenig spektakulär. Doch in Wirklichkeit weiß man weder, ob die Mitarbeiter sich freiwillig trafen, noch, ob das Treffen angeordnet wurde. Auch ist unklar, ob das Rauchverbot seitens der Mitarbeiter oder seitens der Geschäftsführung beschlossen wurde. Das Passiv ist also auch ein Einfallstor für Halbwahrheiten, in denen man verbergen kann, was man (nicht) getan hat.

Die Top 10 kleiner Sprachtricks

Den Stil verbessern – das heißt den Gedanken verbessern, und gar nichts weiter!

Friedrich Nietzsche

Zum Ende der zweiten Trickkiste kommt nun noch eine Liste kleiner Sprachtricks mit großer Wirkung. Tausende Wörter fallen uns täglich aus dem Mund. Und natürlich gibt es da großes Verbesserungspotenzial bezüglich des Redestils. Bei uns allen. Es gibt aber kleine Wörter und Formulierungen, die unsere Kommunikation im Alltag sofort verbessern. Hier die wichtigsten zehn:

1. *»Und« statt »aber«:* Das »Aber« leitet einen Einwand ein. Einwände sind aber höchst unbeliebt. In 99,9 Prozent der Sätze kann man selbst bei einem Einwand das »Aber« geschickt durch ein »Und« ersetzen. Das wirkt harmonischer, ist lediglich ergänzend – und stimmt unser Gegenüber günstig. Und natürlich können wir einen uns wohlgesinnten Gesprächspartner besser beeinflussen.
2. *»Zwar ..., aber ...«:* Auch einseitige Darstellungen erfreuen sich keiner großen Beliebtheit. Das wirkt parteiisch. Mit einem Zwar-aber-Satz suggerieren wir, dass wir auch Gegenargumente zu unserer Auffassung kennen. Ob wir diese ehrlich würdigen, steht natürlich auf einem ganz anderen Blatt.
3. *»Wir« statt »Ich«:* Das »Ich« wirkt egozentrisch, während das »Wir« impliziert, dass du auch an andere denkst und dass andere dich unterstützen.

4. »*Selbst wenn …*«: Falls du mehrere Argumente hast, dann hilft dir das Selbst-wenn-Argument enorm. Hat dein Gesprächspartner dir deinen ersten Punkt nicht abgekauft, leitest du so geschickt einen völlig unabhängigen neuen Punkt ein, ohne auf den ersten pochen zu müssen.
5. »*Sie denken also …*«: Das Gesagte des anderen zu paraphrasieren ist deswegen geschickt, weil wir ihm so das Gefühl vermitteln, dass wir ihm aufmerksam zuhören. Dieses »aktive Zuhören« steigert seine Sympathie – und damit unsere Einflussmacht auf ihn.
6. *Wiederholungen:* Wenn wir einen Gedanken mehrfach repetieren, ohne penetrant zu sein, dann nistet er sich langsam, aber sicher im Kopf des Gegenübers ein. Die Wiederholung vermittelt dem anderen außerdem den Eindruck, dass wir uns der Sache ganz sicher sind. Und man vertraut sicheren Menschen mehr als unsicheren.
7. »*Eine unabhängige Studie hat gezeigt …*«: Die Leute mögen Fakten. Wenn wir eine Information mit diesem Satz einleiten, wirkt das wie ein starkes Autoritätsargument auf unser Publikum. Ob die Studie wirklich unabhängig oder repräsentativ war, sei mal dahingestellt.
8. »*Ich will nicht sagen, dass …*«: Du tust so, als würdest du etwas nicht betonen wollen – tust es aber dennoch. Dieses rhetorische Stilmittel (Fachwort: Paralipse) war bereits in der Antike bekannt. Ich will erst gar nicht erwähnen, dass du dir das Fachwort nicht unbedingt merken musst.
9. »*Hauptsätze. Hauptsätze. Hauptsätze*«: In seinen *Ratschlägen für einen schlechten Redner* bemerkte Kurt Tucholsky,[108] dass man die Zuhörer vor allem mit Hauptsätzen (Fach-

wort: Parataxe) gewinnt. Also keine verschlungenen Bandwurmsätze. Sondern leicht verständliche kurze Hauptsätze. Bei ihnen ist die Verarbeitungsflüssigkeit viel größer. Vor allem ist es mal wieder Trump, der diese Regel nahezu perfekt beherrscht.

10. *Betonungen:* Einzelne Wörter, die für das Verständnis wichtig sind, sollen betont werden (Fachwort: Emphase). Übrigens verschiebt sich mit der Betonung *(kursiv)* häufig auch die Bedeutung:

    - *Beispiel 1:* »*Wir* wollen ihn nicht.« – Hier steht im Vordergrund, *wer* ihn nicht will.
    - *Beispiel 2:* »Wir *wollen* ihn nicht.« – Hier steht im Vordergrund, dass man ihn nicht *will.*
    - *Beispiel 3:* »Wir wollen *ihn* nicht.« – Hier steht im Vordergrund, dass man *genau diese Person* nicht will.

Wenn dich weitere sprachliche Tricks interessieren und du gern mehr rhetorische Figuren lernen möchtest, findest du in der Wikipedia eine interessante Sammlung.[109] Natürlich musst du nicht wissen, was eine Aposiopese oder ein Zeugma ist. Die obigen zehn Finessen würde ich an deiner Stelle allerdings sofort in mein Repertoire integrieren!

Schau dir auf Wikipedia die umfassende »Liste rhetorischer Stilmittel« mit schönen Beispielen jetzt an!

So viel also zu den besten verbalen Manipulationstricks. Kommen wir jetzt zur Manipulation mit logischen Fallen – den sogenannten Scheinargumenten.

3. Die dritte Trickkiste: Scheinargumentation

Es ist leicht, durch den Schein zu täuschen.

Jean-Jacques Rousseau

Die meisten Menschen sind im Argumentieren nicht geschult. Bestenfalls wissen sie noch aus Pennälerzeiten, dass ein Argument gemäß der »3-B-Regel« aus einer *B*ehauptung besteht, einer *B*egründung, die die Behauptung stützt, und einem veranschaulichenden *B*eispiel. Doch wie eine schlüssige Begründung aussieht und unter welchen Voraussetzungen sie die Behauptung belegt, das ist den allermeisten ein Rätsel. Und genau deswegen ist es so leicht, die Menschen mit Scheinargumenten zu täuschen.

Bereits in der zweiten Trickkiste – beim »Kopier-Experiment« – habe ich dargelegt, dass allein schon das Wörtchen »weil« unseren Begründungshunger stillt, ohne dass wir prüfen, ob das, was danach kommt, eine wirklich relevante Begründung ist. Doch nun kommen wir zur dritten Trickkiste der dunklen Rhetorik, der logischen Manipulation mit Scheinargumenten, und werden das Thema noch etwas vertiefen. Hier wird tatsächlich eine Begründung angegeben. Vordergründig klingt diese Scheinargumentation auch bei einer Nachfrage halbwegs plausibel, sodass viele auf sie hereinfallen werden. In Wirklichkeit aber ist auch hier die angegebene Begründung meist entweder irrelevant oder falsch.

Scheinargumente wurden erstmals systematisch von Aristoteles behandelt, und zwar in seinen bereits erwähnten *Sophistischen Widerlegungen*. Natürlich wurde die Liste mit der Zeit immer länger – und die Pseudobegründungen wurden immer kreativer. Einige wirken eher emotional – andere mehr rational. Wer erfolgreich manipulieren will, wird selbstverständlich dasjenige Scheinargument nutzen, das bei einer speziellen Person im konkreten Fall am erfolgversprechendsten ist.

Noch ein kleiner Hinweis, bevor es losgeht: Weil viele Scheinargumente bereits aus der Antike stammen, haben sie meist lateinische Namen. Es ist vorteilhaft, diese Fachtermini zu kennen, um jemandem augenblicklich etwas entgegenzuhalten, der gegen uns ein bestimmtes Scheinargument anwendet. Wenn du die folgenden Scheinargumente durcharbeitest, dann ist für dich ein Satz wie »Das ›Ad nauseam‹ zieht bei mir nicht!« eine Leichtigkeit. Und nimmt deinem Gegner sofort den Wind aus den Segeln.

Genug der Vorrede! Starten wir durch mit den dreizehn wirkungsvollsten Scheinargumenten für den Alltag!

Scheinargument Nr. 1:
Die Irrelevanztechnik

Das Leben ist eine fortwährende Ablenkung, die nicht einmal zur Besinnung darüber kommen lässt, wovon sie ablenkt.

Franz Kafka

Man kann, und das wissen wir aus vielen Politikerinterviews, eine ausführliche Begründung zu einer Antwort geben, die sich äußerst schlau anhört, doch am Ende aber auch rein gar nichts mit der gestellten Frage zu tun hat. Ich sprach ja bereits im Abschnitt »Sicher auftreten bei völliger Ahnungslosigkeit« am Anfang des Buches kurz darüber, wie leicht man abstrahieren und abdriften kann.

Wie gesagt hat schon Aristoteles auf diese Technik hingewiesen, die in den lateinischen Übersetzungen seiner *Sophistischen Widerlegungen* »Ignoratio elenchi« (wörtlich »Unkenntnis der Widerlegung«)[110] genannt wird. Dabei spricht man über etwas anderes, als eigentlich zur Debatte steht. Durchaus wird etwas argumentativ belegt, nur eben nicht das, was zu beweisen war. So kann man den Fragesteller gegebenenfalls – etwa wenn man keine Ahnung hat oder sich nicht festnageln lassen möchte – mit einem Wortschwall dermaßen verwirren, dass er seine ursprüngliche Frage vergisst.

Eines der berühmtesten Beispiele der Geschichte dazu stammt von Senator Ted Kennedy, dem seinerzeit ein Journalist die schlichte Frage stellte: »Warum wollen Sie Präsident werden?« Von Kennedys Antwort kann man lernen! Er sagte:

> *»Die Gründe wären, dass ich einen großen Glauben an dieses Land habe. Es gibt mehr natürliche Ressourcen als in jedem anderen Land. Es gibt die größte gebildete Bevölkerung in der Welt, die besten Technologien der Welt, die besten Innovationsmöglichkeiten und das beste politische System der Welt.«*[111]

Was hat das Ganze mit seiner Motivation zu tun, Präsident zu werden? Doch Ted Kennedys Antwort ging noch weiter. Er führte aus:

> *»Wir stehen gerade vor komplexen Sachverhalten und Problemen. Wir standen auch früher bereits vor ähnlichen Herausforderungen. Und die Energien und Ressourcen dieses Landes sollten auf diese Probleme fokussiert werden … vor allem auf Probleme der Wirtschaft, der Inflation und der Energie. Es ist für das Land unbedingt erforderlich, dass es sich nach vorn bewegt – es kann nicht stillstehen, anderenfalls entwickelt es sich zurück.«*

Klingt plausibel, oder? Komplexe Probleme, Energie, Inflation, Stillstand … Was war noch mal die Frage? Ach ja, warum er Präsident werden möchte. Dazu wissen wir auch nach seiner etwa zweiminütigen Antwort immer noch nichts. Die Scheinbegründung nannte man auch »Non Causa pro Causa« (»Kein Grund als Grund«).

Jetzt, im Kontext des Themas, bist du gerade geprimt, alles im Licht der Scheinargumente zu lesen. Doch wenn man in einer ganz normalen Alltagssituation eine ähnlich ausführliche und irrelevante Antwort erhält, fällt es einem in den meisten

Fällen nicht gleich auf! Und was Politiker mit einem so machen, kannst du natürlich auch selbst anwenden!

Ein Beispiel zur Irrelevanztechnik im Beruf

Stell dir vor, dein Abteilungsleiter möchte dich zum »Projekt X« befragen, und setzen wir mal voraus, du möchtest über ebendieses Projekt X nicht sprechen. Dein Chef kommt also zu dir und stellt dir so eine Frage wie: »Herr Müller, wie sind die Fortschritte beim Projekt X?«

Nach den Regeln der Irrelevanztechnik kannst du nun etwa Folgendes entgegnen: »Projekt X läuft ganz gut. Das Projekt **Y** ist aber an einem Punkt, wo wir viele Anpassungen vornehmen müssen. Ich möchte für mein Team da sein – und ich will, dass es weiter so gut läuft wie bisher. Die Kooperation mit der Finanzabteilung klappt viel besser als in den letzten Monaten. Sie werden überrascht sein, wie gut wir uns mittlerweile verstehen. Frage an Sie: Wann sollen wir mit dem Projekt **Y** an die Öffentlichkeit gehen? Denn viele Mitarbeiter raten, bereits jetzt dazu eine Presseerklärung zu verfassen …«

Es gibt eine gewisse Wahrscheinlichkeit, dass das Ablenkungsmanöver auffällt. Doch der durchschnittliche Abteilungsleiter denkt jetzt wohl so sehr über das von dir genannte Projekt Y nach, dass er seine Ausgangsfrage bereits vergessen haben wird. Trickreich ist an dem Beispiel ja auch, dass du zum Projekt Y eine Frage stellst – und damit den Fokus seines Denkens auf dieses Projekt lenkst.

Eine kleine Aufgabe zur Irrelevanztechnik

Stell dir Folgendes vor: Dein(e) Partner(in) wirft dir vor, du würdest zu viel arbeiten. Du möchtest diesem Vorwurf aber nicht direkt begegnen, sondern über etwas anderes reden und davon ablenken. Leg das Buch jetzt kurz zur Seite und formuliere mindestens sieben Sätze, mit denen du auf diesen Vorwurf antwortest, ohne direkt darauf einzugehen.

Scheinargument Nr. 2: Das Traditionsargument

Gewohnheit, Sitte und Brauch sind stärker als die Wahrheit.

Voltaire

»Das haben wir schon immer so gemacht«: Diesen Satz hast du sicherlich bereits hundertmal in deinem Leben gehört. Zum einen kann er – wie bereits beschrieben – ein Totschlagargument sein, mit dem jemand eine Diskussion abwürgen möchte. Zum anderen kann dieses Argument auch ernst gemeint sein. Und dann ist es relativ schwer zu entkräften.

Wenn wir selbst dieses Scheinargument nutzen, ist unser Vorteil ja, dass wir – wie allgemein angenommen wird – bereits eine bewährte Methode haben, die gut funktioniert. Unser Gesprächspartner, der etwas Neues vorschlagen möchte, ist im Nachteil. Denn wenn er eine neue Methode vorschlägt, ist ja noch nicht gewiss, dass diese überhaupt, geschweige denn besser als die bewährte funktionieren wird. Du behauptest deshalb einfach: »Lieber den Spatz in der Hand als die Taube auf dem Dach!« Du stehst also für Sicherheit und Kontinuität – während der traditionsbrechende Vorschlag als Risiko oder Gefahr dargestellt werden soll. Mit dem »Argumentum ad antiquitatem« (vom lateinischen *antiquus* [»alt«]), wie das Traditionsargument auch genannt wird, kann man ziemlich viele Menschen problemlos abwimmeln – wir sprachen ja schon über die »Verlustaversion«!

Wie du sicher weißt, ist es übrigens deswegen ein Scheinargument, weil es zwei potenziell falsche versteckte Prämissen hat. Erstens, dass man bisher aus guten Gründen eine Sache X gemacht hat. Das mussten ja nicht notwendigerweise wirklich gute Gründe gewesen sein. Und zweitens, dass es in der Zwischenzeit keine bessere Lösung gäbe. Auch das ist keine zwangsläufig richtige Annahme.

Alternative Worte

Der Spruch »Das haben wir schon immer so gemacht« ist ziemlich abgedroschen, und viele Leute sind auf ihn konditioniert. Er sollte deshalb besser in abgewandelter Formulierung benutzt werden, etwa wie folgt:

- »Lassen Sie uns beim Bewährten bleiben.«
- »Never change a winning team.«
- »Lieber Sicherheit als Risiko.«
- »Lassen Sie uns unseren Fortschritt nicht gefährden.«

Ein Beispiel zum Traditionsargument aus dem Beruf

Stell dir vor, dein Kollege hat eine neue Idee, die er umsetzen möchte. Er hat sogar Zahlen, Daten und Fakten zum Gespräch mitgebracht, die für seine neue Methode sprechen. Was kannst du dazu sagen, wenn du nicht von seinem Vorhaben überzeugt bist oder darin Nachteile für dich siehst?

Hier ein Vorschlag, mit dem du die Diskussion in den meisten Fällen beenden kannst: »Also, Herr Kollege, bei allem Respekt: Diese Zahlen basieren auf optimistischen Annahmen! Was ist, wenn das nicht so gut läuft? Was ist, wenn die neue Idee bei unseren Kunden nicht gut ankommt? Dann haben wir statt Ihren Zahlen nur noch rote Zahlen. Lieber fahren wir beständig, als das Risiko einzugehen, viel Geld zu verbrennen. Läuft doch auch so kontinuierlich gut für uns. Lassen Sie uns das bitte nicht gefährden.«

Eine kleine Aufgabe zum Traditionsargument

Stell dir Folgendes vor: Du und dein(e) Partner(in) fahrt seit Jahren im Sommer in ein und denselben Urlaubsort. Dieses Jahr will er/sie etwas Neues ausprobieren. Doch du magst nicht. Du möchtest wieder an den alten lieb gewonnenen Ort.

Leg das Buch jetzt kurz weg und formuliere wieder mindestens sieben Sätze, mit denen du auf diesen Vorschlag antwortest und eure bisherige Tradition als etwas Wertvolles in den Vordergrund stellst.

Scheinargument Nr. 3:
Der Angriff auf persönliche Umstände

Das Wort verwundet leichter, als es heilt.
Johann Wolfgang Goethe

Das Argumentum ad hominem (wörtlich »Beweisrede zum Menschen«), wie eine Attacke auf die persönlichen Umstände oder Eigenschaften eines Menschen auch genannt wird, kommt in drei unterschiedlichen Versionen daher: der Beleidigung, der Brunnenvergiftung und dem »Du auch«.

Die Beleidigung

Der Klassiker in dieser Kategorie ist die Beleidigung. Davon – und wie Trump mithilfe solcher Anwürfe Präsident wurde – war ja bereits die Rede. In der Wirkung kann man die geschickt eingestreute Beleidigung kaum unterschätzen. Die meisten reagieren sehr emotional darauf und kommen schnell aus dem Konzept. Nur die wenigsten schaffen es, zumindest nach außen hin sachlich und konzentriert zu bleiben. Die Ursachen dafür sind vielfältig, die häufigsten werden aber mangelndes Selbstbewusstsein und Abhängigkeit von der Meinung anderer sein.

Die Beleidigung bezeichnet Schopenhauer übrigens als »Argumentum ad personam«. Und fügt hinzu, dass es den anderen noch mehr erbittert, wenn man ihn nicht einfach beleidigt, sondern ihm »ganz gelassen zeigt, dass er unrecht hat und also falsch urteilt und denkt«[112] – doch das bessere Gegenargument haben wir ja nicht immer gleich parat. Daher ist das »Argumentum ad hominem« respektive »ad personam« zwar nicht das bessere, jedoch immer das einfachere Mittel.

Die Brunnenvergiftung

Eine weitere Art ist das sogenannte »Brunnenvergiften« *(poisoning the well)*. Das Bild stammt aus der Geschichte, hat man vor der drohenden Übernahme durch feindliche Soldaten doch die eigenen Brunnen vergiftet, um die künftigen Besatzer zu schwächen.

Bei diesem Scheinargument geht es darum, den Urheber der Information zu diskreditieren. Statt sich zur Sache zu äußern, verunglimpft man beim »Brunnenvergiften« bildlich gesprochen die Quelle – die Person, die eine unliebsame Idee vorgetragen hat. Beispiel: »Andreas ist in einer Sekte, seiner Meinung brauchen wir nun wirklich nicht zu folgen!« Der Fehlschluss: Wer in einer Sekte ist, ist unvernünftig und kann daher keine rationalen Gründe vortragen. Natürlich kann man auch als Mitglied einer Sekte, der NPD oder als Mitarbeiter der Tabakindustrie durchaus in einer Angelegenheit recht haben.

Das Brunnenvergiften kann auch darin bestehen, jemandem Parteilichkeit oder Eigennützigkeit vorzuwerfen. Du magst also gemein sein und schlicht in den Raum stellen, mit seiner Aussage verfolge jemand bloß seine egoistischen Interessen. Und Egoismus ist natürlich ein schwerer Vorwurf in unserer Welt der Gutmenschen. Für den anderen wird es schwierig, seine Neutralität zu beweisen.

Das »Du-auch-Argument«

Eine weitere Unterart ist das sogenannte »Tu quoque« (lateinisch für »du auch«). Hier wirft man jemandem vor, sich nicht an die von ihm selbst aufgestellten Prinzipien zu halten – und versucht, ihn und seine Aussagen mithilfe der Inkonsistenz zu diskreditieren. Einfaches Beispiel: Der Vater, ein Raucher, erwischt seinen pubertierenden Sohn mit einer Zigarette. Der Vater sagt, Rauchen sei ungesund und der Sohn sollte das lassen (ein klassischer performativer Widerspruch …). Und der Sohn hält dem entgegen: »Du rauchst doch auch!«

Das »Du-auch-Argument« ist deswegen ein Scheinargument, weil das Prinzip, das die Person aufgestellt hat, trotz ihres widersprüchlichen Verhaltens richtig sein kann. Die meisten Menschen fallen aber dennoch leicht darauf herein, schon allein, weil sie wohl ein schlechtes Gewissen haben.

Das funktioniert auch im Beruf. Stell dir vor, dein Kollege wirft dir amoralisches Verhalten in einer bestimmten Situation vor. Und angenommen, er hat in diesem Fall sogar recht. Wenn du das nicht zugeben – und schon gar nicht erst rechtfertigen – willst, ist es gut, wenn du einen Fauxpas von ihm kennst und ihm diesen entgegenhalten kannst.

Und jener Fehltritt in seiner Vergangenheit kann wirklich alles sein, er muss nichts mit dem aktuellen Thema zu tun haben: Er hat sich letztes Jahr bei der Urlaubsverteilung unkollegial verhalten, er ist schon mal früher als erlaubt nach Hause gegangen, er hat während der Arbeitszeit private E-Mails verschickt, er isst oft Fleisch aus der Massentierhaltung, er spendet nicht – alle möglichen »Fehltritte« sind denkbar, um den Moralapostel zu diskreditieren. Die Standardreaktion wird sein, dass der Kollege sein Fehlverhalten rechtfertigt und nun selbst zur Zielscheibe wird!

Scheinargument Nr. 4: Der Zirkelschluss

Moral, das ist, wenn man moralisch ist.
Aus Georg Büchners »Woyzeck«

Sicher kannst du dich noch an meinen Lieblingsausdruck der rhetorischen Finessen erinnern, die vier Buchstaben, mit denen man fast jede Diskussion zum Erliegen bringen kann: »Isso! (Ist so!)«

Solch ein Zirkelschluss wird auch »Petitio Principii« genannt, was im Lateinischen »Beanspruchung eines Grundsatzes« bedeutet. Beim Zirkelschluss sind die Behauptung und die Begründung identisch. Es wird also überhaupt nichts bewiesen, sondern man dreht sich inhaltlich im Kreis. Wenn man es geschickt anstellt, dann fällt das aber gar nicht auf!

Zirkelschlüsse aus dem Alltagsleben

Ich kann hier drei Beispiele nennen, die mir just diese Woche untergekommen sind:

1. »Sich ständig selbst Vorwürfe zu machen ist krank, denn das kann nicht gesund sein.«

2. »Wir können unsere negativen Emotionen nicht kontrollieren, denn Emotionen sind nicht beeinflussbar.«
3. »Sie können uns vertrauen, denn wir sind absolut zuverlässig.«

Zum Zirkelschluss gibt es auch einen absoluten Klassiker aus dem Bereich »Religion«: »Die Bibel ist das Wort Gottes, denn so steht es ja auch dort.«

Den Zirkelschluss kannst du vor allem dadurch verstecken, dass du in der Behauptung und der Begründung nicht dieselben Worte benutzt, sondern Synonyme. So fällt nicht auf, dass in beiden Aussagen die identische Information steckt.[113] Wenn der erste Beispielsatz lautete: »Sich ständig selbst Vorwürfe zu machen ist krank, denn das ist krank«, würde die Dopplung sofort auffallen.[114]

Der Zirkelschluss in der Politik

Auch das politische Argumentationsmuster ist voll von Zirkelschlüssen. Hier wieder drei Beispiele:

1. »Wir brauchen härtere Strafen, weil das heutige Strafmaß nicht ausreicht.«
2. »Wir sollten eine Obergrenze für Flüchtlinge einführen, denn ohne Obergrenze kann es nicht funktionieren.«
3. »Frauen sollten selbst entscheiden dürfen, ob sie abtreiben wollen. Daher sollte Abtreibung legal sein.«

So wurde beispielsweise im letzten Satz ja nicht begründet, warum Frauen selbst entscheiden dürfen sollen, das Kind abzutreiben. Trotzdem wird geschlussfolgert, dass es legal sein sollte. Ein klassischer Fall eines Zirkelschlusses!

Merke: **Bei einem Zirkelschluss wird das zu Beweisende bereits vorausgesetzt.**

Achte doch mal bei Politikern in Talkrunden darauf, wie selten sie eine echte Begründung geben – und wie häufig sie nur mit anderen Worten wiederholen, was sie als These aufgestellt haben. Und achte natürlich auch auf deine Kollegen und Verwandten. Die machen das ebenfalls. Nicht unbedingt, weil sie es als manipulative Technik gelernt haben, sondern weil ihre Zirkelschlüsse nie infrage gestellt wurden – und sie intuitiv gemerkt haben, dass Zirkelschlüsse einfach gut funktionieren.

Auch Philosophen verwenden Zirkelschlüsse

Doch nicht nur in der Politik und im Alltag finden wir Zirkelschlüsse. Selbst Philosophen begehen sie. Eines der berühmtesten Beispiele ist der Satz »Ich denke, also bin ich« von René Descartes. Hier setzt der Philosoph voraus, dass nur Seiendes denkend sein kann. Etwas verständlicher formuliert: Weil das denkende Wesen ein Wesen ist, existiert es. Die Existenz setzt er in der Prämisse voraus, obwohl ja gerade sie zu beweisen ist. Spätestens seit dem Aufkommen der künstlichen Intelligenz wissen wir jedoch, dass auch Computer denken können – und gerade moderne künstliche Intelligenz ist bereits in der Lage, nicht nur Befehle auszuführen, sondern eigens entwickelte Konzepte und Lösungen zu erschaffen.[115] Trotzdem würden wir ein eigenständig denkendes Computerprogramm nicht als seiendes Wesen betrachten. Sein und Denken hängen also nicht notwendigerweise zusammen!

Und hier ein Beispiel für einen Zirkelschluss von John Locke: »›Wo es kein Eigentum gibt, da gibt es keine Ungerechtigkeit‹ ist ein Satz, der genauso wahr ist wie jeder beliebige Beweis des Euklid. Denn die Idee eines Eigentums bedeutet ein Recht auf etwas, und die Idee, welche ›Ungerechtigkeit‹ genannt wird, bedeutet einen Eingriff oder eine Verletzung dieses Rechtes.«[116] Locke definiert die beiden Begriffe auf eine Weise, in der die Definitionen der Begriffe die Schlussfolgerung bereits voraussetzen. Er macht auch einen geschickten Vergleich seines »Beweises« mit den mathematischen Beweisen des Euklid – und dieser Vergleich soll seinem Argument noch ein stärkeres Gewicht geben. Gut versteckt, Mr Locke! (Dass aber Eigentum und Ungerechtigkeit nicht unbedingt zusammenhängen, sieht man zum Beispiel in einer kommunistischen Gesellschaftsordnung, in der es zwar keine Eigentumsrechte geben sollte, dennoch aber Ungerechtigkeiten existieren – beispielsweise Mord. Lockes Definitionen von Eigentum und Ungerechtigkeit sind daher nicht logisch zwingend.)

Der Zirkelschluss ist, wie man besonders an den beiden philosophischen Beispielen von René Descartes und John Locke sieht, keineswegs eine leicht durchschaubare Sache. Umso hilfreicher ist es, wenn man diese Scheinargumentation gut beherrscht.

Scheinargument Nr. 5:
Das Dammbruchargument

Eine Geschichte ist dann zu Ende gedacht, wenn sie ihre schlimmstmögliche Wendung genommen hat.

Friedrich Dürrenmatt

Beim Dammbruchargument geht es darum, den anderen davon zu überzeugen, dass wir die »Büchse der Pandora« öffnen beziehungsweise einen »Präzedenzfall« mit katastrophalen Folgen schaffen, wenn wir ein kleines Zugeständnis machen. Das von uns abgelehnte Ansinnen führe also dazu, dass früher oder später der »Damm breche«.

Das Dammbruchargument in der Politik

Seit Jahren wird die Einführung der Homo-Ehe in vielen Ländern heiß diskutiert. Dabei tauchen regelmäßig Dammbruchargumente auf. So wetterte beispielsweise eine ehemalige saarländische Ministerpräsidentin folgendermaßen gegen die Ausweitung des Ehebegriffs auf Homosexuelle:

> *»Wenn wir diese Definition öffnen in eine auf Dauer angelegte Verantwortungspartnerschaft zweier erwachsener Menschen, sind andere Forderungen nicht auszuschließen: etwa eine Heirat unter engen Verwandten oder von mehr als zwei Menschen. Wollen wir das wirklich?«*[117]

Erst kommt die Homo-Ehe, dann kommt die Legalisierung des Inzests und der Polygamie … Wer kann das wollen? Doch an dieser Stelle muss man längst noch nicht aufhören. So führte der konservative und gerade bei Republikanern sehr beliebte und im April 2017 von seinem Sender wegen mutmaßlicher Belästigung von Frauen geschasste Talkmaster Bill O'Reilly das Argument noch viel weiter. Er sagt in einem Radiointerview:

> *»Die säkular-progressive Bewegung will meiner Meinung nach auch die Ehe abschaffen. Sie wollen die Ehe nicht, weil sie nicht vielfältig genug ist … Und jetzt kannst du achtzehn Menschen heiraten, du kannst eine Ente heiraten! Warum nicht? Wenn du dich in eine Ente verliebst, wer soll dir sagen dürfen, dass du das nicht darfst?«*[118]

Es geht beim Dammbruchargument darum, den Teufel an die Wand zu malen. Je schlimmer die Konsequenz ist, desto abschreckender die Wirkung. Und desto wahrscheinlicher wird dir dein Gegenüber zustimmen, diesen ersten (kleinen) Schritt auf gar keinen Fall mitzumachen.

Es ist oft schwer, die in Dammbruchargumentationen angeführten Folgeketten auf ihre Validität hin zu prüfen. Ob die Argumente oder die Gegenargumente überzeugen können, hängt wesentlich von der Urteilskraft der Beteiligten ab. Die Prophezeiungen bleiben also immer unscharf und entziehen sich einer formalen Beweisführung. Denn es geht immer um Wahrscheinlichkeiten, logische und zwingende Ableitungen sind meist schon aufgrund der Komplexität einer zu beurteilenden Angelegenheit selten möglich.

Das Dammbruchargument im Alltag

Jetzt, wo du das Prinzip und seine Erfolgsaussichten kennst, stellt sich natürlich die Frage, wie du es zur Manipulation im Alltag nutzen kannst. Und das ist natürlich ganz einfach. Erst musst du definieren, wogegen du bist – und anschließend diese Idee Schritt für Schritt ad absurdum führen. Stell dir vor, dein Chef hat dir aufgetragen, dass du dich in Facebook-Werbung einarbeiten sollst. Und du hast gar keine Lust darauf. Dieses Dammbruchargument könnte sofort helfen:

> *»Wenn wir jetzt in Facebook-Ads investieren, dann müssen wir natürlich auch in Google-Werbung und YouTube-Werbung investieren. Schon das allein wird teuer. Doch dann sehen unsere Konkurrenten, dass wir Werbung mit Social Media machen – und fangen auch damit an und investieren vielleicht noch mehr Geld als wir. Dann hat unsere Werbung gar keinen Effekt mehr, schlimmer noch: Wir verlieren Geld, das wir lieber woanders einsetzen könnten!«*

Wirkungsvoller wäre es übrigens, wenn du einen konkreten Gegenvorschlag hättest, wo das Geld besser investiert werden würde. Somit wäre seine Aufmerksamkeit komplett vom ursprünglichen Thema abgelenkt.

Scheinargument Nr. 6:
Die Evidenztechnik

Le sens commun n'est pas si commun. –
Der gesunde Menschenverstand ist nicht so verbreitet.
Voltaire

Auch diese Technik, die eine Scheinrationalität heraufbeschwört, ist bereits seit der Antike bekannt. Mit einem Argumentum ad iudicium wird an den gesunden Menschenverstand appelliert, an die eigene Urteilskraft (das lateinische *iudicium* heißt »Urteil«). Etwas wird als völlig offensichtlich dargestellt und bedarf angeblich keiner näheren Begründung. Bestimmte Adverbien (oder auch Adjektive) wirken dabei als Sprachverstärker, etwa:

- »*Zweifellos* ist der Vorschlag von Herrn Müller besser als der von Herrn Meier.«
- »*Offensichtlich* können wir die Zahlen der X GmbH unseren Rechnungen zugrunde legen.«
- »*Selbstverständlich* sind die Aussagen des Nachbarn korrekt.«

Noch intensiver kann die Wirkung sein, wenn man dem Gesprächspartner glaubhaft macht, kein vernünftig denkender Mensch würde die gemachte Aussage anzweifeln. Hierzu wieder ein paar Beispiele:

- »Es weiß ja *jedes Kind*, dass …«
- »Es wird *jedem vernünftigen Menschen* sofort einleuchten, dass …«

- »Wenn man *lange darüber nachgedacht* hat, dann ist einem klar, dass …«

Gerade die letzten Sätze funktionieren deswegen recht zuverlässig, weil man ja ungern zu den »Unvernünftigen« gezählt werden möchte. Doch auch ohne diese Diskreditierung wie in den ersten Beispielen denken die meisten Menschen aus demselben Grund äußerst selten kritisch über so eingeleitete Aussagen nach, weswegen sich dieses Instrument in den meisten Fällen gut für deine Zwecke eignet, wenn du jemanden von einem Vorhaben überzeugen möchtest.

Scheinargument Nr. 7: Der Gefühlsappell

> *Die Hälfte aller Fehler entsteht dadurch, dass wir denken sollten, wo wir fühlen, und dass wir fühlen sollten, wo wir denken.*
>
> John Churton Collins

Der Emotionsappell oder das Argumentum ad passiones (vom spätlateinischen *passio* [»Leiden«]) ist ein rhetorisches Mittel, bei dem an die Gefühle eines Zuhörers appelliert wird, um diesen zu überzeugen, statt Argumente sachlich zu belegen. Viele Menschen verlassen sich lieber auf das berühmte Bauchgefühl, als sich von rationalen Gründen leiten zu lassen. Und genau bei ihnen sind Gefühlsappelle eine sehr aussichtsreiche Methode zur Beeinflussung.

So hat bereits Aristoteles – neben dem Argument *(lógos)* und dem Charakter des Redners *(páthos)* – das Hervorrufen der Emotionen bei den Zuhörern *(ẽthos)* als eines der drei Überzeugungsmittel anerkannt. Der Vollständigkeit halber möchte ich erwähnen, dass Aristoteles den Charakter des Redners und das Hervorrufen der Emotionen als »Zugaben« bezeichnete und das Argument ins Zentrum der wissenschaftlichen Rhetorik stellte (Rhetorik, Buch 1, Kapitel 1).

So vielfältig, wie die Gefühle selbst sind, so mannigfach sind die Appelle an sie. Appellieren kann man an die Angst *(ad metum)*, an den Neid *(ad invidiam)*, an die Überlegenheit *(ad superbiam)*, an den Hass *(ad odium)*, an die Ausgewogenheit *(ad temperantiam)*, an den Zorn *(ad iram)*, an die Ehrfurcht *(ad verecundiam)* – aber natürlich auch an positive Gefühle wie Liebe, Freundschaft, Dankbarkeit et cetera. Von einigen war ja bereits am Anfang des Buches die Rede.

Doch stellt sich natürlich die Frage, welchen emotionalen Appell man im konkreten Einzelfall anwenden soll. Und die Antwort darauf ist: Je nach Persönlichkeitstyp eignen sich bestimmte Appelle besser als andere. Der Einfachheit halber gehen wir mal davon aus, dass Menschen – gemäß Hippokrates von Kos – sich in vier Gruppen einteilen lassen: Choleriker, Melancholiker, Phlegmatiker und Sanguiniker. Bei allen vier »ziehen« jeweils andere emotionale Appelle:

1. Der *Choleriker* ist in der Regel leicht reizbar, unausgeglichen und tendiert schnell zu Wutanfällen. Wenn man ihn zum Zorn oder zum Hass reizt, verliert er schnell seine Contenance und wird anfälliger für Fehler. Gleichzeitig ist bei je-

mandem, der böse wird, erkennbar, dass du seine Schwachstelle gefunden hast.[119] Und wenn du weißt, wo die Achillesferse des Menschen ist, hast du ihn schon im Griff.

2. Der *Melancholiker* ist in der Regel ein trauriger Gesell, schwermütig und äußerst sensibel. Weil er aber auch treu und loyal ist und einen Sinn für Gerechtigkeit hat, zieht bei ihm der Mitleidsappell (siehe S. 82 f.) sowie die »Fuß-in-der-Tür-Technik« (siehe S. 62 ff.) besonders gut.
3. Der *Phlegmatiker* ist in der Regel ein träger, ruhiger und schüchterner Mensch. Er ist auch freundlich und vermittelnd, was ihn besonders anfällig für vermeintlich gute Kompromisse macht sowie, weil er sorgenvoll und zögernd ist, für Angstappelle (siehe S. 83 f.).
4. Der *Sanguiniker* ist in der Regel lebhaft, heiter und optimistisch, extravertiert und gesprächig. Seinem positiven Gemüt entsprechend helfen vor allem Appelle an positive Emotionen. Sie resonieren am besten mit seinem Charakter. Vor allem der Freundschafts- (siehe S. 81 f.) und der Überlegenheitsappell (siehe S. 84) sowie die Optimismusfalle (siehe S. 157 ff.) sind bei ihm sehr vielversprechend.

Natürlich sind die vier Gruppen lediglich Idealtypen, die in Reinform eher selten auftreten. Jeder Mensch enthält eine ihm ganz eigene Mischung von ihnen. Wer gut manipulieren kann, ist aber auch ein guter »Menschenleser«, der ein Gegenüber nach kürzester Zeit einschätzen kann und den passenden emotionalen Appell zum dominierenden Charaktertyp anwenden wird.

Zur Persönlichkeitsbeschreibung gibt es neben der Vier-Typen-Lehre von Hippokrates natürlich auch andere Modelle. In den letzten Jahrzehnten sind hier vor allem das Vier-Farben-Modell von Frank M. Scheelen und das OCEAN-Modell (Big Five), das die Grundlage für die modernen Persönlichkeitstests bildet, besonders beliebt.

Scheinargument Nr. 8:
Die ständige Wiederholung

Zum zehnten Mal wiederholt,
wird es gefallen.

Horaz

Das Argumentum ad nauseam, die Wiederholung »bis zum Erbrechen«, habe ich bereits oben als einen Trick beschrieben, mit dem man unliebsame Diskussionen beenden kann (siehe S. 102 f.). Doch kann man durch bloße Wiederholung einer These auch überzeugen, wenn ebendiese These nicht ganz der Wahrheit entspricht. Die klassische Phraseologie dazu lautet: »Ich hab dir doch schon tausendmal gesagt: Du sollst das machen, weil …«

Die Tatsache allein, dass jemand etwas bereits mehrfach äußerte, beweist natürlich keineswegs, dass seine These und die Begründung richtig sind. Und trotzdem hat die ständige Wiederholung drei Effekte, die uns alle beeinflussen. Erstens lassen wir uns so eher überreden: Irgendwann geben wir einfach auf, weil wir es satthaben. Zweitens glauben wir, wenn jemand mit derart viel Nachdruck und offensichtlich überzeugt eine These vertritt, dass er schon recht haben wird. Drittens gewöhnen wir uns mit der Zeit an den Gedanken – und irgendwann kommt er uns gar nicht mehr so abstrus vor wie beim ersten Hören.

Ich erinnere mich zum Beispiel noch gut daran, dass unser Lateinlehrer auf der Uni uns am Ende der Vorlesung immer mit den gleichen Worten aufforderte, die Hausaufgaben zu machen. Er sagte stets den gleichen Satz. »Auch wenn Sie keine Lust haben: Machen Sie die Hausaufgaben einfach so!«

Am Anfang kamen mir diese Worte sinnlos vor. Wieso soll ich etwas »einfach so« machen? Das ist doch kein Grund! Und nach einigen Wochen, während deren er den Spruch jedes Mal wiederholte, hatte ich mich an den Gedanken gewöhnt – und dachte zu Hause tatsächlich: Ich mache mal die Lateinübersetzung *einfach so*.

Vielleicht kennst du auch das »Ceterum censeo« von Cato dem Älteren, mit dem er im römischen Senat jede Rede beendet haben soll: »Im Übrigen meine ich [= Ceterum censeo], dass Karthago zerstört werden muss.« Cato soll den Satz auch bei Sitzungen des Senats gesagt haben, die gar nichts mit der Stadt im heutigen Tunesien zu tun hatten. Nach dem Motto: Steter Tropfen höhlt den Stein. Und was passierte? Im Jahr 150 v. Chr. stimmte der Senat Cato schließlich zu, was zum Dritten Punischen Krieg und an dessen Ende auch zur Zerstörung Karthagos führte.

Natürlich nutzt Werbung, die uns erfolgreich beeinflussen will, genauso das Prinzip der ständigen Wiederholung, manchmal wirklich bis zum Erbrechen. Medienprofis wissen: Auch ein guter Werbespot muss von einem Zuschauer mehrere Male gesehen werden, bis der Kunde das Produkt kauft. Jedem Vertriebler ist bewusst, dass man den potenziellen Kunden mehrmals anrufen beziehungsweise anschreiben soll, bis er das Produkt kauft. Einige machen das zweimal, einige dreimal – und die erfolgreichsten Verkäufer bis zu zehnmal. Dabei ist es immer dieselbe Werbung beziehungsweise dasselbe Produkt.

Scheinargument Nr. 9: Die falsche Verallgemeinerung

> *»Immer« und »niemals« sind zwei Wörter, die niemals zu verwenden du immer bedacht sein solltest.*
>
> Wendell Johnson

Bei einer falschen Verallgemeinerung beziehungsweise einem Argumentum ab exemplo (vom lateinischen *exemplum* [»Probe, Muster, Beispiel«]) schließt man von einem oder wenigen nicht repräsentativen Beispielen auf eine vermeintlich allgemeine Regel. Regelrechte »Klassiker« sind etwa so weitverbreitete Annahmen wie »Alle Politiker lügen«, »Alle Männer betrügen«, »Frauen können nicht einparken« oder »Amerikaner sind oberflächlich«.

Meistens entwickeln sich Vorurteile aus einem oder mehreren beispielhaften Erfahrungen, die wir in unseren Köpfen abspeichern und mit der Zeit verallgemeinern, um uns einfacher in der Welt zurechtzufinden. Doch wie kann man diesen Mechanismus zur Manipulation nutzen?

Der Beispieltrick

Egal, wovon du jemanden überzeugen willst, du brauchst einfach nur ein gutes, einprägsames und am besten belegbares Beispiel. Und tust dann so, als wäre das Exempel der Beweis, dass sich etwas immer oder jedenfalls sehr häufig so verhält wie in diesem Einzelfall. Die anderen Gelegenheiten, bei denen das nicht funktionierte, erwähnst du natürlich nicht:

- Du bist Versicherungsvertreter und möchtest einem Bekannten eine Berufsunfähigkeitsversicherung (BU) verkaufen. Um ihn zu überzeugen, findest du ein Beispiel, bei dem jemand aus seiner Berufsgruppe und optimalerweise auch in seinem ungefähren Alter eine BU abgeschlossen hat, berufsunfähig geworden ist und nun Monat für Monat einen schönen Betrag von der Versicherung bekommt.
- Du möchtest mit deiner Freundin im Mai nicht nach Zypern. Sie will aber genau in diesem Monat fliegen, weil sie da drei Wochen am Stück Urlaub nehmen kann. Finde einen Bekannten, der dir und ihr erzählt, wie windig und kalt es im Mai auf Zypern war, als er dort Urlaub gemacht hat. Natürlich ist es nicht korrekt, von einem Fall auf alle zu schließen. Doch das »Testimonial« wird sie ganz sicher beeinflussen.

Das Beispiel kann übrigens auch komplett erfunden sein. Wenn du nur lange genug suchst, findest du für (fast) alles ein Exempel! Es muss ja nicht repräsentativ sein – sondern sich lediglich plausibel anhören.

Der Gegenbeispieltrick

Natürlich kann man die Argumentation seines Kontrahenten auch mit einem Gegenbeispiel durcheinanderbringen. Ein einzelnes beweist zwar nichts, und vielleicht ist es auch bloß eine Ausnahme. Doch wir sind hier ja nicht bei einem Fairnesswettbewerb. Natürlich tun wir wieder so, als wäre es die Regel:

- Lange leben trotz Rauchens? – Helmut Schmidt.
- Studienabbrecher und dennoch Milliardär? – Bill Gates.
- Von einem Dutzend Verlage abgelehnt und danach trotzdem der Durchbruch? – J. K. Rowling.
- Ein Mensch kann nicht in mehreren Businessfeldern Visionär und finanziell erfolgreich sein? – Elon Musk.

Die Liste ließe sich natürlich endlos erweitern. Nie war es so einfach wie heute, das perfekte Gegenbeispiel zu allem und jedem zu finden – man muss nur lange genug mit der Suchmaschine spielen.

Scheinargument Nr. 10: »Mit diesem, folglich deswegen«

Korrelation impliziert nicht gleich Kausalität.

Unbekannt

Nur weil Ereignisse in einem gewissen zeitlichen oder örtlichen Zusammenhang auftreten oder Objekte zusammentreffen (Koinzidenz), heißt das nicht, dass ein ursächlicher Zusammenhang zwischen ihnen besteht. Das würde aber der Fehlschluss »Cum hoc ergo propter hoc« (»Mit diesem, folglich deswegen«) insinuieren, wenn er beispielsweise die Geburtenrate und die zeitlich parallel dazu sich vergrößernde oder verkleinernde Storchenpopulation in eine kausale Korrelation brächte.

Ein klassisches Beispiel aus der Politik wäre, dass sogenannte »Ballerspiele« für Kinder und Jugendliche möglichst weitgehend verboten werden sollen. Weil einige Amokläufer diese Spiele gespielt haben, wird von vielen Politikern vermutet, dass diese Ego-Shooter (mit)ursächlich waren für den Amoklauf. Eine Kausalität wurde jedoch wissenschaftlich nicht nachgewiesen.

Korrelationen gibt es wie Sand am Meer. Einige sind sehr skurril. Und es ist schon erstaunlich, wie – durch Zufall – bestimmte Ereignisse jahrelang die gleiche Entwicklung aufweisen. Die Zahl der Menschen, die durch das Fallen in ein Schwimmbad gestorben sind, korreliert zum Beispiel stark mit der Zahl der Filme, in denen Nicolas Cage mitgespielt hat.[120]

Natürlich wird mit diesem Fehlschluss der »clevere« Umgang mit Statistiken persifliert. Aber du kannst den Trick auch für dich nutzen. Wenn du beispielsweise deinen Partner oder dein Kind dazu bringen möchtest, weniger Junkfood zu essen, so kannst du im Internet nach einer Statistik suchen, der zufolge eine starke Korrelation zwischen den Burgerbratern und Patienten in Krankenhäusern besteht. Oder nehmen wir an, du gönnst dir gern mal ein Schlückchen. Du möchtest dich dafür aber nicht, wie sonst, rechtfertigen, sondern in einer Art Vorwärtsverteidigung argumentieren, dass erfolgreiche Menschen hin und wieder ein Gläschen trinken. Das einfach so zu behaupten wird sie natürlich nicht überzeugen. Warum nicht im Internet eine wissenschaftliche Studie finden, die eine starke Korrelation zwischen Alkoholkonsum und beruflichem Erfolg herausfand?[121]

Nach Korrelationen und zweifelhaften Statistiken suchen ist eine Methode. Eine zweite Methode ist, selbst die Statistiken so darzustellen, dass man mit ihnen ein manipuliertes Bild der Wirklichkeit malt. Wie Mark Twain sagte: »Beschaffe dir zuerst mal die Fakten, dann kannst du sie nach Gusto verzerren.«[122]

Zu Manipulationen mit Statistiken gibt es bereits eine Vielzahl von interessanten Büchern, die dir zeigen, wie's geht.[123] So kann man als Manipulationsmethode etwa den Zeitraum geschickt wählen, die Einheiten kreativ verändern, Achsen dehnen, die Stichproben vorsortieren, Grafiken schönen, mit Farben bestimmte Emotionen wecken und vieles andere mehr. Dank der großen Datenmengen im Internet ist es also nur eine Frage der Zeit, bis du eine für dich günstige Korrelation findest und daraus eine schöne Statistik bastelst. Und anschließend musst du nichts weiter tun, als einfach einen kausalen Zusammenhang zu behaupten.

Scheinargument Nr. 11: »Danach, also deswegen«

Es gibt viele Gründe für die Scheidung, aber der Hauptgrund ist und bleibt die Hochzeit.

Jerry Lewis

Während beim Cum-hoc-(»Mit-diesem«-)Fehlschluss zwei Ereignisse zusammen auftauchen, gibt es bei der Post-hoc-(»Nach-diesem«-)Scheinkorrelation ein früheres Ereignis, das als vermeintliche Ursache für das spätere Geschehen präsentiert wird. Die Hochzeit ist für die Scheidung eine Conditio sina qua non, eine *notwendige* Voraussetzung, die einer Scheidung auch immer zeitlich vorausgeht. Allerdings ist die Hochzeit natürlich keine *hinreichende* Bedingung.

Man könnte zum Beispiel auch folgenden Post-hoc-Fehlschluss aufstellen:

- *Prämisse 1:* Viele Eheleute gehen bei Streitigkeiten zum Paartherapeuten.
- *Prämisse 2:* Anschließend lassen sie sich häufig scheiden.
- *Schlussfolgerung:* Daher erhöht der Gang zum Paartherapeuten die Wahrscheinlichkeit, dass man sich scheiden lässt.

Dabei ist die Therapie sicher nicht die Ursache, sondern höchstens ein Beschleuniger für eine meist längst überfällige Trennung. Die meisten Paare gehen nämlich erst dann zum Paartherapeuten, wenn die Situation schon ziemlich verfahren ist.

Politiker machen vor, wie man den Post-hoc-Fehlschluss für sich nutzen kann. Wenn beispielsweise die Wirtschaft brummt, dann lag das natürlich an den eigenen »genialen« Konjunkturprogrammen. Falls du also Abteilungsleiter bist und das Team satte Gewinne einfährt, dann ist das natürlich deinen Strategien zu verdanken. Und wenn es davor lange Zeit schlecht lief und es dann endlich schwarze Zahlen gibt, behauptest du einfach, dass deine ursprüngliche Maßnahme Zeit brauchte, bis sie gefruchtet hat.

Wenn du Vater oder Mutter bist und dein Kind langsam erfolgreich wird, dann kannst du das natürlich auch als dein Verdienst in Anspruch nehmen: Natürlich liegt der späte Erfolg des Kindes daran, dass du früher mit ihm Hausaufgaben gemacht, es zum Musikunterricht geschleppt oder ihm die Nachhilfe bezahlt hast.

Scheinargument Nr. 12:
Das Nutzenargument

Nach Golde drängt,
Am Golde hängt
Doch alles. Ach wir Armen!

Aus Goethes »Faust«

Tun die Menschen das, was »richtig« ist? Oder eher das, was ihnen nützt? Wenn ich diese Frage stelle, dann wird sie meist mit Worten wie den folgenden beantwortet: »Natürlich habe ich meine Grundüberzeugungen und versuche sie einzuhalten. Und wenn ich dann mehrere Alternativen habe, suche ich selbstverständlich diejenige aus, die mir am meisten nützt.« Doch ist das wirklich so? Ich arbeite mit den unterschiedlichsten Berufsgruppen und bekomme von meinen Klienten einen Blick hinter die Kulissen. Nach außen sind alle »edel, hilfreich und gut«. Das ist klar. Aber wie sieht es aus mit der wahren Motivation?

Die Antwort ist ziemlich ernüchternd: Wir sind extreme Nutzenmaximierer. Die Prinzipien sind das, was das persönliche Aushängeschild für andere darstellt. Die wahren Motive sind egoistisch und werden möglichst nicht genannt.

Nehmen wir beispielsweise einen Arzt, der sich für einen Patienten nur wenige Minuten Zeit nimmt. Hätte sein oberstes Prinzip – wie behauptet –, den Kranken zu helfen, wirklich für ihn erste Priorität, würde er sie doch wohl nicht wie am Fließband in jeweils drei Minuten abfertigen. Natürlich ist an der Profitoptimierung nicht nur vielen Ärzten zuvörderst gelegen!

Es gibt Lehrer, die Jahr für Jahr Inhalte des jahrzehntealten Lehrplans wiederkäuen. Wäre die praxisorientierte Bildung, wie behauptet, wirklich ihr oberstes Prinzip, dann würden sie spannenden Unterricht mit aktuellem Realitätsbezug veranstalten. Aber das kostet Zeit. Natürlich ist Bequemlichkeit nicht nur Lehrern ein Bedürfnis!

Bei einer Krankenschwester, die für relativ wenig Geld im Schichtdienst und mit Überstunden ihrer stressigen Tätigkeit nachgeht, denkt man zunächst nicht an Egoismus. Doch wenn es in privaten Diskussionen darum geht, wer welchen Beitrag zur Gesellschaft leistet, dann spielt so manche Pflegekraft ihre moralische Überlegenheit aus. Es sind aber nicht nur Angehörige sozialer Berufe davon betroffen.

Jeder Mensch hat also einen ganz bestimmten Nutzen im Blick, der alle anderen Grundbedürfnisse dominiert. Und verfolgt diesen egoistisch – mal mit lauteren, mal mit unlauteren Mitteln. Wenn du verstehst, um *welchen* Nutzen es dem anderen im Leben *vorrangig* geht, dann kannst du ihm fast alles verkaufen. Mit »verkaufen« meine ich natürlich nicht nur Produkte und Dienstleistungen, sondern vor allem deine Ideen.

Genau dafür gibt es das Argumentum ab utili (vom lateinischen *utilis* [»nützlich«]), das nicht auf den Intellekt deines Gegenübers zielt, sondern auf dessen Willen, »... denn meistens wiegt ein Lot Wille mehr als ein Zentner Einsicht und Überzeugung«.[124] Um es am wirkungsvollsten einzusetzen, muss man im ersten Schritt den dominierenden Nutzentypus (das stärkste Grundbedürfnis) des jeweiligen Menschen kennen. Und im zweiten Schritt die eigene manipulative Botschaft so verpacken, dass sie dem dominierenden Grundbedürfnis des anderen perfekt entspricht. Ähnlich schrieb Schopenhauer bereits:

> *»Kann man dem Gegner fühlbar machen, dass seine Meinung, wenn sie gültig würde, seinem Interesse merklichen Abbruch täte, so wird er sie so schnell fahren lassen wie ein heißes Eisen, das er unvorsichtigerweise ergriffen hatte.«*[125]

Schauen wir uns die verbreitetsten verschiedenen Grundbedürfnisse beziehungsweise Nutzentypen also im Einzelnen an.

Grundbedürfnis Nr. 1: Gewissheit/Sicherheit

Einigen Menschen geht Gewissheit und Sicherheit über alles. Nehmen wir beispielsweise das Stereotyp solcher Menschen, die nach einem guten Abitur die Laufbahn eines Finanzbeamten einschlagen. Nicht weil es spannend wäre. Nicht weil es Anerkennung brächte. Sondern weil es beständig ist: ein sicherer Job mit hundertprozentiger Planbarkeit des eigenen Lebens. Selber Ort, leicht steigendes Gehalt, überschaubare Aufgaben. Null Risiko.

Wenn du diesen Menschentypus beeinflussen möchtest, dann musst du deine Botschaft so framen, dass sie die größtmögliche Sicherheit verspricht. Am besten eignet sich hier als Verstärker das Traditionsargument (siehe S. 242 ff.). Willst du beispielsweise zum zehnten Mal in Folge mit deinem sicherheitsorientierten Partner nach Mallorca, präsentiere deinen Wunsch so, dass ihr euch dort schon gut auskennt und genau wisst, wo es ruhig ist, wo das Essen gut schmeckt – an einem neuen Ort wäre das alles nicht gewährleistet.

Wenn du ihn von etwas abbringen möchtest, dann musst du deine Botschaft so framen, dass die geplante zukünftige Situation extrem unvorhersehbar und risikobehaftet ist und ihn sehr wahrscheinlich vom sicheren Pfad abbringt.

Grundbedürfnis Nr. 2: Abwechslung

Einige Menschen wollen möglichst viel erleben. Was neu ist, ist gut. Was alt und beständig ist, ist langweilig. Häufiger mal die Stadt, die Freundin oder den Job zu wechseln ist für diesen Typus das Nonplusultra.

Entsprechendes Scheinargument wäre hier das sogenannte Argumentum ad novitatem (vom lateinischen *novitas* [»Neuheit«]), das wir in diesem Buch noch nicht genannt haben. Selbst wenn du beispielsweise zum zehnten Mal in Folge mit deinem abwechslungsorientierten Partner nach Mallorca möchtest – präsentiere ihm etwas an dieser Insel, was ihr noch nicht kennt.

Grundbedürfnis Nr. 3: Tiefe Beziehung

Einige Menschen wollen nicht unbedingt Karriere machen oder ein Häuschen an der Côte d'Azur. Ihnen geht es im Leben hauptsächlich um langjährige, tiefe Beziehungen. Sicherlich kennst du auch jemanden, der für seinen Partner den Job aufgegeben hat und/oder ans andere Ende der Welt gezogen ist, nur um seinem oder seiner Liebsten nah zu sein.

Diesen Menschen kannst du am einfachsten etwas verkaufen, was die Beziehung stärkt. Entsprechendes Scheinargument ist natürlich der Appell an die Freundschaft beziehungsweise Liebe (siehe S. 81 f.). Wenn du zum Beispiel nicht wieder nach Malle fliegen willst, sagst du, dass du dort viel zu abgelenkt sein wirst – und du gemütliche lange Gespräche zu Hause der lauten Partyinsel vorziehen würdest. So geframt, wird dein beziehungsorientierter Partner eher in deinem Sinne beeinflusst.

Grundbedürfnis Nr. 4: Wachstum/Entwicklung

Einige Menschen wollen sich ständig verbessern. Das Lebensmotto ist: Wer stehen bleibt, entwickelt sich zurück. Um diesen

Typ erfolgreich zu beeinflussen, muss man Möglichkeiten aufzeigen, wie er an einer Sache wachsen und sich weiterentwickeln kann.

Willst du immer noch nach Mallorca, könntest du einem solchen Partner gegebenenfalls sagen, dass er dort wieder Zeit habe, sein Spanisch aufzupolieren, das übers Jahr etwas eingerostet war. Es eignet sich zur Verstärkung ein Kompliment, wie toll du es findest, dass er so lernbegierig ist – und wie schön es für dich ist, ihn Spanisch sprechen zu hören.

Grundbedürfnis Nr. 5: Selbstverwirklichung/ Selbstbestimmung

Einigen Menschen ist es besonders wichtig, wenige bis keine Regeln einhalten zu müssen. Frei sein von Weisungen und Normen ist das absolute Lebensideal. Wer einen starken Freiheitsdrang hat, dem muss man die Sache mithilfe von »Autonomie-Argumenten« so verkaufen, dass sie seine Freiheit beziehungsweise seine Optionsmöglichkeiten erweitert.

Fahren wir diesmal nicht auf die Baleareninsel, sondern nehmen wir ein Beispiel aus der beruflichen Sphäre: Stell dir vor, du hast einen Bewerber, der dir signalisiert, dass er lieber selbstständig arbeitet. Und diesen Bewerber möchtest du unbedingt in deinem Team haben. Die Aufgabe für dich ist daher, ihm zu verdeutlichen, dass er (soweit betrieblich möglich) ein eigenes Büro bekommt, flexible Arbeitszeiten hat und im Homeoffice arbeiten darf. Diese Aspekte sind für einen freiheitsliebenden Menschen wichtiger als das Gehalt.

Grundbedürfnis Nr. 6: Altruismus/Beitrag zur Gesellschaft

Wie im bereits erwähnten Beispiel der Krankenschwester möchten einige Menschen in ihrem Leben vorrangig, wie sie es häufig formulieren, »etwas zur Gesellschaft beitragen«. Sie fühlen sich besser, wenn sie anderen helfen, und werden auch gern als »altruistisch« wahrgenommen.

Bleiben wir beim Beruflichen: Wenn du so einen Mitarbeiter im Team hast, geht es natürlich darum, ihm mittels idealistischer Argumente zu zeigen, wie die Gesellschaft von seinem Tun profitiert. Soll er zum Beispiel private Rentenversicherungen verkaufen, dann natürlich nicht des Profits wegen, sondern um die riesige Versorgungslücke zu schließen, die unser Land aufgrund des demografischen Wandels in einigen Jahrzehnten erleiden wird, und somit den sozialpolitischen Kollaps zu verhindern.

Grundbedürfnis Nr. 7: Verbundenheit/Zugehörigkeit zu einer Gruppe

Einige Menschen wollen um jeden Preis dazugehören und Teil einer Gruppe sein. Egal, was es kostet. Der Jugendliche träumt, mit den coolen Jungs beziehungsweise Mädels abzuhängen. Der Erwachsene möchte unbedingt unverzichtbarer Teil eines Vereins, einer Abteilung oder einer Clique sein.

Genau dadurch wird er aber empfänglich für Manipulationen durch das Argumentum ad populum (den »Mehrheitstrick«, siehe S. 67 f.). Deine Aufgabe ist es, ihm zu zeigen, dass die anderen, zu denen er dazugehören will, dies und jenes machen und er das daher auch tun solle. Beispielsweise machen viele Kollegen Überstunden und gehen danach was trinken. Der Mitarbeiter ist zwar nicht unbedingt erpicht auf Mehrarbeit, aber du betonst das Feierabendbier mit den Kollegen – und machst ihn glauben, dass er nicht wirklich dazugehöre, wenn er nicht dabei sei.

Grundbedürfnis Nr. 8: Anerkennung/Erfolg

Sicher kennst du einige Leute, die vor allem die Bestätigung durch andere brauchen. Erfolg ist ihr Lebensziel. Ihm wird alles andere untergeordnet. Hier ist im Besonderen der Appell an die Überdurchschnittlichkeit äußerst nützlich (siehe den Abschnitt »Die Überdurchschnittlichkeitsillusion«, S. 113 ff.).

Wenn du solch einen Mitarbeiter hast, musst du ihm also das Gefühl von Erfolgsmomenten vermitteln. Zum einen geht das durch schöngefärbte Berufsbezeichnungen (siehe den Abschnitt »Wichtiger und freundlicher erscheinen mit Euphemismen«, S. 217 f.). Zum anderen helfen auch regelmäßiges Loben, Auszeichnungen, Geschenke und Rankings, in denen seine Leistung mit derjenigen der anderen Kollegen verglichen wird, gegen die er sich behaupten kann. Vor allem Strukturvertriebe machen das mit Erfolg, indem sie regelmäßig eine Tabelle aushängen, in der die besten Verkäufer aufgelistet werden.

Grundbedürfnis Nr. 9: Orientierung

Nicht alle Menschen haben eine Vision oder Motivation aus eigenem Antrieb. Einige wissen bis zum Ende ihres Lebens nicht, was sie wirklich wollen. Solche Leute orientieren sich oft an Autoritäten, die für ihre Vorlieben oder für ihren Beruf relevant sind.

Bei diesem Menschentypus ist natürlich das Autoritätsargument äußerst wirksam (siehe den Abschnitt »Der ›Autoritätstrick‹«, S. 65 f.). Wenn du solch einen Mitarbeiter oder Kollegen zur Übernahme einer bestimmten Aufgabe bewegen willst, dann zitierst du im Zusammenhang mit deinem Ansinnen vielleicht den Chef deiner Firma als Motivationsverstärker, was in den meisten Fällen wirkt.

Grundbedürfnis Nr. 10: Bequemlichkeit/Freizeit

Gerade der »Generation Y« (geboren zwischen 1980 und 2000), den sogenannten »Millennials«, wird nachgesagt, dass sie die Freizeit und Bequemlichkeit über alles stellt. Nicht umsonst erfand gerade sie den Pleonasmus »chillaxen« (chillen und relaxen). Aber natürlich gibt es auch unter den älteren Semestern sehr bequeme und vergnügungsorientierte Genossen.

Diesen Menschentyp ködert man am besten mit hedonistischen Argumenten (vom griechischen *hēdonḗ* [»Freude, Genuss, sinnliche Begierde«]). Wenn du beispielsweise solch einen Mitarbeiter hast, dann ist es für ihn ein gutes Lockmittel, bestimmte Spiele während der Arbeitszeit zu erlauben (gerade in amerikanischen Firmen ist vor allem das Kickern sehr beliebt).

Du erweckst damit den Eindruck, dass er seine Freizeitbetätigungen auch während der Arbeit ausüben darf – und köderst ihn so, am Abend länger zu bleiben.

Grundbedürfnis Nr. 11: Der Profit

Unsere Auswahl schließt der »geldgeile« Mensch: Er tut alles, um mehr zu verdienen. Täglich Überstunden, Erreichbarkeit in der Freizeit, Arbeit am Wochenende. Er ist so hinter dem Geld her und arbeitet derart hart dafür, dass er manchmal gar keine Zeit hat, es auszugeben.

Bei ihm ziehen natürlich wirtschaftliche Argumente. Falls du beispielsweise so einen Mitarbeiter hast, dann setz Ziele fest – und wenn er diese Ziele erreicht, bekommt er einen Bonus oder eine Umsatzbeteiligung. Etwas anderes wird ihn nicht großartig interessieren. Ob der Bonus oder die Beteiligung fair sein müssen? Dazu zitiere ich nur die Sentenz eines klugen, aber unbekannten Verfassers: »Im Leben bekommt man nicht das, was man verdient, sondern das, was man aushandelt.«

Wie man Nutzentypen und Grundbedürfnisse erkennt

Die Liste der Grundbedürfnisse und Nutzentypen ist schön und gut. Doch die entscheidende Frage lautet: Wie kann ich diese Typen im Alltag erkennen, woher weiß ich, welcher spezifische Nutzen für meinen Gesprächspartner am wichtigsten ist? – Wie kann man also das Argumentum ab utili erfolgreich einsetzen?

Die Antwort ist recht einfach. Die praktische Ausführung gestaltet sich, zugegeben, etwas aufwendig – ist aber machbar! Du musst möglichst viele Informationen über deine Zielperson sammeln und anschließend Rückschlüsse auf das dominante Grundbedürfnis ziehen. Ich gebe dir mal ein paar Beispiele:

- Jemand hat sein Büro in der Innenstadt mit modernsten Möbeln ausgestattet und/oder lässt sich immer mit »Doktor« ansprechen: Das ist ein starkes Indiz für »Anerkennung/Erfolg« als Grundbedürfnis.
- Jemand arbeitet auf einer halben Stelle, ist stolz darauf und/oder hat ein seltenes, ausgefallenes Hobby: Das ist ein starkes Indiz für »Selbstverwirklichung/Selbstbestimmung« als Grundbedürfnis.
- Jemand ist Beamter mit einer monotonen Bürotätigkeit und/oder wohnt noch in seiner Geburtsstadt: Das ist ein starkes Indiz für »Sicherheit/Stabilität« als Grundbedürfnis.
- Jemand liest gern Sachbücher, spricht über wissenschaftliche Experimente und/oder geht auf Seminare: Das ist ein starkes Indiz für »Wachstum/Entwicklung« als Grundbedürfnis.
- Jemand erzählt überwiegend von seinen Wochenendaktivitäten und/oder Reiseplänen mit seinem Partner: Das ist ein starkes Indiz für »Bequemlichkeit/Freizeit« als Grundbedürfnis.

Man muss genau zuhören, denn die Leute verraten mehr über sich, als ihnen lieb ist. Natürlich geht es darum, nicht ein einzelnes Indiz zu haben, sondern mehrere, die in ein und dieselbe Richtung weisen und wahrscheinliche Rückschlüsse auf das dominante Grundbedürfnis zulassen. Natürlich hat ein Mensch immer mehrere Interessen und Grundbedürfnisse parallel. Mit ein bisschen Übung wirst du aber das Hauptbedürfnis heraushören und das entsprechende Nutzenargument dazu aufstellen.

Wenn du den anderen kaum kennst, kannst du eine Recherche im Netz durchführen. Vielleicht wirst du ja bei Xing, LinkedIn, Facebook oder durch eine allgemeine Suchmaschinenforschung fündig – über viele Menschen gibt es Informationen. Aus der Gesamtschau erstellt sich bei den meisten ein bestimmtes Profil mit einer klaren Tendenz. Sollte deine Recherche zwei oder drei potenzielle Hauptinteressen ergeben, und du weißt nicht, welches das dominante ist, dann musst du dir im Vorfeld schlaue Fragen überlegen, zum Beispiel Alternativfragen, mit denen du dann im Gespräch sein Hauptgrundbedürfnis herausdestillieren kannst.

Und selbst wenn du jemanden zum ersten Mal siehst – zum Beispiel einen neuen Kunden –, geht es ebenfalls darum, ihm genauestens zuzuhören, relevante Fragen zu stellen und so sein dominantes Interesse herauszufinden. Denn erst wenn du den passgenauen Nutzen in den Vordergrund stellen kannst, beißt der Fisch an – und du bekommst, was du willst.

Merke: Ob das Argument, das du manipulativ einsetzt, dich selbst überzeugen würde, ist absolut irrelevant. Der Wurm muss nämlich dem Fisch schmecken, nicht dem Angler.

Scheinargument Nr. 13: Das Fehlschlussargument

Man fällt nicht über seine Fehler.
Man fällt immer über seine Feinde,
die diese Fehler ausnutzen.
Kurt Tucholsky

Zum Schluss dieses Kapitels sehen wir uns noch ein interessantes Scheinargument an, das Fehlschlussargument oder Argumentum ad logicam (vom mittellateinischen *logica* [»Denklehre, Wissenschaft des Denkens«]). Dieser Fehlschluss besteht darin, dass du das Scheinargument eines Kontrahenten als solches entlarvst – und deswegen seine Behauptung als unglaubwürdig darstellst.

Obwohl du damit Sachkenntnis beweist, ist dies dennoch ein Scheinargument, weil die Behauptung deines Gegenübers ja dennoch wahr sein kann. Vielleicht ist der andere im Argumentieren einfach nicht geübt beziehungsweise hat das Scheinargument gar nicht bewusst zur Manipulation angewendet. Doch das kann dir egal sein. Du stellst ihn bloß und unterminierst damit seine Glaubwürdigkeit. Vor allem vor Publikum beziehungsweise in einem Meeting ist dieses Vorgehen äußerst wirkungsvoll. Schopenhauer hat es so beschrieben:

»Es wäre sehr gut, wenn man jedem Kunstgriff einen kurzen und treffend bezeichnenden Namen geben könnte, mittels dessen man, vorkommenden Falls, den Gebrauch dieses oder jenes Kunstgriffs augenblicklich verwerfen könnte.«[126]

Die wirkungsvollsten Scheinargumente habe ich dir in diesem Buch genannt. Doch das sind natürlich längst nicht alle! Auf unserer Online-Plattform sind Dutzende mehr mit kurzer Erläuterung. Schau gleich mal vorbei, und erweitere dein rhetorisches Arsenal. Du wirst dadurch noch besser manipulieren und Scheinargumente deiner Kontrahenten entlarven können.

Manipulationsbeispiele aus dem echten Leben zu Scheinargumenten findest du als Videos auf:
www.mediathek-der-manipulationen.de

ZUR (UN-) MORALITÄT DER MANIPULATION

In der Aufstellung unserer Grundsätze sind wir strenger als in ihrer Befolgung.

Theodor Fontane

Wann ist etwas unmoralisch? Ist dies ein unmoralisches Buch? Eine Anstiftung zu schlechtem Verhalten? Ist Manipulation immer etwas Negatives? Und ist es legitim, dass jeder seine eigene Moral zu haben scheint?

Lass uns diese Fragen, wie bereits angekündigt, noch ein wenig vertiefen.

Moral definiert und abgestuft

Was genau ist Moral?

Wenn man sich mit Moral beschäftigt, dann findet man schnell, dass die Definition des Wortes im Groben relativ unumstritten ist – welches Handeln aber im konkreten Einzelfall als »moralisch« gilt, äußerst unterschiedlich bewertet wird.

Fangen wir mit der einfachen Frage an: Wie kann man Moral grob definieren? Viele würden dieser Definition weitgehend zustimmen:

> *»Moral ist die Gesamtheit von Werten und Normen, die das sittliche Verhalten von Menschen bestimmen beziehungsweise bestimmen sollten.«*

Die spannende Frage beginnt aber dann, wenn man sich konkrete Alltagssituationen anschaut. Dann bricht ein großer Streit aus, ob das eine oder das andere »unmoralisch« ist. Und da es keine letzte Instanz gibt, die es verbindlich festlegt, sind die Menschen bei moralischen Fragen ein Leben lang auf sich gestellt – und entwickeln mit der Zeit ihr eigenes Moralsystem.

Hier könnten religiöse Menschen natürlich einwenden, dass Gott diese letzte Instanz sei und moralische Fragen für alle Menschen verbindlich kläre. Doch selbst wenn man das akzeptierte, gibt es eine Masse von Fragen, die in der Bibel gar nicht angesprochen wurden und die die Gläubigen, sogar innerhalb derselben religiösen Strömung, völlig unterschiedlich bewerten. Nur zwei Beispiele wären die »Unmoralität« der Präimplantationsdiagnostik oder der Homosexualität. Jeder Pfarrer beziehungsweise Priester interpretiert die Bibel anders – und gerade auf die modernen Fragen haben alte Schriften keine eindeutige Antwort.

Sind diese Handlungen unmoralisch?

Schauen wir uns folgende drei Situationen aus dem Alltag an inklusive der inneren Motivation der Handelnden. Wie beurteilst du diese?

1. Ein Raucher zündet sich an der Bushaltestelle eine Zigarette an. Er weiß, dass auch Passivrauchen gesundheitsschädlich ist. Er sieht, dass einige Menschen daraufhin das Gesicht verziehen und offensichtlich Nichtraucher sind. Und unser Raucher denkt sich: »Wenn sie der Rauch stört, dann sollen sie doch weggehen.« *Hat der Raucher recht?*
2. Eine Studentin hat Probleme bei ihrer Abschlussarbeit. Sie schafft wegen herbeieilender Depression kaum, eine Seite zu schreiben. Sie beauftragt eine Agentur, die ihr die Abschlussarbeit für 3000 Euro verfasst. Sie denkt dabei: »Ich weiß, dass es illegal ist. Aber unmoralisch ist es nicht. Ich schade ja niemandem dadurch, dass ich einen Ghostwriter engagiere.« *Hat sie da recht?*
3. Der Ehemann betrügt seit Wochen seine Ehefrau mit einer anderen. Er weiß, dass es seiner Frau das Herz brechen und

sie die Ehe (ein Kind ist da auch im Spiel) sofort beenden würde. Doch er denkt: »Sie wird das nie herausfinden. Hat die letzten zehn Jahre auch gut funktioniert.« Mehr noch: Er glaubt sogar, dass es moralisch ist, es ihr nicht zu sagen, damit sie und das Kind keinen emotionalen Schaden nehmen. *Hat er recht?*

Wenn ich diese Fälle meinen Coachingklienten unterbreite, dann passiert etwas sehr Interessantes: Jeder bewertet die Situation anders mit einer eigenen Begründung. Denn jeder hat im Laufe des Lebens seine eigene Moral entwickelt. Und der moralische Kompass eines jeden zeigt in eine etwas andere Richtung.

Bei der moralischen Bewertung der jeweiligen Situation spielt neben dem eigenen Moralsystem natürlich auch das Eigeninteresse eine entscheidende Rolle. Der Raucher im Fall 1 bewertet die Situation anders als der Nichtraucher. Jemand, der in der Schule und in Uni-Klausuren konstant gespickt hat, wird den Fall 2 anders beurteilen als jemand, der bei Tests nie geschummelt hat. Und schließlich sehen Fremdgänger – das sind vielen Statistiken zufolge immerhin etwa zwei Drittel der Gesellschaft (zwischen Männern und Frauen gibt es übrigens keinen signifikanten Unterschied) – den Fall 3 natürlich anders als treue Menschen.

Offensichtlich kann die Moralität einer Handlung aber nicht in der relativen Sichtweise eines Akteurs liegen. *Wo kämen wir denn da hin?* Oder etwas begründeter ausgedrückt: Der Moralbegriff wäre absolut ausgehöhlt und beliebig, wenn ihn jeder so füllen könnte, wie er will. Und das sehen, bis auf die moralischen Relativisten, fast alle so. Daher müssen wir uns bemühen, zumindest einen Minimalkonsens beim Thema »Moral« zu finden, um den Begriff zu erhalten – und als Gesellschaft eine gemeinsame Basis zu finden.

Die inhaltliche Minimaldefinition der Moral

Wie könnte ein solcher Minimalkonsens aussehen? Nun, in allen Kulturen scheint die sogenannte *goldene Regel* ein Minimalkonsens zu sein. In einer sehr bekannten volkstümlichen Formulierung lautet sie so:

> *»Was du nicht willst, dass man dir tu, das füg auch keinem anderen zu.«*

Ähnliche Maximen sind seit dem 7. Jahrhundert v. Chr. in philosophischen Texten aus Altägypten, Indien, China, Persien und dem antiken Griechenland überliefert. Auch in allen großen Weltreligionen – also im Hinduismus, Buddhismus, Islam, Christentum, Judentum – ist die goldene Regel in der einen oder anderen Form enthalten. In der Lutherbibel heißt es zum Beispiel: »Was du wilt das man dir thue, das thu einem andern auch« (Tobit 4, 15).

Einer der größten Denker, Immanuel Kant, hat die goldene Regel noch ein Stück weitergedacht. Er hat sie durch seinen *kategorischen Imperativ* verallgemeinert und einige ihrer philosophischen Probleme gelöst. Beispielsweise appelliert die goldene Regel an ein System subjektiver Bedürfnisse. Sie setzt voraus, dass ein Individuum sein eigenes Wohl verfolgt, was aber nicht notwendigerweise zutreffen muss. Ein weiteres Problem der goldenen Regel ist, dass sie das Handeln negativ bestimmt und keine positiven Pflichten zu den Mitmenschen aufstellt. Schließlich appelliert der kategorische Imperativ an die Vernunft und nicht an das Lustprinzip. Letzteres lässt sich nicht verallgemeinern. Ob der kategorische Imperativ jedoch tatsächlich von der Negativformulierung abweicht oder nicht doch den Egoismus, getarnt als Vernunft, am Ende entscheiden lässt, was »allgemeine Gesetzgebung« werden soll (wie etwa von Schopenhauer kritisiert), ist Gegenstand einer weitergehenden philosophischen Diskussion, die für dieses Buch irrelevant ist. Uns reicht, dass die goldene Regel universal akzeptiert ist. Hier also Kants Formulierung:

> *»Handle so, dass die Maxime deines Willens jederzeit zugleich als Prinzip einer allgemeinen Gesetzgebung gelten könnte.«*[127]

Und die Anwendung dieser Regel funktioniert tatsächlich recht zuverlässig zum Testen von moralischen Prinzipien. Wenn jemand zum Beispiel sagt, es sei moralisch in Ordnung, bei Rot über eine Kreuzung zu fahren, wenn man es wirklich eilig habe – und man würde diese Regel verallgemeinern –, dann gefährdete man sich selbst und alle anderen Verkehrsteilnehmer. Das kann nicht als allgemeines Gesetz gewollt sein.

Intuitiv wissen wir das alles, auch ohne Kant bemühen zu müssen: Anderen Menschen Schaden zuzufügen ist unmoralisch. Und jetzt wird es langsam Zeit, dieses allgemeine Prinzip auf unser Thema anzuwenden: Ist Manipulation im Alltag unmoralisch?

Die verschiedenen »Moralitätsstufen« der Manipulation

Die allgemeine Antwort ergibt sich bereits aus dem oben Gesagten: Wenn Manipulation dem anderen Schaden zufügt, ist sie unmoralisch. Allerdings kommt es für den Grad der (Un-) Moralität nicht nur auf das Ausmaß des Schadens an, sondern auch auf den Grad des Unrechtsbewusstseins.

Merke: Das Ausmaß des Schadens und der Grad des Unrechtsbewusstseins bestimmen den moralischen Unwert einer Handlung.

Das erste Kriterium ist einfach: Je größer der entstandene Schaden, desto größer ist der moralische Unwert der manipulativen Handlung. Wenn ich jemandem zehn Euro stehle, ist es weniger verwerflich, als wenn ich ihn komplett ausraube. Dieses Kriterium kann man auch als »*objektiven Tatbestand*« bezeichnen.

Allerdings spielt das Unrechtsbewusstsein, also der »*subjektive Tatbestand*« des Handelnden, bei der Bewertung der (Un-) Moralität ebenfalls eine zentrale Rolle. Die Rechtswissenschaft, die sich seit jeher mit Schuld und Unschuld beschäftigt, hat ein ganz ausgeklügeltes System entwickelt, mit dem man die Schwere der Schuld genauer einordnen kann. Jeder hat schon mal von »Vorsatz« und »Fahrlässigkeit« gehört. Umgangssprachlich heißt Vorsatz, dass man absichtlich Schaden zufügt, während man den anderen Menschen bei der Fahrlässigkeit unabsichtlich, quasi aus Nachlässigkeit, schädigt. Doch unterscheidet man wiederum auch wichtige Unterarten des Unrechtsbewusstseins, also der subjektiven Vorwerfbarkeit. Schauen wir uns dazu die folgende Grafik an.

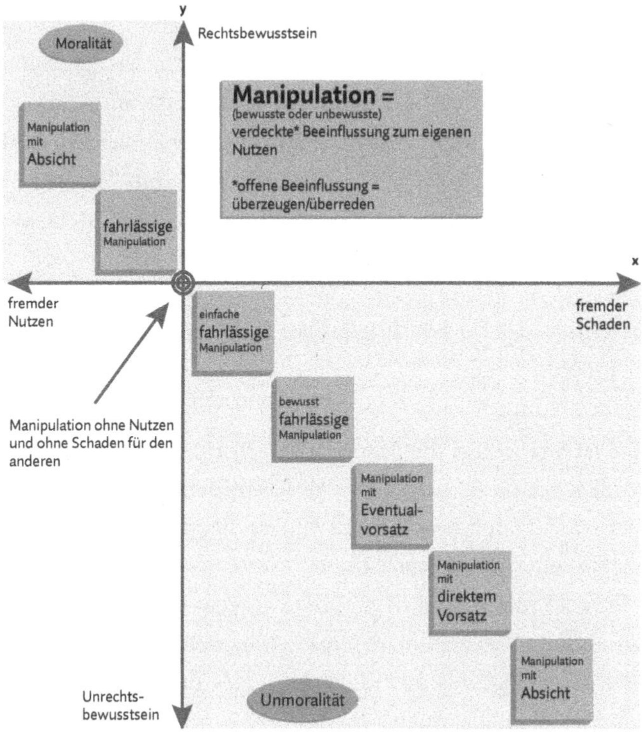

Matrix zur Bestimmung der (Un-)Moralität einer manipulativen Handlung

Die Abbildung soll verdeutlichen, wie eine manipulative Handlung moralisch einzuordnen ist. Die waagerechte Achse markiert den *objektiven Tatbestand* einer Manipulationshandlung, also ob die Handlung für den anderen einen Nutzen oder einen Schaden gebracht hat. Entlang der senkrechten Achse verläuft der Grad des *subjektiven Tatbestands* eines Manipulierenden, es wird hier dargestellt, mit welchem (Un-)Rechtsbewusstsein er die manipulative Handlung vorgenommen hat.

Die oberste »Treppenstufe«, die Manipulation mit der Absicht, *auch* dem anderen Nutzen zu bringen, ist die »moralischste« Form der Manipulation. Die unterste Stufe, also die Manipulation mit der Absicht, dem anderen zu schaden, ist die am wenigsten moralische Form der Manipulation. Schauen wir uns das einmal genauer an.

Die absichtliche Manipulation mit Nutzen beim anderen

Dies ist wie gesagt die Manipulationsform mit dem höchsten moralischen Grad, bei welcher der Manipulierende neben dem eigenen Nutzen bewusst einen Nutzen beim anderen erzeugen möchte und dies auch schafft.

Jetzt könnte man sich natürlich fragen: Warum muss man den anderen überhaupt manipulieren, wenn er von dem gewünschten Ergebnis am Ende des Tages profitiert? Hier sind mehrere Konstellationen denkbar.

Eine mögliche Konstellation ist, dass der integere Manipulierende sich *aus zeitlichen Gründen* keine vollständige Argumentation mit langen Diskussionen leisten kann, weil die Entscheidung möglichst schnell fallen muss. Daher bedient er sich einer unmittelbar wirkenden Manipulationstechnik.

Eine weitere mögliche Konstellation ist, dass er *beim anderen diskreditiert* ist. Egal, was aus seinem Mund kommt, sein Gegenüber lehnt es ab. Dennoch möchte er bei ihm einen Nutzen stiften und geht deshalb verdeckt vor. Beispielsweise bei Jugendlichen, die aus Trotz genau das Gegenteil von dem machen wollen, was die Eltern ihnen sagen, könnte der Manipulierende diese Reaktanz (S. 189 f.) ausnutzen, indem er das vorschlägt, was er eigentlich *nicht* will.

Schließlich sind noch weitere Konstellationen denkbar, etwa wenn der gutmeinende Manipulierende *viel mehr Wissen hat* als sein Gegenüber, dieses Wissen aber so komplex ist, dass es der andere nicht verstehen würde. Da kann zum Beispiel der Einsatz des Autoritätsarguments wahre Wunder wirken (Argumentum ad verecundiam, siehe S. 65 ff.).

Beispiel: A überzeugt B mithilfe von kognitiven Verzerrungen, Scheinargumenten und sprachlichen Tricks, eine überschaubare Summe in ein Finanzprodukt zu investieren, von dem A *sicher weiß*, dass es ohne Risiko zu finanziellen Gewinnen bei B kommt. A freut sich zwar über die eingestrichene Provision, ist aber auch glücklich darüber, B geholfen zu haben.

Die fahrlässige Manipulation mit Nutzen beim anderen

Die »zweitmoralischste« Manipulationsform ist diejenige, bei welcher der Manipulierende ungewollt dem Opfer nutzt. In diesem Fall haben beide objektiv einen Vorteil (Win-win-Situation). Subjektiv kommt es ihm hierbei aber nur auf seinen eigenen Nutzen an.

In dieser Variante ist wichtig zu betonen, dass sich der Manipulierende bewusst sein muss, dass der andere *mit Sicherheit keinen Schaden* erleiden wird. In seiner Vorstellung geht der andere entweder unbehelligt oder mit einem Nutzen aus der Situation heraus.

Theoretisch denkbar sind auch die bewusste Fahrlässigkeit hinsichtlich des Nutzens für den anderen, der Eventualvorsatz hinsichtlich des Nutzens für den anderen und der direkte Vorsatz hinsichtlich des Nutzens für den anderen. Insoweit ließe sich das obige Diagramm ergänzen. Allerdings erscheinen die Unterschiede der Moralität bei diesen Varianten marginal und wurden daher nicht in die Matrix mit aufgenommen. (Theoretisch ließe sich hier einwenden, dass moralisches Handeln immer ein absichtliches und gewolltes Handeln sein muss. Mir scheint jedoch, dass eine Person, die einen Schaden für den anderen sicher ausschließen kann und ihm eine neutrale oder positive Option zur Auswahl gibt, zumindest im geringsten Sinne moralisch ist. Selbstverständlich könnte man aber argumentieren, dass bei diesen Varianten »das Gute« nur als Zufallsprodukt entsteht – und daher gar keine moralische Handlung vorliegt.)

Beispiel: A überzeugt B mithilfe von kognitiven Verzerrungen, Scheinargumenten und sprachlichen Tricks, in ein Finanzprodukt zu investieren, von dem A *nicht weiß*, ob es zu finanziellen Gewinnen bei B kommt. *Sicher* weiß er aber, dass es zu keinen Verlusten bei B kommt. Am Ende stellt sich heraus, dass B *unerwartet riesige Gewinne* aus der Investition verbucht. A freut sich über die eingestrichene Provision, wobei ihm der Erfolg von B gleichgültig ist.

Die »neutrale« Manipulation ohne Schaden und ohne Nutzen beim anderen

Denkbar ist auch, dass jemand manipuliert und sich dadurch einen Vorteil verschafft, ohne dass beim Opfer ein Nutzen oder Schaden auftritt und er dies auch weiß. Dieses Verhalten könnte man als moralisch »neutral« bezeichnen.

Beispiel: A überzeugt den ihm unbekannten B mithilfe von (bewusst oder unbewusst) angewendeten kognitiven Verzerrungen, Scheinargumenten und sprachlichen Tricks, in ein Finanzprodukt zu investieren, von dem A *weiß*, dass es zu *keinen* finanziellen Gewinnen, aber auch zu *keinen* Verlusten bei B kommen würde. A freut sich dennoch über die eingestrichene Provision, die er für diesen Deal bekommt.

Die fahrlässige Manipulation mit Schaden beim anderen

Wer fahrlässig manipuliert, der hat gar kein Unrechtsbewusstsein, sollte es aber eigentlich haben. Der Täter, wie Juristen so schön sagen, vernachlässigt die im Verkehr erforderliche Sorgfalt, und es kommt beim Opfer zu einem vom Täter *ungewollten* und *unerwarteten* Schaden.

Beispiel: A überzeugt den ihm unbekannten B mithilfe von unbewusst angewendeten kognitiven Verzerrungen, Scheinargumenten und sprachlichen Tricks, in ein Finanzprodukt zu investieren, von dem A *nicht weiß*, dass es zu finanziellen Verlusten bei B kommt. Hätte A sich selbst ausführlicher mit dem Finanzprodukt beschäftigt, dann wüsste er bereits nach kurzer Recherche, dass es für B ein sicheres Verlustgeschäft sein wird. Aus Trägheit hat er die Recherche jedoch unterlassen.

Merke: Bei all dieser Unterscheidung des Unrechtsbewusstseins beim Manipulanten darf natürlich nicht vergessen werden, dass auch das Ausmaß des Schadens, also der objektive Tatbestand, für die Bewertung der (Un-)Moralität eine bedeutende Rolle spielt. Man kann sich Fälle vorstellen, in denen jemand zwar aus niederen Motiven heraus handelt, der negative Effekt jedoch marginal ist. Umgekehrt ist auch der Fall denkbar, dass jemand bloß leicht fahrlässig handelt, der Schaden beim Opfer jedoch immens ist.

Die bewusst fahrlässige Manipulation mit Schaden beim anderen

Wenn wir uns auf der Moralitätsskala weiter hinabbegeben, kommen wir nun zur bewusst fahrlässigen Manipulation. Der Täter hält hier den Schadenseintritt für möglich, *möchte aber, dass dieser ausbleibt.*

Beispiel: A überzeugt den ihm unbekannten B mithilfe von kognitiven Verzerrungen, Scheinargumenten und sprachlichen Tricks, in ein Finanzprodukt zu investieren, von dem A *vermutet*, dass es mit *gewisser* Wahrscheinlichkeit zu finanziellen Verlusten bei B kommt – doch er denkt sich: »Es wird schon gut gehen!«

Die Manipulation mit Eventualvorsatz mit Schaden beim anderen

Ein noch größeres Unrechtsbewusstsein hat jemand, der mit Eventualvorsatz (Dolus eventualis) manipuliert (vom lateinischen *dolus* [»Betrug, List, Täuschung«] und *eventualis* [»eventuell, schließlich«]). Dabei hält er den Schadenseintritt für möglich und *nimmt ihn billigend in Kauf.* Das ist, um den Bundesgerichtshof zu paraphrasieren, immer dann der Fall, wenn der Täter sein Vorhaben trotz äußerster Gefährlichkeit durchführt, ohne auf einen glücklichen Ausgang vertrauen zu können, oder wenn es nur noch vom Zufall abhängt, ob sich die von ihm erkannte Gefahr realisiert oder nicht.

Beispiel: A überzeugt den ihm unbekannten B mithilfe von kognitiven Verzerrungen, Scheinargumenten und sprachlichen

Tricks, in ein Finanzprodukt zu investieren, von dem A *stark vermutet*, dass es mit *ziemlich sicherer* Wahrscheinlichkeit zu finanziellen Verlusten bei B kommt – doch er denkt sich: »Na wennschon!«

Die Manipulation mit direktem Vorsatz mit Schaden beim anderen

Noch unmoralischer handelt jemand, der mit direktem Vorsatz, also mit *Wissen* des Schadenseintritts, manipuliert (man nennt dies den »Dolus directus zweiten Grades«). Er hat in diesem Fall »sicheres Wissen« darüber, dass es beim Opfer zu einem Schaden kommen wird – wobei ihm bei dieser Vorsatzform der Eintritt des Schadens auch unerwünscht sein kann.

Beispiel: A überzeugt den ihm unbekannten B mithilfe von kognitiven Verzerrungen, Scheinargumenten und sprachlichen Tricks, in ein Finanzprodukt zu investieren, von dem A weiß, dass es mit *hundertprozentiger Sicherheit* zu finanziellen Verlusten bei B kommt – er will B dabei nicht unbedingt ruinieren, sondern sich mit der Provision lediglich selbst bereichern.

Die absichtliche Manipulation mit Schaden beim anderen

Das höchste Unrechtsbewusstsein hat man, wenn man mit Absicht manipuliert (man nennt das im Strafrecht den »Dolus directus ersten Grades«). Hier weiß der Manipulierende nicht nur, dass er jemandem einen Schaden zufügen wird, sondern er *will* genau dies ganz bewusst.

Beispiel: A überzeugt den *verhassten* B mithilfe von kognitiven Verzerrungen, Scheinargumenten und sprachlichen Tricks, in ein Finanzprodukt zu investieren, von dem A weiß, dass es mit *hundertprozentiger Sicherheit* zu großen finanziellen Verlusten bei B kommt – und genau darauf hat er es auch abgesehen. Er möchte, dass B finanziell ruiniert wird.

Merke: Entgegen allgemeiner und pauschaler Verteufelung der Manipulationstechniken ist die Manipulation erst dann unmoralisch, wenn der Manipulierende, der naturgemäß ja immer zu seinem eigenen Vorteil handelt, gleichzeitig vorsätzlich oder fahrlässig beim anderen einen Schaden auslöst. Manipulation kann aber auch moralisch »neutral« oder sogar wertvoll sein, wenn sie keinen beziehungsweise einen positiven Effekt beim anderen erzeugt.

Zum Schluss: Manipulation immer und überall

Nice guys finish last. –
Der Ehrliche ist immer der Dumme.

Deutsche und amerikanische Redensart

Ehrlichkeit wird häufig ausgenutzt. Und das Nettsein ebenso. Man kann sogar eine Proportionalität ausmachen: Je netter ein Mensch ist, desto eher besteht die Gefahr, dass man ihn übervorteilt. Gerade in solchen Fällen sage ich: Nett sein war gestern! Und genau deswegen lautet der Untertitel dieses Buches: »Manipuliere, bevor du manipuliert wirst!«

Die List ist natürlich keine moderne Erfindung und auch kein örtlich begrenztes Phänomen. Bevor ich dir noch drei letzte Tipps gebe, will ich deswegen zuvor noch kurz darauf eingehen, wie sehr die Manipulation weltweit kulturell verwurzelt ist.

In der griechischen Antike finden wir bereits eine heftige Auseinandersetzung um die Moralität und Effektivität von Manipulationstechniken. So waren etwa Platon und Aristoteles Verfechter der Wahrheit – und mahnten, den Trug zu meiden und nach Wahrheit zu streben. Ihre Gegner dagegen, die Sophisten, waren da meistens pragmatischer und vertraten die

Auffassung, dass vor allem rhetorische Fertigkeiten die Menschen nach vorn bringen würden. So rühmte sich etwa Protagoras, durch die Kraft der Rede das schwächere Argument zum stärkeren machen zu können – und auch Gorgias wird nachgesagt, durch die Kunst der Rhetorik Unglaubwürdiges glaubwürdig darstellen zu können und umgekehrt. Natürlich wurde auch der »listenreiche Odysseus« Homers zu allen Zeiten wegen seines Einfallsreichtums und seiner trügerischen Methoden gerühmt, mit denen er Gegner überlistete und Gefahren geschickt umschiffte.

Auch im chinesischen Altertum waren Manipulationstechniken ein großes Thema. Insbesondere die 36 Strategeme, die dem chinesischen General Tan Daoji (5. Jahrhundert v. Chr.) zugeschrieben werden, sind kluge Manipulationstechniken, mit denen man seinen Gegner überlisten soll. Bis heute sind sie in China allgemein bekannt und in vielen Provinzen Lesestoff in den Schulen. Hier ein kleiner Auszug aus den chinesischen Strategemen:

- »Ausgeruht auf den erschöpften Feind warten.«
- »Ein Feuer für einen Raub ausnutzen.«
- »Im Osten lärmen, im Westen angreifen.«
- »Hinter dem Lächeln den Dolch verbergen.«
- »Auf das Dach locken, um dann die Leiter wegzuziehen.«[128]

Selbstverständlich ist die gesamte Weltliteratur, und das zu allen Zeiten, durchsetzt von Intrigen, Betrug und Manipulation. Ob Boccaccios *Decamerone*, Flauberts *Madame Bovary*, Goethes *Faust*, Shakespeares *Hamlet*, Dostojewskijs *Schuld und Sühne*:

Der zügellose Egoismus und die gegenseitige Beeinflussung sind ein ständiges Leitmotiv in den berühmtesten Büchern der Welt.

Vor allem zwei Werke über Manipulation stechen heraus: Machiavellis *Der Fürst* und Schopenhauers *Eristische Dialektik*.

So gibt Machiavelli in seinem Buch Tipps, mit denen sich der Fürst in einer feindlichen politischen Umwelt die Macht ergreifen, sichern und steigern kann. Hier nur zwei Beobachtungen Machiavellis, die zu unseren Themen »Manipulation« und »Moral« passen:

- »Die Menschen sind so einfältig und hängen so sehr vom Eindruck des Augenblickes ab, dass einer, der sie täuschen will, stets jemanden findet, der sich täuschen lässt.«[129]
- »Die Menschen beurteilen die Dinge nach dem Erfolg. Jeder sieht, wie du zu sein scheinst, wenige fühlen heraus, wie du bist.«[130]

Schopenhauer, den ich bereits einige Male zitiert habe, spricht dort von der »Schlechtigkeit des menschlichen Geschlechts« und stellt ganz allgemein fest: »Sie [= die Menschen] reden, ehe sie gedacht haben, und wenn sie auch hinterher merken, dass ihre Behauptung falsch ist und sie Unrecht haben; so soll es doch *scheinen*, als wäre es umgekehrt.«[131]

Das erste erfolgreiche Ratgeberbuch des letzten Jahrhunderts, Dale Carnegies *How to win friends and influence people*, gibt Tipps, wie man schnell Sympathien weckt. Und auch wenn Carnegie sich um Authentizität bemüht, so sind doch viele Techniken eindeutig manipulativ, zum Beispiel:

- »Lächle. Es ist kostenlos und eine tolle Möglichkeit, dass andere sich wundervoll fühlen.«
- »Erinnere dich an den Namen, denn es ist für die Person das süßeste und wichtigste Wort in jeder Sprache.«
- »Rede aus der Interessensicht des anderen. Wenn wir das tun, fühlen Menschen sich gewertschätzt und wertschätzen uns.«[132]

Vergessen sollten wir in dieser kurzen Übersicht natürlich auch nicht die unzähligen Rhetorik-, Kommunikations-, Verhandlungs- und Verkaufstrainings, in denen sich Menschen weltweit von Rhetorikern wie mir schulen lassen, souveräner aufzutreten, eloquenter zu sprechen, schlagfertiger zu antworten, besser zu verhandeln und zu verkaufen – um damit andere effektiver zu beeinflussen und sich erfolgreicher gegen die Konkurrenz durchsetzen zu können.

Ich hatte ja bereits ausgeführt, dass wir täglich manipulieren, und das seit unserer Geburt. Dieser kleine Rückblick zeigt: So war das schon immer. Und ich lehne mich nicht weit aus dem Fenster, wenn ich sage: So wird es auch immer bleiben. Menschen wollen andere beeinflussen. Und daher ist es nur vernünftig, dass du die Manipulationstechniken aus diesem Buch anwendest, um im täglichen Manipulationsspiel zu gewinnen! Zum Schluss des Buches möchte ich dir deshalb noch drei letzte Tipps dazu geben.

Erstens empfehle ich dir, eine *Liste persönlicher Reinfälle* anzulegen. Denn am besten lernt man aus eigenen Fehlern. Und da du nun die wirkungsvollsten Manipulationstechniken kennst, kannst du zumindest nachträglich gut analysieren, auf welchen rhetorischen Trick du hereingefallen bist. So wie Schachgroßmeister in der Retrospektive ihre verlorenen Partien analysieren, um herauszufinden, wie sie hätten Remis spielen oder sogar den Gegner mattsetzen können, so gehst du in dieser Liste persönlicher Reinfälle die Alltagssituationen durch, in denen du selbst von jemandem manipuliert worden bist. Notier dir Folgendes:

- Wann wurdest du wo, von wem, durch welche Technik hereingelegt?
- Warum hat diese Technik damals so gut bei dir funktioniert?
- Was kannst du tun, um in einer ähnlichen Situation nicht noch einmal darauf hereinzufallen?

Je länger deine Liste persönlicher Reinfälle wird, desto besser bist du auf den nächsten Manipulationsversuch durch andere vorbereitet.

Zweitens solltest du es mit der Manipulation nicht übertreiben. Zwar kennst du jetzt die relevantesten kognitiven Verzerrungen, sprachlichen Tricks und Scheinargumente. Doch je häufiger du sie anwendest, desto wahrscheinlicher ist es, dass etwas auffliegt. Daher empfehle ich natürlich, grundsätzlich ehrlich zu sein – und somit deine Glaubwürdigkeit auszubauen. Und nur in für dich entscheidenden Momenten zu manipulieren. Es gibt das kluge englische Sprichwort »You have to pick your battles wisely« (etwa: »Du musst deine Kämpfe mit Bedacht auswählen«). Die Grundidee stammt allerdings nicht aus England, sondern von dem chinesischen General Sun Tsu, der im 6. Jahrhundert v. Chr. lebte und in seinem berühmten Buch

Die Kunst des Krieges[133] schrieb, wenn der Kampf nicht gewonnen werden könne, dann solle man nicht kämpfen. Und nicht jede Situation ist es wert, dass man sich durchsetzt.

Merke: Manipuliere so viel wie nötig, aber so wenig wie möglich.

Drittens behandele ich neue Manipulationstechniken in meinem kostenlosen Podcast »Menschen Überzeugen«, den du überall abonnieren kannst, wo es Podcasts gibt. Dort gibt es übrigens auch viel Input zum Thema Weiße Rhetorik. Idealerweise nutzt du nämlich nur so viel Dunkle Rhetorik wie nötig und so viel Weiße Rhetorik wie möglich!

Anmerkungen

1 Schon Aristoteles hat in seinen *Sophistischen Widerlegungen*, 5. Kapitel (Forgotten Books, 2015) vor über 2300 Jahren auf diesen Trick der Irrelevanztechnik hingewiesen. In der lateinischen Übersetzung heißt er »Ignoratio elenchi«. Dazu mehr im Abschnitt »Scheinargumente« ab S. 237.

2 Mehrabian/Wiener: »Decoding of Inconsistent Communications«, in: *Journal of Personality and Social Psychology*, 6, S. 109–114 (1967); Mehrabian/Ferris: »Inference of Attitudes from Nonverbal Communication in Two Channels«, in: *Journal of Consulting and Clinical Psychology*, 31, S. 248–252 (1967).

3 Mehrabian im BBC-Interview am 14.8.2009 in der Sendung »More or Less«, sinngemäße Übersetzung.

4 Siehe zum Beispiel Dion/Berscheid/Walster: »What is beautiful is good«, in: *Journal of Personality and Social Psychology*, 24, S. 285–290 (1972). Benannt wurde der Effekt Anfang des 20. Jahrhunderts von Edward Thorndike.

5 Thorndike: »A constant error in psychological ratings«, in: *Journal of Applied Psychology*, 4 (1), S. 25–29 (1920).

6 Todorov/Mandicodza/Goren/Hall: »Inferences of Competence from Faces Predict Election Outcomes«, in: *Science*, 308, S. 1623–1626 (2005).

7 Rosenthal/Jacobson: »Teachers' expectancies: Determinants of pupils IQ gains«, in: *Psychological Reports*, Harvard University, 19, S. 115–118 (1966).

8 Hemsley/Doob: »The Effect of Looking Behavior on Perceptions of Communicator's Credibility«, in: *Journal of Applied Social Psychology*, 8, S. 136–144 (1978).

9 Erickson/Lind/Johnson/O'Barr: »Speech Style and Impression Formation in a Court Setting. The Effect on Powerful and Powerless speech«, in: *Journal of Experimental Social Psychology*, 14, S. 266–279 (1978).

10 Kraus/Mendes: »Sartorial symbols of social class elicit class-consistent behavioral and physiological responses«, in: *Journal of Experimental Psychology*, 143 (6), S. 2330–2340 (2014).

11 Lefkowitz/Blake/Mouton, zitiert nach Cialdini: *Influence. The Psychology of Persuasion*, HarperBusiness, S. 227 (2007).

12 Doob/Gross, zitiert nach Cialdini, a. a. O., S. 229.

13 Cuddy/Wilmuth/Carney: »The Benefit of Power Posing Before a High-Stakes Social Evaluation«, in: *Harvard Business School Working Paper*, No. 13-027 (2012). Insbesondere auch Amy Cuddys Ted Talk »Your Body Language may shape who you are«, https://www.youtube.com/watch?v=Ks-_Mh1QhMc (Zugriff: 30.3.2018). In-

teressanterweise ist sich die Forschung mittlerweile nicht einig, ob *power poses* wirklich den Hormonspiegel verändern, siehe etwa Ranehill/Dreber/Johannesson: »Assessing the Robustness of Power Posing: No Effect on Hormones and Risk Tolerance in a Large Sample of Men and Women«, in: *Psychological Science*, 26 (5), S. 653–656 (2013). Doch selbst die Kritiker geben zu, dass die *high power poses* einen zumindest selbstsicherer fühlen lassen. Und das ist doch schon mal ein Vorteil.

14 Cuddy/Wilmuth/Carney, a. a. O.

15 Kraus/Mendes, a. a. O.

16 Burger/Messian/Patel/del Prado/Anderson: »What a Coincidence! The Effects of Incidental Similarity on Compliance«, in: *Personality and Social Psychology Bulletin*, S. 35–43 (2004).

17 Wer sich für das Thema »Lügen entlarven« interessiert, dem empfehle ich die US-Serie »Lie to me« (»Belüg mich«), in der ein Team von Täuschungsexperten anhand von Mikroexpressionen Lügner entlarvt (siehe zum Beispiel https://www.vox.de/cms/start-der-3-staffel-911337.html [Zugriff: 11.3.2018]). Die Serie basiert übrigens auf Forschungen von Paul Ekman.

18 Zitiert nach https://de.wikipedia.org/wiki/Lewinsky-Aff%C3%A4re (Zugriff: 12.3.2018).

19 Freedman/Fraser: »Compliance without pressure«, in: *Journal of Personality and Social Psychology*, 4 (2), S. 195–202 (1966).

20 Cialdini: *Influence*, a. a. O., S. 39 f.

21 Kelves: »Human Chromosomes – Down's Disorder and the Binder's Mistakes«, in: *Engineering and Science*, 48 (5), S. 8–27 (1985).

22 Das Münchhausen-Trilemma ist eine moderne Bezeichnung und verkürzte Darstellung der »Fünf Tropen der Skepsis« des antiken skeptischen Philosophen Agrippa, der im 1. Jahrhundert v. Chr. oder n. Chr. lebte. Die im Münchhausen-Trilemma noch fehlenden zwei Probleme sind: Dissens (es gibt unterschiedliche Auffassungen über alles Mögliche) und Relativität (der Standpunkt ist immer relativ zum Kontext).

23 Möglich ist es auch, dass dieses Zitat nicht von Rousseau stammt, sondern von François Fénelon. Doch es geht hier um die vermittelte Idee und weniger um den wahren Urheber. Von wem dieses und andere Zitate wirklich stammen – darüber können sich gern andere streiten.

24 Der Akkusativ *rem* hat im Lateinischen den Nominativ *res* (»die Sache«). Und *hominem* ist der Akkusativ von *homo* (»der Mensch«).

25 Lee/Quealy: »The 329 People, Places and Things Donald Trump Has Insulted on Twitter: A Complete List«, in: *New York Times*, https://www.nytimes.com/interactive/2016/01/28/upshot/donald-trump-twitter-insults.html (Zugriff: 11.5.2017).

26 Schopenhauer: *Die Kunst, Recht zu behalten* (auch bekannt unter dem Titel *Eristische Dialektik*), Area Verlag, »Letzter Kunstgriff« (38) (2007).

27 Ebenda, S. 8.

28 Dazu empfehle ich das Buch von Sam Harris: *The Moral Landscape. How Science Can Determine Human Values*, Free Press (2010).

29 Der Begriff geht auf eine populärwissenschaftliche Publikation der Psychologen David Dunning und Justin Kruger zu diesem Thema zurück, siehe https://de.wikipedia.org/wiki/Dunning-Kruger-Effekt (Zugriff: 20.3.2018).

30 Zitiert nach http://www.zitate-online.de/sprueche/allgemein/17084/nichts-auf-der-welt-ist-so-gerecht-verteilt.html (Zugriff: 20.3.2018).
31 Zitiert nach http://zitate.net/zitat?id=4686 (Zugriff: 20.3.2018).
32 Zitiert nach https://gutezitate.com/zitat/164099 (Zugriff: 20.3.2018).
33 Swann/Read: »Self-Verification Processes. How we sustain our self-conceptions«, in: *Journal of Experimental Social Psychology*, 17 (4), S. 351–372 (1981).
34 Mehr dazu etwa im Buch Chabris/Simons: *Der unsichtbare Gorilla. Wie unser Gehirn sich täuschen lässt*, Piper (2011). Man findet das Video auch in mehreren Versionen im Netz, zum Beispiel auf https://www.youtube.com/watch?v=IGQmdoK_ZfY (Zugriff 20.3.2018).
35 Zitiert nach https://de.wikipedia.org/wiki/Kognitive_Dissonanz (Zugriff: 20.3.2018).
36 Zitiert nach https://de.wikipedia.org/wiki/Der_Fuchs_und_die_Trauben (Zugriff: 20.3.2018). Die Version stammt von Karl Wilhelm Ramler, einem Dichter der Aufklärung und der Empfindsamkeit.
37 Festinger/Carlsmith: »Cognitive consequences of forced compliance«, *Journal of Abnormal and Social Psychology*, 58, S. 203–210 (1959).
38 Cialdini/Cacioppo/Basset/Miller: »Low-ball procedure for producing compliance: Commitment then cost«, in: *Journal of Personality and Social Psychology*, 36 (5), S. 463–476 (1978).
39 Kraut, zitiert nach Cialdini, a. a. O., S. 77.
40 Siehe zum Beispiel https://de.wikipedia.org/wiki/Stanford-Prison-Experiment (Zugriff: 20.3.2018).
41 Strack/Martin/Schwarz: »Priming and Communication: The Social Determinants of Information Use in Judgments of Life Satisfaction«, in: *European Journal of Social Psychology*, 18 (5), S. 429–442 (1988).
42 Bargh/Chen/Burrows: »Automaticity of Social Behavior: Direct Effects of Trait Construct and Stereotype Activation on Action«, in: *Journal of Personality and Social Psychology*, 71 (2), S. 230–244 (1996).
43 Bargh/Pietromonaco: »Automatic information processing and social perception: The influence of trait information presented outside of conscious awareness on impression formation«, in: *Journal of Personality and Social Psychology*, 43 (3), S. 437–449 (1982).
44 Stajkovic/Locke/Blair: »A first examination of the relationships between primed subconscious goals, assigned conscious goals, and task performance«, in: *Journal of Applied Psychology*, 91 (5), S. 1172–1180 (2006).
45 Zitiert nach https://www.aphorismen.de/zitat/19331 (Zugriff: 20.3.2018).
46 Jacowitz/Kahneman: »Measures of Anchoring in Estimation Tasks«, in: *Personality and Social Psychology Bulletin*, 21, S. 1161–1166 (1995).
47 Tversky/Kahneman: »Judgement under Uncertainty: Heuristics and Biases«, in: *Science*, 185 (4157), S. 1124–1131 (1974).
48 Northcraft/Neale: »Experts, Amateurs, and Real Estate: An Anchoring-and-Adjustment Perspective on Property Pricing Decisions«, in: *Organizational Behavior and Human Decision Processes*, 39, S. 84–97 (1987).
49 Englich/Mussweiler: »Sentencing under Uncertainty: Anchoring Effects in the Courtroom«, in: *Journal of Applied Social Psychology*, 31 (7), S. 1535–1551 (2001).
50 Asch: »Effects of group pressure upon the modification and distortion of judgment«, in: Guetzkow (Hg.): *Groups, Leadership and Men*, Carnegie Press (1951).

51 Cialdini: »Harnessing the science of persuasion«, in: *Harvard Business Review*, 79 (9), S. 72–79 (2001).
52 Lee: »The Multiple Source Effect and Synthesized Speech«, in: *Human Communication Research*, 30 (2), S. 182–207 (2004).
53 Zitiert nach https://www.aphorismen.de/zitat/10985 (Zugriff: 21.3.2018).
54 Zitiert nach https://de.wikiquote.org/wiki/Mehrheit (Zugriff: 21.3.2018).
55 Zitiert nach https://www.aphorismen.de/zitat/8378 (Zugriff: 21.3.2018).
56 Harris: »Sufficient grounds for optimism? The relationship between perceived controllability and optimistic bias«, in: *Journal of Social and Clinical Psychology*, 15 (1), S. 9–52 (1996).
57 Chapin/Coeleman: »Optimistic Bias: What you think, What you know or Whom you know?«, in: *North American Journal of Psychology*, 11 (1), S. 121–132 (2009).
58 Weinstein/Klein: »Unrealistic Optimism: Present and Future«, in: *Journal of Social and Clinical Psychology*, 15 (1), S. 1–8 (1996).
59 Elder: *Trading for a Living; Psychology, Trading Tactics, Money Management*, John Wiley and Sons (1993).
60 Trump während seines Nevada-Caucus-Siegs am 24.2.2016, https://www.usatoday.com/story/news/politics/onpolitics/2016/02/24/donald-trump-nevada-poorly-educated/80860078 (Zugriff: 21.3.2018).
61 Reber/Mitterndorfer: »The use of heuristics in intuitive mathematical judgment«, in: *Psychonomic Bulletin & Review*, 15, S. 1174–1178 (2008).
62 Reber/Schwarz: »Effects of perceptual fluency on judgments of truth«, in: *Consciousness and Cognition*, 8, S. 338–342 (1999).
63 Greifeneder/Alt/Bottenberg/Seele/Zelt/Wagener: »On writing legibly: Processing fluency systematically biases evaluations of handwritten material«, in: *Social Psychological and Personality Science*, 1, S. 230–237 (2010).
64 Lev-Ari/Keysar: »Why don't we believe non-native speakers? The influence of accent on credibility«, in: *Journal of Experimental Social Psychology*, 46 (6), S. 1093–1096 (2010).
65 Ebenda.
66 Rubin/Paolini/Crisp: »A processing fluency explanation of bias against migrants«, in: *Journal of Experimental Social Psychology*, 46 (1), S. 21–28 (2010).
67 Siehe etwa Dion/Berscheid/Walster: »What is beautiful is good«, in: *Journal of Personality and Social Psychology*, 2 (24), S. 285–290 (1972).
68 Landy/Sigall: »Task Evaluation as a Function of the Performers' Physical Attractiveness«, in: *Journal of Personality and Social Psychology*, 29 (3), S. 299–304 (1974).
69 Efran: »The Effect of Physical Appearance on the Judgment of Guilt, Interpersonal Attraction, and Severity of Recommended Punishment in Simulated Jury Task«, in: *Journal of Research in Personality*, 8, S. 45–54 (1974); Castellow/Wuensch/Moore: »Effects of Physical Attractiveness of the plaintiff (victim) and defendant in sexual harassment judgement«, in: *Journal of Social Behavior and Personality*, 5, S. 547–562 (1990).
70 Stewart: »Defendant's attractiveness as a factor in the outcome of trials«, in: *Journal of Applied Social Psychology*, 10 (4), S. 348–361 (1980).
71 Kulka/Kessler: »Is justice really blind? The effect of litigant physical attractiveness on judicial judgment«, in: *Journal of Applied Social Psychology*, 4, S. 336–381 (1978).

72 Hammermesh/Biddle: »Beauty and the labor market«, in: *The American Economic Review,* 84 (5), S. 1174–1194 (1994).

73 Mack/Rainey: »Female applicants' grooming and personnel selection«, in: *Journal of Social Behavior and Personality,* 5 (5), S. 399–407 (1990).

74 Benson/Karabenic/Lerner: »Pretty pleases: The effects of physical attractiveness, race, and sex on receiving help«, in: *Journal of Experimental Social Psychology,* 12 (5), S. 409–415 (1976).

75 Chaiken: »Communicator physical attractiveness and persuasion«, in: *Journal of Personality and Social Psychology,* 37 (8), S. 1387–1397 (1979).

76 Hildebrandt/Fitzgerald: »Adults' responses of infants varying in perceived cuteness«, in: *Behavioural Processes*, 3, S. 159–172 (1978).

77 Karraker/Stern: »Infant physical attractiveness and facial expression: Effects on adult perceptions«, in: *Basic and Applied Social Psychology*, 11, S. 371–385 (1990).

78 Milgram: »Behavioral Study of Obedience«, in: *Journal of Abnormal and Social Psychology*, 67, S. 371–380 (1963).

79 Hofling et al.: »An Experimental Study of Nurse Physician Relations«, in: *Journal of Nervous and Mental Disease*, 143, S. 171–180 (1966).

80 Kahneman/Tversky: »Advances in Prospect Theory: Cumulative Representation of Uncertainty«, in: *Journal of Risk and Uncertainty*, 5 (4), S. 297–323 (1992).

81 Regan: »Effects of a favor and liking on compliance«, in: *Journal of Experimental Social Psychology*, 7, S. 627–639 (1971).

82 Strohmetz/Rind/Fisher/Lynn: »Sweetening the Till: The Use of Candy to Increase Restaurant Tipping«, in: *Journal of Applied Social Psychology*, 32 (2), S. 300–309 (2002).

83 Brehm/Weintraub: »Physical Barriers and Psychological Reactance: Two-year-olds' Responses to Threats to Freedom«, in: *Journal of Personality and Social Psychology,* 35, S. 830–836 (1977).

84 Choo und McGuinness/Ward, zitiert nach Cialdini: *Influence*, a. a. O., S. 255.

85 Worchel/Lee/Adewole: »Effects of Supply and Demand on Ratings of Object Value«, in: *Journal of Personality and Social Psychology*, 13, S. 79–90 (1992).

86 Cooper/Bennett/Sukel: »Complex Scientific Testimony: How do jurors make decisions?«, in: *Law and Human Behavior*, 20 (4), S. 379–394 (1996).

87 Lakoff: »Language and Woman's Place«, in: *Language in Society*, 2 (1), S. 45–80 (1973); später ausführlicher in ihrer gleichnamigen Monografie aus dem Jahr 1975.

88 Vgl. https://de.wikipedia.org/wiki/Toastmasters (Zugriff: 26.3.2016).

89 Tversky/Kahneman: »The Framing of Decisions and the Psychology of Choice«, in: *Science*, 211, S. 453–458 (1981).

90 Zitiert nach http://zitate.net/thomas-alva-edison-zitate (Zugriff: 26.10.2018).

91 Zitiert nach http://www.zeit.de/1997/52/Durch_Fehler_zum_Erfolg (Zugriff: 26.3.2018).

92 Carver/Scheier/Segerstorm: »Optimism«, in: *Clinical Psychology Review*, 30 (7), S. 879–889 (2010), mit weiteren Nachweisen und Studien zu den verschiedenen Lebensbereichen, in denen Optimismus einen positiven Effekt auf das Leben hat.

93 Patrick/Hagtvedt: »I don't versus I can't: Empowered refusal motivates goal-direct ed behavior«, in: *Journal of Customer Research*, 39 (2), S. 371–381 (2012).

94 Dazu grundlegend Lakoff/Johnson: *Metaphors We Live By*, University of Chicago Press (1980).

95 Thibodeau/Boroditsky: »Metaphors we think with: The role of metaphor in reasoning«, in: *PLoS One*, 6 (2), S. 1–11 (2011).

96 »Regierungserklärung des Bundesministers der Finanzen, Peer Steinbrück, zur Lage der Finanzmärkte vor dem Deutschen Bundestag am 25. September 2008 in Berlin«, https://www.bundesregierung.de/Content/DE/Bulletin/2008/09/97-1-bmf-bt-regerkl.html (Zugriff: 27.3.2018).

97 Schopenhauer, a. a. O., Kunstgriff 12.

98 Langer/Blank/Chanowitz: »The mindlessness of ostensibly thoughtful action: The role of ›placebic‹ information in interpersonal interaction«, in: *Journal of Personality and Social Psychology*, 36 (6), S. 635–642 (1978).

99 Ebenda.

100 Mehrabian/Wiener, a. a. O.; Mehrabian/Ferris, a. a. O.

101 Siehe ausführlicher die »Galileo«-Sendung vom 14.11.2016, abrufbar unter https://www.youtube.com/watch?v=8kBzvEbpmz8&t=201s (Zugriff: 27.3.2018).

102 Ambady/Krabbenhoft/Hogan: »The Thirty Second Sale: Using Thin Slice Judgements to evaluate Sales Effectivness«, in: *Journal of Consumer Psychology*, 16 (1), S. 4–13 (2006).

103 Die Theorie des *thin slicing* wurde populär gemacht durch den Wissenschaftsjournalisten Malcolm Gladwell in seinem Bestseller *Blink! Die Macht des Moments*, Campus (2005), ist der Wissenschaft aber bereits seit Anfang der 1990er bekannt.

104 Ambady/Rosenthal: »Half a minute: Predicting Teacher Evaluations From Thin Slices of Nonverbal Behavior and Physical Attractiveness«, in: *Journal of Personality and Social Psychology*, 64 (3), S. 431–441 (1993).

105 Prickett/Gada-Jain/Bernieri: »First impression formation in a job interview: The first 20 seconds«, präsentiert auf dem Annual Meeting of the Midwestern Psychological Association, Chicago, im Mai 2000.

106 Ambady/Rosenthal: »Thin slices of expressive behavior as predictors of interpersonal consequences: A meta-analysis«, in: *Psychological Bulletin*, 111 (2), S. 256–274 (1992).

107 Gern empfehle ich das Büchlein von Gerald Drews *Latein für Angeber*, Bassermann (2004); oder man gibt bei der Suchmaschine einfach »lateinische Sprichwörter« ein und findet eine Unzahl von Zitaten ohne jeglichen Kostenaufwand.

108 Tucholsky: *Ratschläge für einen schlechten Redner*, in: *Gesammelte Werke in 10 Bänden*, Band 8 (1930), hg. von Gerold-Tucholsky/Raddatz, Rowohlt, S. 290 ff. (1975). Zitiert nach http://gutenberg.spiegel.de/buch/panter-tiger-und-andere-1193/52 (Zugriff: 27.3.2018).

109 Siehe https://de.wikipedia.org/wiki/Liste_rhetorischer_Stilmittel (Zugriff: 27.3.2018).

110 Von dem lateinischen *ignoratio* (»Unkenntnis«) und dem latinisierten Genitiv des griechischen Wortes élegchos (»Beweis, Widerlegung«).

111 Eigene Übersetzung mit Auslassungen, der Sinn der Aussagen wurde beibehalten. Zitiert nach https://www.youtube.com/watch?v=TDh2iKzBh4E (Zugriff: 6.4.2018). Die ganze Antwort Ted Kennedys findest du auch auf unserer Plattform www.mediathek-der-manipulationen.de.

112 Schopenhauer, a. a. O., Letzter Kunstgriff (38).

113 So auch Schopenhauer, ebenda, Kunstgriff 6.
114 Der Zirkelschluss als Scheinargument taucht bereits bei Aristoteles in seinen *Sophistischen Widerlegungen* auf (a. a. O., fünftes Kapitel).
115 Siehe dazu den interessanten Ted-Talk von Maurice Conti: »The incredible inventions of intuitive AI«, auffindbar über YouTube oder www.ted.com (Zugriff: 28.3.2018). Auch das autodidaktische Schachprogramm Alpha Zero »denkt« eigenständig und lernt aus alten Partien gegen sich selbst. Es handelt also nicht nach vorher festgelegten Algorithmen, sondern entwickelt Ideen aus eigenen Erfolgen und Fehlern – ganz so, wie Menschen es auch tun.
116 Locke: *An Essay Concerning Human Understanding*, Band 2, Dover Publications, S. 208 (1959).
117 So Annegret Kramp-Karrenbauer (CDU) in der *Saarbrücker Zeitung* vom 3.6.2015, https://www.saarbruecker-zeitung.de/politik/themen/und-dann-die-forderung-nach-heirat-von-mehr-als-zwei-menschen_aid-1542981 (Zugriff: 28.3.2018).
118 Bill O'Reilly am 14.9.2006 in Westwood One's *The Radio Factor with Bill O'Reilly*.
119 So auch Schopenhauer, a. a. O., Kunstgriff 8 und 27.
120 Vgl. Böhm: »Angeklickt: Was Nicolas Cage mit Stolperunfällen verbindet«, in: *Spiegel Online*, http://www.spiegel.de/netzwelt/web/spurious-correlations-korrelationen-vs-kausaler-zusammenhang-a-968848.html (Zugriff: 28.3.2018).
121 Peters/Stringham: »No Booze? You May Lose: Why Drinkers Earn More Money Than Nondrinkers«, in: *Journal of Labor Research*, 27 (3), S. 411–421 (2006).
122 Zitiert nach Unzicker: *Vom Urknall zum Durchknall*, Springer, S. 132 (2010).
123 Der Klassiker ist von Huff: *Wie lügt man mit Statistik*, Hanser (1995). Außerdem empfehle ich insbesondere das Buch von Krämer: *So lügt man mit Statistik*, Campus (1997). Für Fortgeschrittene bot Google bis 2019 (in englischer Sprache) ein Tool an, mit dem man leicht selber Korrelationen erstellen konnte: https://de.wikipedia.org/wiki/Google_Correlate (Zugriff: 28.3.2018).
124 Schopenhauer, a. a. O., Kunstgriff 35.
125 Ebenda.
126 Ebenda, Kunstgriff 2, Anmerkung 12.
127 Paragraf 7, Grundgesetz der reinen praktischen Vernunft in der *Kritik der praktischen Vernunft*, S. 36, zitiert nach https://de.wikiquote.org/wiki/Kategorischer_Imperativ (Zugriff: 29.3.2018).
128 Zitiert nach https://de.wikipedia.org/wiki/36_Strategeme (Zugriff: 30.3.2018).
129 Zitiert nach https://de.wikiquote.org/wiki/Niccol%C3%B2_Machiavelli (Zugriff: 30.3.2018).
130 Zitiert nach https://gutezitate.com/zitat/132907 (Zugriff: 30.3.2018).
131 Zitiert nach http://gutenberg.spiegel.de/buch/die-kunst-recht-zu-behalten-4994/1 (Zugriff: 30.3.2018).
132 Carnegie: *How to win friends and influence people*, zuerst veröffentlicht im Jahr 1936; die drei zitierten Ideen sind sinngemäße Übersetzungen aus Abschnitt 2: »Six ways to make people like you«.
133 Sun Tsu: *Die Kunst des Krieges*, Anaconda (2016).

Register

Gutes Leadership ist kein Zufall, sondern eine erlernbare Kunst. In Wlad Jachtchenkos Der Führungskräfte-Podcast lernst Du in Solo-Folgen die effektivsten Führungstechniken für Deinen Berufsalltag. In Interview-Folgen verraten Dir seine Gäste (Politiker, CEOs, Unternehmer, Philosophen, Juristen und andere Rhetorik-Profis), wie sie dank ihrer Überzeugungskraft erfolgreich geworden sind. Hier eine kleine Auswahl der bisherigen Gäste:

- CEOs wie **Josef Ackermann, Gunter Dueck, Rainer Zitelmann**
- Ökonomen wie **Hans-Werner Sinn** und **Peter Bofinger**
- Bundesverfassungsrichter wie **Paul Kirchhof** und **Hans-Jürgen Papier**
- Bundestagspolitiker aller Parteien
- Philosophen wie **Julian Nida-Rümelin** und **Gunnar Kaiser**
- Speaker-Kollegen wie **Tobias Beck** und **Dirk Kreuter**
- und natürlich viele weitere tolle Gäste!!!

Gleich abonnieren auf Spotify, Apple Podcasts und überall, wo es Podcasts gibt!
Oder über diesen Link: https://argumentorik.podbean.com/

Die Führungskräfte-Ausbildung von und mit Wlad Jachtchenko

Für alles gibt es eine Ausbildung, aber nicht für den wichtigsten Job: Den Job einer Führungskraft.
In unserem System wirst du zur Führungskraft einfach befördert, ohne wirkliche Ausbildung.

Das Resultat:
Überforderte Führungskräfte, die im operativen Hamsterrad stecken und ständigen Zeitmangel erleben. Stattdessen geht es doch als Führungskraft darum, sich den wirklich wichtigen Führungsaufgaben zu widmen.

Die Lösung:
Eine Ausbildung, die jede Führungskraft systematisch in allen führungsrelevanten Themen trainiert und zu einer Führungskraft entwickelt, die genug Zeit die ein performantes Team führt und genug Zeit für Führungsaufgaben und eigene Tätigkeiten hat.
Keine theoretische Ausbildung oder ein einmaliges Seminar, sondern eine Ausbildung mit Übungsaufgaben, Trainerfeedback und gezielten Praxisübungen.

Aus diesem Grund hat Wlad Jachtchenko genau diese Führungskräfte-Ausbildung entwickelt.

Mehr Infos unter https://wlad-jachtchenko.com/